FREEDOM
MONEY

가난 탈출은 혁명이다

FREEDOM MONEY

AWAKEN YOUR WEALTH INSTINCT

압청대삼반 지음

"당신의 소중한 시간과 자유를 위해
돈에 지배당하지 말고 돈을 지배하라!"

고시원에서 시작
10년만에 서울 자가
20억 자산가

중소기업에서
중견기업을 거쳐
대기업 입사

고졸에서 시작
주독야경하여
명문대 석사

좋은땅

머리말

필명을 압청대삼반으로 지은 이유

　시골 출신의 고졸 흙수저는 어떻게 무일푼으로 서울에 홀로 상경하여 중소기업에서 대기업으로, 고졸에서 석사로, 고시원 흙수저에서 서울 상급지 자가 부자가 되었나? 챕터는 총 3개로 가난한 시절 겪은 가난에 대한 가슴 아픈 이야기와 가난을 이겨 내기 위해 가졌던 마음가짐, 투자 비결에 대해서 쓴 책입니다. 저와 비슷한 척박한 환경 속에서 자신의 처지를 비관하고, 희망을 잃어버린 청년들에게 가능성과 동기부여를 만들어 그들의 삶의 발전에 조금이나마 도움을 주고 싶은 마음으로 이 책을 집필하였습니다. 이 책을 통하여 가난이 무엇인지 간접적으로 체험하고, 부자가 되는 법을 배우기에 앞서 먼저 부자가 될 수 있는 그릇과 마인드를 키우기 바랍니다.

　이 땅을 살고 있는 누구나 좋은 집, 좋은 차, 좋은 환경에서 좋은 것을 마음껏 누리며 사랑하는 소중한 사람들과 열망하는 일을 마음껏 하며 여유롭고 행복한 인생을 살고 싶은 꿈이 있을 것입니다. 부자의 기준은 저마다 다르겠지만, 사회통념적으로 '강남'에 살고 있으면 부자라고 생각할 것입니다. 강남 중에서도 최상급지인 압구정동, 청담동, 대치동, 삼성동,

반포동이라고 불리는 압청대삼반이라는 용어가 있습니다. 그래서 성공과 부를 꿈꾸는 모든 이들이 대한민국 최고, 강남 중에 강남 '압청대삼반'에서 행복하게 살라는 염원을 간곡히 담아 필명을 압청대삼반이라고 지었습니다.

점차 심해지는 양극화와 취업난 등 불투명한 미래로 인해 젊은 사람들이 자신의 현재 처지를 비관하며 미래를 포기하지 않고 삶의 목표와 비전을 가지고 인생을 가치 있고 긍정적인 방향으로 개척해 나갔으면 좋겠습니다. 당신은 당신이 꿈꾸는 그 무엇이든 될 수 있는 엄청난 잠재력이 있는 사람이라는 것을 스스로 믿어야 합니다. 당신의 부와 번영을 진심으로 기원합니다.

목차

머리말　　　　　　　　　　　　　　　　　　　　　*004*

챕터 0

자격도 없는 사람들에게 상을 줄 만큼 세상이 아직 미치지는 않았다. *011*

챕터 1

FUCK 가난에 대해서 *017*

FUCK YOU MONEY	*018*
가난한 자들이야말로 가장 이기적인 존재들이다	*022*
제발 경제 공부 해라	*026*
자신의 상황에 맞는 모델을 벤치마킹하라	*030*
지옥은 없다, 가난이 지옥이다	*032*
가난은 블랙홀과도 같다	*039*
돈은 피보다 진하다	*043*
내가 부자가 되기로 마음먹은 이유	*048*
생각하는 대로 살지 않으면, 사는 대로 생각하게 된다	*051*

어차피 당신은 변하지 않을 것이다	*053*
부자가 되면 좋은 점	*055*
부의 추월 차선은 없다, 정석이 가장 빠른 길이다	*058*
이미 이루어진 것처럼 생각하라	*062*

챕터2

YOU 당신이 가져야 할 마인드 *065*

세상은 마인드 차이야	*066*
샤덴프로이데와 여우와 신 포도	*068*
절대로 믿어서는 안 되는 말	*072*
자신의 방어기제를 파악하라	*074*
기회를 적극적으로 잡아라	*078*
돈보다 건강이 먼저라고?	*084*
주 5일, 주 40시간의 프레임에서 벗어나라	*088*
5년만 미쳐라	*091*
세상은 선형적으로 이루어져 있지 않다	*094*
부자가 되고자 한다면 철저히 고립되어라	*099*
선택과 선택에 대한 책임은 제발 스스로 져라	*103*
자신이 잘하는 일을 해야 상방을 뚫을 수 있다	*106*
자신만의 철학을 만들어라	*109*
핑계 없는 무덤은 없다, 회피하지 마라	*112*
목표는 SMART하게 세워라	*116*
아무도 성공을 떠먹여 줄 수가 없다	*122*

정의로 포장된 당위와 개똥철학은 버려라	*126*
야성적 본능을 일깨워라	*129*
나라가 주는 혜택에 익숙해지지 마라	*133*
결혼식에 돈 쓰지 마라	*138*
인맥관리 하지 마라	*142*
진짜 본성은 성공 이후에 나온다	*146*
좋은 애인과 배우자를 만나고 싶으면 너부터 변해라	*149*
내 주변의 Taker를 걸러 내라	*151*
술은 입에도 대지 마라	*155*
주변에 병신들을 걸러 내는 법	*159*

챕터3
MONEY 돈에 대해서   *169*

수단이 목적을 정당화할 수 없다	*170*
기회는 위기의 얼굴로 찾아온다	*172*
수면의 중요성	*175*
로또 사지 마라	*179*
Not To Do List를 만들어라	*182*
직장인으로 부자 되는 법	*185*
돈, 절대로 쓰지 마라	*199*
한 사람의 인생은 평생 인플레이션과의 전쟁이다	*208*
계란을 가장 좋은 바구니에 전부 담아라	*212*
주식은 스캠(사기)이다	*216*

돈과 화폐는 다르다	*218*
인구 감소요?	*222*
주택담보대출 절대 갚지 마라	*226*
무주택은 후진기어 1주택은 중립 다주택은 전진기어다	*231*
부동산의 3대 요소 입지(Location), 입지(Location), 입지(Location)	*234*
희소한 입지에 투자하라	*238*
주식 짤짤이 치지 마라	*241*
사람들에게 1시간 동안 강의를 할 수 없으면 사지 마라	*244*
입지는 시간과 돈이다	*246*
미국 주식이 최강인 이유	*249*
보험 절대 들지 마라	*252*
연금저축펀드는 꼭 해라	*256*
FED(미국연방준비은행)의 진실	*260*
부자가 되고 싶다면 차 절대 사지 마라	*262*
지정학적 지식과 국제정세를 보는 눈을 키워라	*266*
선승구전(先勝求戰)하라	*274*
직장 근처에 살아라	*280*
신용관리와 노후준비는 20대부터 해야 한다	*283*
몸담은 업종과 직무가 중요하다	*289*
교육에 대하여	*293*

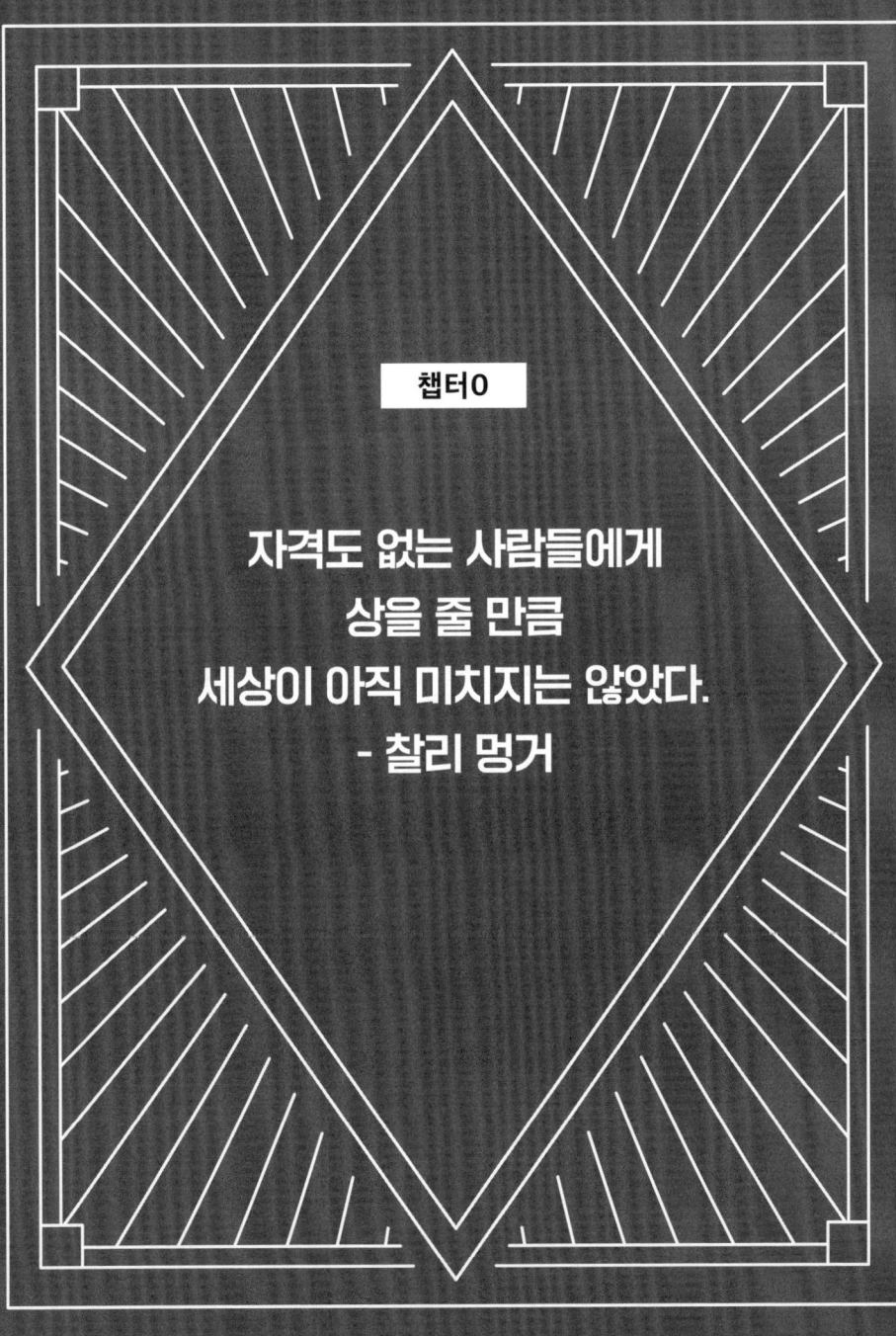

챕터0

자격도 없는 사람들에게
상을 줄 만큼
세상이 아직 미치지는 않았다.
- 찰리 멍거

누구나 쉽고 편한 방법으로 빠르게 돈을 벌고 싶어 하며 경제적 자유를 꿈꾼다. 로또 1등에 당첨되는 즉시 이 거지 같은 직장에서 당신을 못살게 굴던 상사에게 가운뎃손가락을 날려 버리고 당장 때려치우고 싶은 마음이 굴뚝같을 것이다. "쉽고 편하게 돈을 번다." 나는 모든 비극이 여기서 출발한다고 생각한다. 쉽고 편하게 큰돈을 버는 방법은 세상에 존재하지 않기 때문이다. 인생을 살아가다 보면 확률적으로 정규분포에서 벗어나는 이례적인 일들은 존재하기 마련이다. 우리는 이런 소수의 특이 케이스나 반례에 초점을 맞추며 희박한 가능성에 나도 가능할 것이라 믿으며 나의 인생을 걸어서는 안 된다. 뿌린 대로 거둔다는 것이 세상 불변의 이치이기 때문이다. 직장에서 받은 만큼 일하는 것이 아니라 내가 벌고 싶은 만큼 일해야 하며, 부자가 되고 싶은 만큼 남들과는 차별화된 노력을 꾸준하게 해야 한다. 이 책에서 당신에게 쉽고 편하게 돈을 벌 수 있는 방법 따위는 단 한 가지도 알려 주지 않는다. 오로지 당신 자신을 갈아 넣고 또 갈아 넣어 뼈를 깎는 노력을 하라고 계속해서 압박을 가할 것이다.

어제도 퇴근 후 배달음식을 시켜 먹고 푹신한 소파에 앉아 넷플릭스를 보며 배를 벅벅 긁고 있던 당신에게 갑자기 세상이 큰 감동을 하여 성공과 부를 안겨 주는 행운이 찾아올 것이라고 믿는가? 어제와 같은 오늘을 살고 있으면서 내일은 오늘보다 더 나아지기를 기대하는가? 아인슈타인은 어제와 똑같이 살면서 다른 미래를 기대하는 것은 정신병 초기 증세라고 말했다. 수많은 사람들이 장기적인 비전을 가지고 계획대로 살기보다 하루하루 자신의 처지를 비관하며 끊임없는 비교의식 속에 빠져 작은 성취감조차 느끼지 못하며 미래에 대한 불안감과 동시에 막연하게 언젠간 자신의 인생이 잘 풀리는 날이 오기만을 기대한다. 그러면서도 자신이 무얼 하고 싶은지도, 인생을 앞으로 어떻게 살아야 할지도 모른다고 하소연한다. 방법을 알려 주면 노력은 하기 싫고 실패할 가능성에만 초점을 둔 채로 지레 겁을 먹고, 그것이 왜 안 되고 하지 말아야 할 이유 100가지를 찾아내서 구구절절 설명을 하기 바쁘고 끊임없이 자기합리화를 한다. 모든 가능성에 대해 현재의 기준으로 미리 재단하여 결론을 내려 버리고 아무런 행동도 하지 않는 당신에게 행운의 여신이 부와 번영을 가지고 찾아오겠는가? 당신의 말과 행동이 전부 이치에 맞지 않는 모순 덩어리지 않은가? 오늘부터 달라지기로 결심을 하고, 매일매일 노력을 통해 작은 성취부터 이루어 낸다면 당신도 기필코 해낼 수 있다. 얻고 싶다면 먼저 변해야 한다. 얻고 싶은 만큼 노력해야 한다. 공짜 점심은 없기 때문이다.

솔개의 우화 선택. 눈물. 환골탈태

널리 알려진 솔개 우화에 따르면

솔개는 새들 중에 수명이 매우 길어
약 70~80여 년을 산다고 한다.

솔개는 40이 되면 부리가 길게 자라
구부러지고, 깃털이 두껍게 자라
날개가 무겁게 되어 하늘도 날아오르기
힘들고, 발톱이 노화하여 사냥감을
잘 잡아챌 수 없게 된다.

이 시점부터 솔개는 매우 중요한
결심을 해야 한다.

뼈를 깎는 자기 수행을 거쳐 새롭게
거듭날 것인지 아니면 주저앉아 죽음을
기다릴 것인지를 결정해야 하는 것이다.

솔개는 먼저 산 정상으로 높이
날아올라 그곳에 둥지를 짓고
고통스러운 수행을 시작한다.
먼저 부리로 바위를 쪼아 부리가
깨져서 빠지게 만든다.

빠진 부리가 다시 나기 시작하면

이번엔 새로 돋아난 부리로 발톱을
뽑아낸다. 그리고 새로 발톱이 돋아나면
이번에는 날개의 깃털을 하나씩 뽑아낸다.

약 반년이 지나 새 깃털이 돋아난 솔개는
완전히 새로운 모습으로 거듭나는 것이다.
그리고 다시 힘차게 하늘로 날아올라
30년을 더 살게 된다.

새로운 삶을 위해선 피나는 아픔과
고통을 참고 이겨 내야 한다는 것이다.

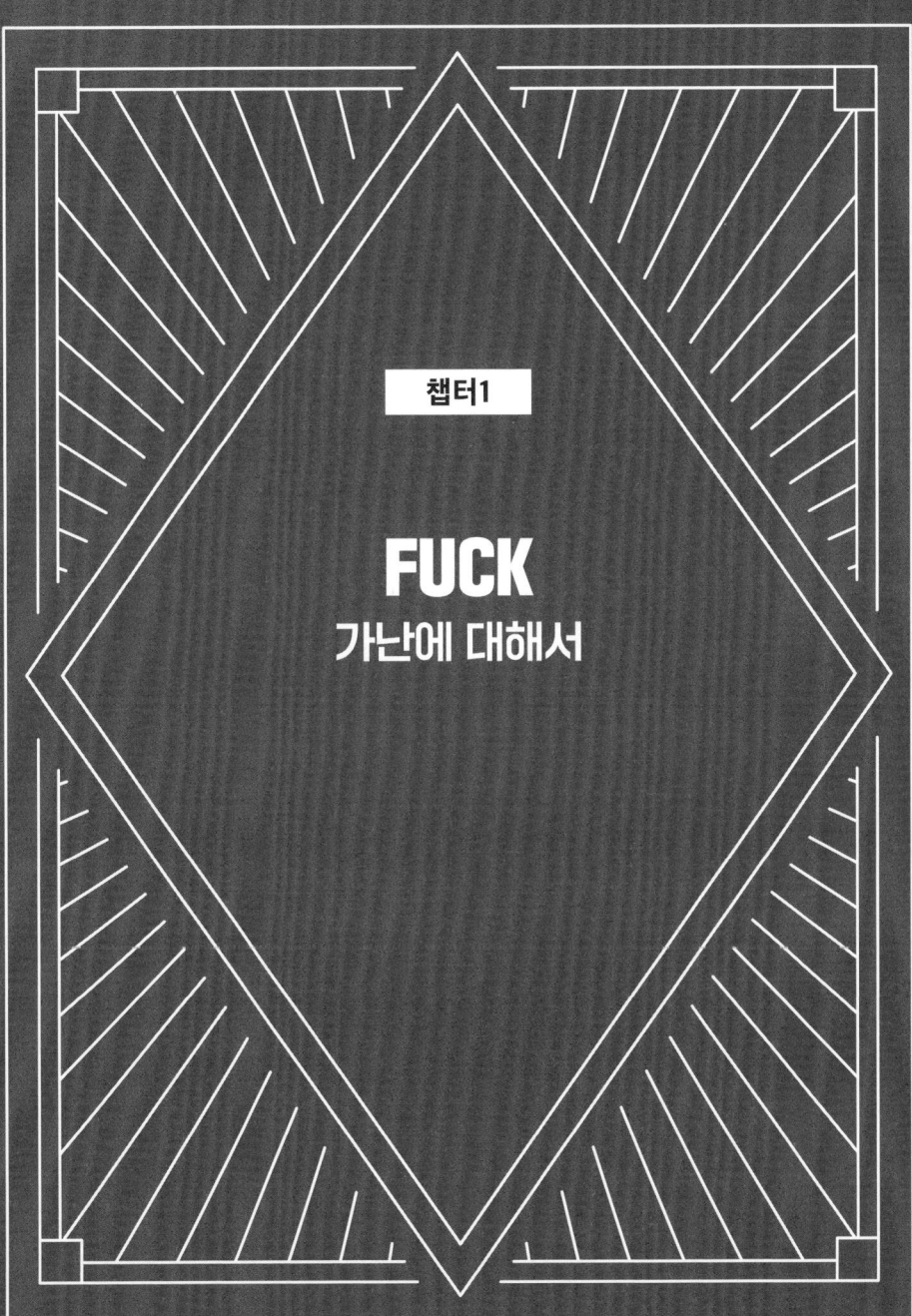

챕터1

FUCK
가난에 대해서

FUCK YOU MONEY

누군가 자기가 하고 싶은 걸 하지 못하게 하거나 하기 싫은 걸 자꾸 시킬 때, 거기다 대고 '꺼지라'고 외치는 데 드는 비용, 그게 바로 'FUCK YOU MONEY'다. 누군가가 "I have enough fuck you money"라고 말하면, 이는 "나는 내 인생에서 돈 때문에 억지로 뭔가를 할 필요가 없다"는 자신감과 독립심을 나타내는 뜻이다.

FUCK YOU MONEY가 없다면 금수저를 물고 태어나지 않는 이상 태어나서 죽을 때까지 100년 동안 돈 걱정만 하다가 죽는다. 그저 더 많은 돈을 벌기 위한 노동자로 제작되기 위해서 초등학교에 입학하여 대학과 대학원까지 들어가서 20대까지 모든 청춘을 바쳐 가며 더 나은 학력과 스펙을 만들어서 한 푼이라도 더 받는 고급 노예가 되기 위해 발버둥을 친다. 취업을 하고 또 30~40년은 족히 돈을 벌기 위해 하루하루 거지 같은 상사가 있는, 나와는 전혀 맞지 않는 직장에 나가 하루 종일 내가 원하지도 않는 일을 남을 위해서 하며 한 달에 300만 원을 받아 그 돈을 생활비로 사용하고 남은 고작 몇십만 원을 겨우 저축하며 살아가고 있다. 중고등학교

시절부터 입시 준비에 엄청난 스트레스를 받고 졸업과 동시에 숨 돌릴 틈도 없이 곧바로 취업 전선에 뛰어들며 온갖 좌절과 고통, 우울증, 초조함, 자기혐오, 절망 등의 힘든 과정을 거치고 어렵게 바늘구멍과도 같은 경쟁률을 뚫고 좋은 직장에 들어가도 입사 초 느꼈던 성취감과 행복감은 연차가 한해 한해 쌓여 가면서 흐려지고 어느새 타성에 젖어 부정적인 감정만 남게 된 나 자신을 발견할 수 있다.

연차가 쌓이고 직장 생활에 적응했을 대리 정도가 되면 결혼을 진지하게 생각할 때이지만 돈 때문에 결혼을 미루고 돈 때문에 가장 큰 스트레스를 받는다. 과장 정도가 되면 자녀가 태어나게 되면서 앞으로 더 많은 돈을 필요로 하기 때문에 이루 말할 수 없는 압박감이 든다. 40대 중반이 넘어가면 내 자녀들은 아직 대학교도 들어가지 않은 어린 나이지만 자신이 다니는 직장에서 언제 잘릴지 모른다는 불안감이 엄습하게 된다. 은퇴 시기가 다가올수록 자녀의 결혼자금, 노후준비 등에 스트레스를 받는다. 왜 더 일찍부터 재테크와 노후준비를 충분히 하지 못했는지 막심한 후회와 자괴감도 밀려온다. 50세 전후에 은퇴하더라도 턱없이 부족한 노후준비로 인해 60대, 70대까지 생계를 위해 소일거리를 찾아다니는 게 지금의 현실이다. 70~80대 이후에는 도저히 노동을 할 수 없을 만큼 건강상태가 좋지 않아 나라에서 주는 쥐꼬리만 한 연금에만 의지한 채 자식들에게 나라는 존재는 어느덧 부담스러운 존재로 전락하고 만다. 만약 빚이 있는 상태로 죽는다면 그 빚은 고스란히 내 자녀에게 상속된다. 태어나서 죽을 때까지 돈이 문제다. 우리는 한평생 '돈, 돈'거리다 눈을 감는다.

우리는 돈의 노예다. 돈이 최고인 세상이다. 한평생을 돈을 더 벌기 위해 고군분투하며, 배우자를 고를 때 가장 우선시되는 가치마저도 사랑이 아닌 경제력이 되어 버렸지 않은가? 돈이 전부는 아니라고? 그럼 뭐가 세상의 전부이지? 돈만큼 세상에서 전부에 가까울 만한 요소는 단 한 가지도 없다. 돈이 있으면 거의 모든 것이 해결된다. 돈이 많으면 나와 내 가족이 위험하거나 공정하지 못한 상황에 빠질 이유가 없다. 세상에 존재하는 거의 모든 문제가 돈으로 해결된다. 돈은 나와 내 가족을 지켜 주는 든든한 방패막이이다. 그렇기 때문에 '돈은 중요하지 않아.'와 같은 정신승리를 하며 오늘도 6시에 울리는 알람 소리를 듣고 억지로 일어나서 직장에 나가 당신이 방금 내뱉은 그 별로 중요하지도 않은 돈을 위해 노동하고 있지 않는가? 평생을 돈의 노예로 살아가는 것이 억울하지도 않은가? 내 상황을 전부 집어던져 버리고 싶지 않은가? 나에게 부당한 대우를 하는 엿같은 상사에게 평소 하고 싶었던 말들을 마구 쏟아붓고 사표를 던지고 당장 그 지긋지긋한 회사에서 나오고 싶지 않은가? 내가 간절히 바라왔던 일들을 돈 걱정 없이 하고 싶지 않은가? 언제까지 밀린 카드값을 걱정하고 언제까지 남 눈치만 보고 살 텐가? 망상에만 지나지 않았던 당신의 상상 속 바람들을 현실로 만들기 위한 당신의 'FUCK YOU MONEY'는 얼마인가? 한평생을 돈의 노예로 살아가는 굴레를 벗어던지고 경제적 자유를 달성하여 당신의 앞길을 막는 것들에게 당당하게 '꺼져라'를 외쳐라.

당신의 FUCK YOU MONEY를 계산하는 방법은 다음과 같다. 당신이 한 달에 200만 원의 생활비를 쓴다면 당신의 FUCK YOU MONEY는 6억, 400만 원을 쓴다면 12억이 필요하다. 하지만 배당금과 같은 소득은 배당

소득세와 건강보험료를 떼기 때문에 실수령액은 20%가량 줄어들어 이를 추가적으로 고려해야 한다. FUCK YOU MONEY를 계산할 때는 물가 상승을 고려하여 죽을 때까지 원금이 고갈 나지 않는 4% 룰을 활용하는 것이 보수적이며, 소득의 지속가능성을 높여 준다. 만약 당신이 한 달에 100만 원만 있어도 충분한 사람이라면 3억 원만 있어도 FUCK YOU MONEY를 달성한 것이다. 그리고 이 사람은 자유롭게 누구에게도 속박당하지 않는 삶, 자신이 하고 싶은 것이나 하고 싶은 일을 하며 행복하게 살 것이다.

가난한 자들이야말로 가장 이기적인 존재들이다

이 말을 들은 당신은 무슨 헛소리를 지껄이냐며 나를 맹비난하며 내면의 방어기제가 자동적으로 작동하기 시작할 것이다. 자신이 가난한 이유를 자기 자신에게서 찾지 않고 세상과 상대방 탓으로 돌려야 과거의 자신의 삶이 부정당하지 않고 현재 가난한 현실에 처해 있음에도 불구하고 남아 있는 자신의 알량한 자존심, 아니, 당신이 가진 전부라고 말할 수 있는 알량한 자존심이라도 지킬 수 있기 때문이다. 가난한 자들이 가장 이기적인 존재들이고 부유할수록 이타적일 수밖에 없는 이유는 간단하다. 자본주의 세상에서의 돈이란 세상에 가치와 효용을 제공하고 고마움의 대가로 받는 것이다. 사람들의 문제를 해결해 주고, 더 나은 세상으로 만들어 주기 때문에 고객들이 감사의 대가로 돈을 준다. 따라서 그 사람이 가진 돈의 양은 세상에 얼마나 기여했는가, 얼마나 많은 사람들의 문제를 해결해 준 사람인가에 대한 가장 객관적인 정량적 증거라고 할 수 있다.

물론 여기서 사회봉사나 개인의 착한 마음씨, 배려심과 같은 정성적인 부분은 이야기하지 않겠다. 정량적인 측면에서 놓고 보면 그렇다는 이야기다. 불법이나 예외적인 부분도 논하지 않겠다. 예외적인 소수의 케이스를 일반화하며 자신이 부자가 되지 못한 이유를 정당화하려는 의도에 불과하다. 아니? 당신이 말하는 전체 중에서 일부분에 불과한 불법적인 일을 하기만 한다면 곧바로 아무런 노력도 없이 당신도 불법으로 성공한 사람들만큼 매출과 자산을 보유할 수 있기나 한다는 말인가? 그들을 옹호하는 것은 아니지만 불법적인 일을 하는 것 또한 상당한 리스크는 물론이며 그에 맞는 능력과 성실함이 필요한데, 부도덕적인 방법이라고 자신이 마치 할 수 있지만 하지 않겠다는 식의 언사는 할 줄 아는 것이라고는 평계밖에 없는 가난한 당신의 정신승리에 불과하다.

우리나라의 대표적인 기업인 삼성전자의 이재용 회장의 자산은 10조 원이 넘는다. 삼성을 해체하여 전 국민들에게 돈을 나눠 주자고 말하는 사람들도 있지만 삼성전자의 2022년 반도체, 스마트폰, 가전제품의 수출은 대한민국 전체 수출의 17.7%를 차지하였고, 과거에는 대한민국 전체 수출의 4분의 1가량을 삼성이라는 기업 혼자서 담당했다. 대한민국은 수출로 먹고사는 나라인데, 삼성이라는 기업 하나가 이루어 낸 업적으로 인한 애국심과 더불어서 삼성 전체 계열사 및 하청과 벤더사들이 제공하는 수십 수백만 개의 일자리를 통해 수많은 국민들이 먹고 마시며 누릴 수 있는 것들을 생각해 보면 이재용 회장은 천사 같은 존재가 아닌가? 샤넬과 같은 명품 가방, 많은 남자들의 로망 롤렉스 시계부터 시작해서 윈도우 OS를 제공하는 마이크로소프트, 유튜브와 검색엔진을 제공하는 구글과 같은 해외 기업들, 하물며 동네의 작은 병원과 편의점만 생각해 봐도 나에게 어떠한 가치를 제공하고 그 대가로 돈을 받아 가지 않는가? 제공하는 재화나 서비스가 나의 문제를 해결해 주지 못하고 전혀 고마움을 느끼지 못하였다면 고객들은 돈을 지불하지 않았을 터이니 그들은 결코 부자가 될 수 없었을 것이다.

그렇기 때문에 가난한 자들은 세상에 아무런 기여를 하지 못했기에 이기적이라는 말이 맞다. 그러면서 세상이 잘못되었다고 세상을 욕하고 미디어 작가들의 망상이 만들어 낸 각색된 부자들의 왜곡된 이미지에 세뇌되어 대기업과 재벌을 비난한다. 그들이 보는 사악한 재벌이 등장하는 막장 드라마가 사실은 당신과 같은 가난한 사람이 주요 시청자이므로 철저하게 가난한 사람들이 좋아할 법한 요소로 만들어진 정신승리 포르노 콘텐츠라는 것은 알기나 할까? 부자들이 자신들의 몫을 빼앗아 갔다고 목청을 높여 외치지만 정작 그들은 아무것도 하지 않는다. 세상에 아무것도 제공한 것이 없기 때문에 그들에게 그 아무도 고마움을 느끼지도 않으며 고마움의 대가로 금전적인 보상을 하지 않는다. 일은 계속하는데 돈이 없다고? 이것 또한 이기적인 것이다. 최저임금만 받고 주 5일 40시간을 일해도 200만 원의 월급을 받을 수 있는데, 그마저도 게을러 터져서 하지 않거나 자신의 충동적 소비 욕구를 채우기 위해 돈을 다 써 버려 이기적인 것이다. 자신의 미래를 위해 충분히 인내하지 못하고 현재의 욕구를 전부 채우려 드는 것 또한 자기 자신에 대한 이기심이지 않은가? 따라서 돈을 벌지 못하든 돈을 벌지만 모으지 못했든 가난한 사람들은 이타적 이기심이 아닌, 오로지 자신밖에 모르는 이기적 이기심을 가진 이기적인 존재들이다.

물론 피치 못할 사정이 있는 사람들은 이 사례에서 제외하겠다. 여기서 말하는 피치 못할 사정이란 지방 4년제를 나와서 내가 그래도 대졸자인데 공장이나 중소기업 같은 곳에서는 절대로 일을 할 수 없다며 서른 살이 넘도록 부모님 집에 얹혀살면서 밥만 축내고 있는 한심한 사람들에게 하는 말이 아니고, 중소기업에 취업해서 220만 원의 월급을 받아서 300만 원이 넘는 명품 가방을 12개월 할부로 구매하며, 1년에 1번밖에 없는 여름휴가는 나를 위해서 당연히 유럽으로 떠나야 하고, 중간중간에 호캉스나 오마카세를 즐겨야만 하는 사람도 아니다. 신체에 장애가 있거나 부모님을 홀로 부양해야 하거나 불치병에 걸린 자녀를 돌보느라 아무리 열심히 일해도 돈을 모을 수 없는 상황에 처한 사람들을 말하니 내가 그 피치 못할 사정이 있어서 가난할 수밖에 없었다는 착각은 하지 말아라.

제발 경제 공부 해라

우리는 초등학교부터 대학까지 20년에 가까운 시간을 공부하여 좋은 직장을 갖기 위해 애를 쓴다. 취업을 어렵고 어렵게 하고 겨우 20년 남짓한 기간 동안 직장 생활을 한다. 진급을 하면 할수록 언제 잘릴지 모르는 불안함과 대출 이자, 자녀의 학비, 노후 등을 걱정하면서 퇴근시간에도 눈치 보여 의도가 명확하게 보이는 보여 주기 식 야근이나 살아남기 위해 온갖 정치질 등을 통해 자신의 밥그릇을 보전하려고 애를 쓴다. 8세부터 30세까지 22년에 걸쳐 더 나은 노예가 되기 위한 준비를 하고도 자신의 목숨줄을 회사에다가 맡긴 채로 남은 인생도 모조리 회사에 갖다 바친다. 뭐? 직장인이 노예라고? 노예가 맞다. 자본주의 사회에서 주인은 자본가이며, 세상에 가치를 생산하여 제공하는 기업이며, 주주이며, 기업을 자신의 기득권 유지를 위해 기꺼이 주무를 수 있는 힘을 소유한 정부와 정치 권력자들이다. 당신은 아무런 생산 시설이나 자본을 가지지 못하고 그저 언제든지 쉽게 대체될 수 있는 수준의 노동을 제공하여 남의 이익을 위해 사는 톱니바퀴 같은 노예가 맞지 않은가?

아침에 억지로 알람 소리에 잠을 깨서 준비를 하고 콩나물 시루 같은 퀴퀴한 땀 냄새가 나는 대중교통을 타고 교통체증에 시달리며 남이 정해 준 장소로 이동하여 정해진 시간만큼 정해진 업무를 남을 위해 하고 집으로 돌아가면 녹초가 되어 정작 자유롭게 사용할 수 있는 시간은 2~3시간 남짓이지 않은가? 마치 산책을 가자는 말을 하는 주인의 입만 뚫어져라 쳐다보는 반려동물처럼 주말만을 손꼽아 기다리며 일주일 중 7일 전부가 온전히 내 것이 될 수 있었을 터인데, 겨우 2일을 쉬기 위해 5일을 얼굴도 모르는 주주들의 이익을 위해 희생하지 않는가? 이런 인생은 특정한 소수의 사람들의 생활이 아닌 지금 이 시대를 살아가고 있는 절대다수의 평범한 사람들의 이야기가 아닌가?

왜 사람들은 22년의 세월 동안 '더 나은 노예'가 되기 위한 공부와 노력을 하고 나머지 남은 젊은 나날들을 송두리째 남을 위한 봉급쟁이로 살아가면서 자본주의나 금융, 부자가 되기 위한 공부는 단 1년도 채 하지 않는 것인가? 학교 공부라는 것은 애초 산업화 시기 노동자를 효율적으로 대량 양성 하기 위한 시스템으로서 도입되었다. 일을 하려면 기본적인 학습 능력과 읽고 쓰는 능력이 필요했기 때문이다. 21세기 디지털 혁명을 이룩하고 나서도 그 형태는 전혀 변하지 않았다. 오히려 노예가 되기 위해서 더욱더 많은 시간과 비용, 노력, 끊임없는 사교육 경쟁만 생겨났을 뿐이다. 매일 출근하여 마주 보는 개같은 상사 밑에서 벗어나고 싶지 않은가? 언제 잘릴지 모르는 조마조마한 만년 차장, 부장 자리에서 벗어나고 싶지 않은가? 언제까지 남 밑에서 자신의 운명을 남에게 맡긴 채 평범한 노동자 계급으로 살아갈 생각인가?

쳅터1

컴퓨터 게임을 할 때면 게임마다, 직업마다 각기 다른 효율적인 공략법은 그렇게 열심히 공부하여 달달 외우고 가장 효율적인 방법으로 디지털 데이터에 불과한 게임 캐릭터는 최선을 다해 육성하면서 왜 정작 '나'라는 자본주의의 룰을 가진 게임을 플레이하면서 자본주의가 도대체 무엇인지에 대한 이해조차 없이 무공략으로 인생을 살아가려 하는가? 너무 이상하지 않은가? 교보문고의 대부분의 매출은 극소수의 사람들이 낸다고 한다. 책을 1년에 1권도 읽지 않는 성인이 전체의 절반이 된다고 한다. 사람들이 읽는 책의 대부분은 라이트 노벨 카테고리의 책이며 경제 분야는 3%밖에 되지 않는다. 경제 분야의 책을 1년에 단 1권만 읽어도 당신은 대한민국 상위 1.5%에 속한다. 그런데 이 자본주의 공략집을 1주일에 1권씩 1년에 50권을 읽는다? 이것을 4~5년만 해도 200권이 넘는 경제책을 읽게 된다. 이 정도로 자본주의에 대해 해박한 지식을 갖춘 사람들은 절대로 가난해질 수 없으며, 부자가 될 확률도 기하급수적으로 높아진다고 장담할 수 있다.

뭐? 1주일에 1권이 너무 많다고? 어떻게 하냐고? 미친 소리 하지 마라. 1주일에 1권을 읽으려면 하루 24시간 중 고작 1시간이다. 출퇴근 시간 동안 오디오북을 듣거나 점심시간을 쪼개서 보거나 퇴근 후에 잠깐 보거나 주말 중 하루 반나절만 잡고 읽어도 충분히 읽는다. 당신이 여태까지 '더 나은 노예'가 되기 위해서 세상을 살면서 실제 삶에는 전혀 쓸데기도 없는 공부를 하는 데 쓴 시간과 노력을 생각해 보라. 이것이 과한가? 학창 시절 주 5~6일을 8교시에서 10교시를 부자가 되는 것과는 거리가 먼 공부를 하고 여기서도 모자라 야간자율학습이나 학원을 다니고 주말도 학원을 가고 방학마저 모조리 현실에서 전혀 쓸모가 없는 공식들을 외우는 데 써 놓고 지긋지긋한 노예 생활을 청산하기 위한 자본주의 공략집을 보기 위해 하루에 1시간도 투자를 못 하겠다고? 이렇게 생각한다면 당신은 자본가가 그토록 원하는 '더 나은 노예'가 맞다. 나와 같은 누군가는 자본주의에 대한 공략집을 읽고 일찌감치 기회를 잡아 젊은 나이에 더 이상 남을 위한 노예의 삶을 살아가지 않아도 되지만, 당신과 같은 노예들이 그들을 대신하여 열심히 일하여 벌어다 주는 월세나 배당금으로 하루 24시간 온전히 내가 하고 싶은 대로 하면서 살아간다. 자본가들이 떵떵거리면서 자유롭게 살 수 있는 이유는 바로 당신과 같은 노예들이 기업이나 자본가들을 위해 대신 피땀 흘려 일해 주기 때문이지 않은가? 정신 차려라. 하루 1시간도 못 하겠다면 그냥 포기하고 평생 죽는 그 순간까지 돈 걱정만 하면서 남을 위해 40년간 노동을 하는 노예의 삶을 살면 된다.

자신의 상황에 맞는 모델을 벤치마킹하라

대개 사람들은 자신의 처지와 맞지 않는 사회 통상적인 이념과 생각을 가지고 살아간다. 학생 때는 공부를 열심히 하여 대학을 가고 대학을 졸업하고 취직을 하고 월급을 받으며 퇴근 후에는 취미생활을 즐기고, 주말에는 가평 풀빌라를 빌려 힐링을 즐기는 일반적인 삶 말이다. SNS나 주변 사람들을 보면 전부 이렇게 사는 것 같다. 개개인의 상황이 모두 같지 않은데 모두 같은 방식으로 '인생은 이렇게 살아야지! 한 번뿐인 인생 즐기면서 사는 거야!'와 같은 남들이 정해 놓은 단 하나의 정답지만을 놓고 살다 보면 나의 처지와는 괴리감이 느껴지고 이게 과연 맞는 길인가에 대한 걱정과 불안함이 엄습할 것이다.

나는 나의 처지를 빠르게 인정하였다. 편부모가정에 시골 촌구석에 살며 매우 가난하다는 사실을 말이다. 물려받은 재능도 없었고 공부를 잘하지도 못하며 다른 어떤 분야에 흥미와 관심도 전혀 느끼지 못했다. 가난한 나에겐 친구들처럼 가족들과의 오붓한 식사시간이나 외식, 학원을 다니고 주말과 방학엔 부모님과 친구들과 여행을 떠난다는 것은 말 그대로 있을 수 없는 일이며 불가능한 일이었다. 이런 평범한 것들조차 그저 꿈속의 바람 같은 것이라는 점에서 박탈감과 좌절감을 느꼈지만 내 상황과 맞지 않았으므로 학창 시절 평범하게 누려 마땅할 것들을 일찌감치 모두 포기하고 나는 나와 비슷한 처지에 놓여 있는 것들을 찾았다. 그리고 그런 환경에서 성공한 사례들을 찾았다. 나와 비슷한 처지에 놓여 있는 것은 다름 아닌 국민당 GDP가 62불에 불과했던 1950~60년대 시절의 대한민국이었고 이를 강한 추진력과 열정으로 성장시킨 '박정희'와 '정주영'이었다.

물론 역사적으로 이들의 과오를 따질 수도 있지만 현재 주어진 상황에서 나와 비슷한 환경을 타고나 이를 극복한 롤 모델이 필요했고 그때의 찢어지게 가난했던 대한민국과 대한민국을 성장시킨 이들을 연구했다. 이들은 정말 아무것도 없는 척박한 환경 속에서도 나라를 발전시키고 잘 먹고 잘 살기 위한, 경제적으로 더 풍요로운 미래를 위해서 자신을 갈아 넣고 그 환경에 맞는 행동과 판단을 했다. 결과는 누구나 알다시피 전 세계가 놀란 한강의 기적을 일구어 냈고 가장 가난한 국가에서 열 손가락 안에 꼽히는 부유한 국가 중 하나로 급부상하였지 않은가? 이것이 나의 로드맵이 아닐까? 이 척박한 환경 속에서 남과 비교하지 않고 묵묵히 나만의 길을 걷기로 결심했고 이루어 냈다. 대부분 성공한 사람들에게서는 공통적으로 롤 모델이 있었다는 것을 발견할 수 있었다. 이들을 무작정 따라 하라는 것은 독이 될 수 있지만 분명하게 말할 수 있는 것은 사람들이 존경할 수 있는 롤 모델을 찾아 그들이 했던 방식을 연구하여 본인에게 적용할 수 있는 방식으로 변형하여 적용한다면 훨씬 옳은 방향으로 강력하게 나아갈 수 있을 것이다.

지옥은 없다, 가난이 지옥이다

나는 매우 가난하고 불우한 유년 시절을 보냈다. 부모님은 내가 6살 때 IMF 이후 빚으로 시작한 사업이 망하게 되면서 경제적인 문제로 이혼을 했고 아버지가 나와 형을 홀로 키웠다. 아버지는 밤에 일을 하시느라 낮에 학교를 가고 저녁에는 집에 있던 나와 마주칠 일이 거의 없었다. 일 역시도 일정치 않아 쉬는 날이 많았지만 일이 없으면 낚시를 가거나 주변 사람들과 어울려 다니느라 집에는 잘 계시지 않았다. 사실상 어려서부터 나를 케어해 주는 사람은 아무도 없었고, 특히 중학생이 되고 나서부터는 형이 중학교를 졸업하자마자 고등학교에 진학하지 않고 17세의 나이로 서울로 상경을 했기 때문에 그 이후로는 항상 홀로 지냈다. 경제적인 상황은 매우 나빴고 그 상황은 약속이나 한 듯 다음 해마다 더 악화되기만 하였다. 한 달에 4~5만 원이던 급식비도 자주 밀려서 많이 밀렸을 때는 담임 선생님이 따로 불러 안타까워하는 눈빛인지 경멸하는 눈빛인지 모를 눈빛으로 나를 바라보며 급식비가 몇 달이나 밀렸으니 빨리 내라고 독촉한 적도 많이 있었다.

친구들은 나를 '에미 없는 새끼'라고 놀렸고 왕따를 당한 적도 있었다. 학원은 근처에도 가 본 적이 없다. 초등학생 때는 사복을 입어야 했으므로 단벌 신사에 가까웠던 나는 중학교와 고등학교를 입학하고 나서는 여러 벌이 필요한 사복이 아닌 교복을 입는 게 정말 좋았다. 하지만 겨울이 오면 친구들과 차이는 다시 뚜렷해졌다. 나는 한겨울에도 교복 셔츠와 마이밖에 입지 못했지만 다른 친구들은 마이 위에 떡볶이 코트나 노스페이스 패딩 같은 옷을 입고 등교를 했다. 겨울은 흙수저에게 여러모로 잔인한 계절이다. 내 어린 시절은 마치 한겨울과도 같았다. 외식도 해 본 적이 손에 꼽힐 정도였다. 집에는 항상 라면, 밥, 콩자반, 김, 김치 정도만 있었기에 나는 급식을 선호했고 학교를 마치고 야간자율학습을 하거나 기숙사생들만 주로 먹던 석식도 신청해 저녁 급식까지 꼭 챙겨 먹고서야 집에 갔다. 내 학교 졸업식에도 아무도 오지 않았고 졸업식을 마치고 혼자 쓸쓸히 집으로 갔을 때는 1만 원권 지폐 한 장과 3분 카레 하나가 식탁 위에 올려져 있었던 게 기억에 남는다. 체육대회 때는 엄마가 손수 싸 준 김밥이나 유부초밥을 같이 나눠 먹고 즐거워하는 친구들을 보며 미칠 듯한 부러움, 열등감, 억울함, 비참감, 분노, 좌절감, 박탈감이 밀려왔다. 불과 초등학생밖에 되지 않던 나이부터 내 자존감이 박살 나기 시작했다. 초등학생 저학년까지만 해도 쾌활했던 내 성격도 점차 고학년으로 올라가고 중학생, 고등학생으로 올라갈수록 점점 자존감이 낮아져 의기소침한 아이로 변했다.

가정에 여자라는 존재도 없었거니와 나를 버리고 떠나가 버린 종이기 때문에 여자를 대하는 것도 몹시 두려웠다. 학창 시절 내내 연애를 해 본

적도 없다. 나는 어려서부터 일찍 스스로 생활비를 마련하기 위해 주말과 각종 공휴일까지 내내 아르바이트를 했고, 방학 때도 하루도 빠짐없이 아르바이트에 나가 돈을 벌었다. 아르바이트 또한 정식적으로 하기 시작한 것은 고1부터였지만 초등학생 때부터 집 근처의 PC방에서 당시 친했던 사장님의 PC방 일들을 도우며 하루에 1,000원씩 수고비를 장부에 적고 PC방에 있는 과자나 음료수로 바꿔 먹곤 하였다. PC방 손님들이 나를 많이 쳐다봤지만 그때 당시 나는 이상하다고 생각하지 못했다. 어른들이 보기에 조그마한 초등학생이 정수기 물통에 물을 받아 양팔로 들어 나르고 재떨이를 치우고 밀대로 바닥을 닦고 있으니 이상한 것은 당연한 일이었다. 나는 학창 시절 친구들과 추억이 별로 없다. 방과 후 친구들과 어울리지도 못했다. 친구들과 어울린다면 혹시나 돈을 써야 하는 상황이 나에게는 가장 겁이 나는 순간이었다.

학교를 마치고 PC방에 가더라도 친구들은 게임을 하고 음료수도 사 먹었지만 나는 음료수 하나마저도 사 먹지 못하고 박탈감을 숨기며 친구들의 게임을 구경만 할 수 있었다. 방학 때도 아르바이트를 하느라 친구 무리가 떠나던 여행에 동참할 수도 없었다. 그래서 나는 매 방학이 지나고 개학을 할수록 무리에서도 묘하게 거리감이 생겨났다. 그들과 추억을 함께하지 못하였으니 말이다. 어려서부터 준비물을 챙겨 가지 못해 선생님께 혼나기 일쑤였고, 잦은 급식비 독촉과 공부에도 흥미가 없어 수업시간에 낙서를 하거나 엎드려 자는 모습을 보며 선생님들은 나를 무시했고 경멸했다. 친구들도 나를 무시하는 아이들도 있었고 그렇지 않은 친구라고 해도 싸울 일이 생기면 어김없이 그 친구의 입에서 나오는 말은 '에미 없는 새끼'였다.

한 달에 15만 원밖에 하지 않는 단칸방 월세도 밀리기 일쑤여서 이사 가는 곳마다 집주인들은 우리를 달가워하지 않았고, 어느 날은 집주인 아들이 잦은 월세 미납에 화가 나 우리 집에 야구 배트를 들고 쳐들어와서 세탁기와 가구 등 집 안의 집기들을 마구 내려치며 물건들을 부수며 위협을 한 적도 있었다. 동네 어른들도 우리를 무시하였다. 이런 환경에서 유년 시절을 보내면 세상을 바라보는 시선이 부정적이며, 남을 믿을 수 없고, 패배주의에 빠지고 우울증에 걸리는 등 한 아이의 정서는 완벽하게 박살 날 수밖에 없다. 그 누구라도 이런 환경에서 자라난 아이는 정신이 건강한 사람으로 결코 성장할 수 없다. 집이 가난하면 공부라도 열심히 해서 장학금 받으면서 대학교를 다니면 되지 않느냐고? 당신이라면 이런 환경에서 스스로 공부의 중요성을 깨닫고 주변 환경을 싸그리 무시한 채 누구의 도움도 받지 않고 악착같이 공부하여 좋은 성적을 낼 수 있겠는가? 몇몇 아이들은 가능할지도 모르겠지만 안타깝게도 나는 아니었다.

나는 공부에는 흥미가 없었고 항상 뒤에서 성적을 깔아 주는 학생이었다. 낮은 성적과 가난한 탓에 대학 문턱도 들어가 보지 못한 채 고등학교를 졸업하자마자 무일푼으로 서울에 상경해 1평 남짓의 무보증 고시원 월세살이를 시작했다. 2010년대 초 그 좁디좁은 방음도 안되고 냉난방도 잘 되지 않아 여름에 덥고 겨울에 추운 고시원도 월세가 30~40만 원이나 하니 월세를 내느라 허리가 휘었다. 보증금 500만 원만 있으면 500/30 같은 몇 배나 넓은 정상적인 빌라 원룸으로 이사할 수 있었지만 그 500만 원이 없어 좁디좁은 고시원에서 살았다. 고졸 20살 청년이 다닐 수 있는 직장은 형편없었으며, 2010년대 초 당시 아르바이트 신분으로 취직한 영세기업에서 나에게 준 월급은 90만 원이었다. 그렇게 푼돈을 벌어 월세와 교통비, 식비를 내면 손에 남는 돈은 하나 없는, 하루살이 인생을 보내며 힘든 날을 버텼다. 크게 아팠을 때도 병원에 갈 돈이 없어 2주간 펄펄 끓는 열에 시달리며 그냥 버틴 적도 있었다. 그 병은 병원에서 단돈 1만 원만 있으면 고칠 수 있는 병이었다. 돈이 없어 식빵 몇 개를 며칠 동안 나눠 먹기도 하였고, 잔돈 150원이 부족해 마트에서 아무것도 사 먹지 못해 굶은 날도 있었다. 그러다 21살에 군에 입대했다. 그때 내 몸무게는 50kg도 나가지 않았기에 충분히 신체검사 4등급을 받고 공익으로 빠질 수 있었지만 군인과 공익은 원칙적으로 다른 일을 해서 돈을 버는 게 금지되어 있었기 때문에 공익으로 근무한다고 해도 그 당시 이등병 기준 한 달 월급이 10만 원도 되지 않는 군인 월급으로는 절대로 월세와 생활비를 감당할 수 없어 신체검사를 받기 전 일정 기간 폭식을 하여 몸무게를 늘려 신체등급 3급을 받고 현역으로 입대했다.

입대를 하고 나서도 나에게 여러 가지 큰 문제들이 계속 발생하였다. 신체검사 당시 했던 정신검사에서 매우 안 좋은 결과가 나와 훈련소에서 나를 관심병사로 지정했고 심리 상담 선생님을 붙여 상담을 받게 했다. 동기들과 훈련 도중 나만 자꾸 빠지니 동기들이 관심병사인 걸 눈치챌까 두렵기도 했다. 상담 결과는 철저하게 비밀로 보장된다 착각하여 훈련하러 나갔을 때 큰 트럭이 오면 차도에 뛰어들어 트럭에 치여서 죽고 싶다, 사격훈련 할 때 총구를 나한테 겨누어 쏴서 자살하고 싶다 등의 생각을 솔직하게 말하였고 이것이 상부로 보고되어 나는 관심병사 중의 관심병사로 낙인찍혀 현부심으로 전역하여 공익을 하라고 권유받았지만 앞서 말했다시피 사회로 나가면 군에서 나오는 월급만으로는 도무지 먹고살 방법이 없어 상담에서 말한 내용은 거짓말이었다, 훈련이 너무 힘들어서 뺑끼를 부리려고 그랬다고 사죄하였고 중대장과 대대장은 화가 머리끝까지 나서 나를 죽이려 들었지만 군대에서 쫓겨난다면 먹고살 방법이 없어 이 상황을 어쩔 수 없이 그들에게 나를 군에서 쫓아내지 말아 달라고 빌며 견뎌 내야 했다.

다시 현부심으로 전역하라는 말을 듣고 싶지 않아 훈련소에서 괜찮은 척 연기하며 훈련소 생활을 마무리했고 결국 강원도 최전방 부대인 7사단 155mm 견인포병대대로 자대가 배치되었다. 자대 배치되고 나서도 A급 관심병사 지위는 유지되었고 지속적인 심리 상담과 여러 검사를 받았다. 정밀한 전문 정신검사를 받은 후 결과는 심각한 수준을 넘어 "너는 몇 달이 안 가 죽을 거다."라고 말할 정도로 내 상태는 심각했다. 정확히 기억은 안 나지만 7~8개 항목 중 80점이 넘는 항목이 5개 정도였던 것 같다. 보통 1~2개만 되어도 굉장히 심각한 수준의 결과라고 하니 당시 내 정신이 어떤 상태였을지는 뻔하다. 자대에서도 나에게 입원과 동시에 약물치료 등을 권했고 현부심도 권했다. 매일 선임들이 나를 병신으로 여기고 육체적인 괴롭힘과 정신적인 학대가 계속되었지만 사회로 나가는 것이 훨씬 곤란하므로 매일매일 1,000번도 넘게 하루 종일 자살할 생각을 할 만큼 힘든 군생활이었지만 현부심을 완강히 거부하고 결국 만기 전역을 했다. 내가 알기론 A급 관심병사 중에서 현부심으로 도중에 전역을 하지 않은 병사는 나밖에 없었다. 오히려 정상적인 병사들도 현부심 판정을 받아 군대를 빠져나가기 위해 연기를 하는 경우가 많으니 말이다.

  나는 복무 중 부모님이 부대로 부쳐 주는 화장품이나 먹을 것, 용돈을 한 번도 받아 본 적이 없었고 면회도 아무도 오지 않았다. 휴가 중 가족들과의 여행도 해 보지 못했다. 휴가를 나가서도 군인 신분을 속인 채로 물류센터 등에서 택배 상하차 알바를 하고 돈을 벌어 복귀하기 일쑤였다. 말년 휴가 때는 회사의 면접을 보고 다니며 직장을 구한 뒤 전역한 다음 날부터 바로 출근을 하였다. 전역 직후 마땅한 거처가 없어 숙식이 제공되는 곳으로 일자리를 구했지만 첫날부터 동성애자였던 사장이 나에게 자신이 스폰서가 되어 준다는 이상한 제안을 하는 바람에 숙식이 제공되던 직장을 급히 옮겨 경기도 외곽에 있는 지인의 집에서 신세를 지며 왕복 4시간씩 출퇴근을 하였다. 몇 달간 악착같이 모은 돈으로 직장 근처에 보증금이 200만 원에 월세가 50만 원인 3~4평 남짓의 원룸텔을 마련하여 드디어 병역과 거취 문제에서 벗어나 온전히 새출발을 할 수 있게 되었다. 하지만 곧 아버지는 대장암 말기를 판정받았고 각종 청구서가 나에게 날아왔지만 내가 도울 수 있는 것은 적었다. 어릴 때부터 쌓여 온 감정과 트러블들로 인하여 형과도 연을 끊었기 때문에 그렇게 나는 20대 초중반의 나이에 고아가 되었고 세상에 홀로 남겨짐과 동시에 아버지가 남기고 간 빚더미에 앉았다. 도무지 그 빚을 감당할 수 없었고 나는 어린 나이에 고아가 되었다는 사실과 함께 받은 유산이라고는 빚더미밖에 없어 결국 상속포기라는 것을 하였다. 이렇게 이십몇 년을 절대적인 빈곤에 시달리며 고통스러운 삶을 살아오면서 나는 지옥을 믿지 않았다. 왜냐고? 바로 이 현실이 지옥이었으니까. 명심하라. 가난은 지옥이다.

가난은 블랙홀과도 같다

가난이 무엇이라고 생각하는가? 단순히 통장 잔고가 부족한 것, 월급이 적은 것, 지갑에 돈이 없는 것이라고 생각하는가? 가난을 가난 그 자체로 보지 마라. 나는 사람이 가난한 이유는 가난 그 자체보다 기저에 깔린 상식의 수준과 그 상식을 기반으로 한 사소한 행동들과 선택들이 모여 만든 총체적인 결과라고 생각한다. 당신의 가난은 당신이 속해 있는 환경과 만나 온 사람들의 의식 수준에 의해 만들어진다. 가난한 생각 때문에 가난한 것이다. 자식 또한 부모의 가난한 생각을 물려받기 때문에 필연적으로 가난해진다. 당신이 평소에 하는 생각과 상식의 수준, 생활패턴, 철학, 만나는 사람과 그들과 공유하는 다양한 것들, 가족, 애인 등의 영향을 받아 가난한 생각이 고착화되어 부와는 거리가 먼, 가난한 삶을 살고 있다는 것이다. 당신이 아무리 부자가 되고 싶고 큰 목표를 꿈꾸며 하루하루 그 목표를 위해 달려 나간다고 하여도 일단 가난한 환경에서 태어났다는 것은 사막 한가운데서 태어난 것과도 같다. 당신의 가족과 주변 사람들은 끊임없이 당신이 앞으로 나아가는 것을 방해할 것이다. 가난하면 온 우주의 기운이 당신을 가난으로부터 벗어나지 못하게 블랙홀의 강력한 중력처럼 변하고자 하는 당신을, 앞으로 나아가고자 하는 당신을 지독하게 잡아 아래로 아래로 끌어내린다.

이 블랙홀과도 같은 가난의 중력으로 친구를 만나도 당신이 나고 자란 환경에 딱 맞는 당신의 수준과 비슷한 친구들일 것이며, 대부분의 친구들 역시 가난한 부모로부터 물든 가난한 생각을 가지고 있을 것이다. 당신의 친구들에게 몇 달간 고민하고 또 고민한 목표를 진지하게 말해도 당신 친구는 냉소적인 말로 당신의 의지를 꺾을 것이고 그것이 왜 터무니없는 불가능한 목표인지에 대한 100가지가 넘는 이유와 실패에 대한 가능성, 높은 리스크, 낮은 성공 확률에 대해 이야기할 것이다. 결국 당신은 설득당해 소중한 꿈을 내려놓고 여느 때처럼 친구들과 술잔을 기울이며 과거에 대한 이야기, 여자 이야기, 학창 시절 이야기, 허세 가득한 쓸모없는 이야기로 시간을 낭비하게 될 것이다.

당신 친구들은 당신이 노력하려는 모습, 더 나아지려는 낌새를 포착하면 DNA에 있는 본능 시스템에 탑재되어 있는 경고 사이렌이 작동할 것이고 당신을 끌어내리기 위해 당신을 위한다는 달콤한 말로 이리저리 포장하며 당신이 그 꿈을 실현하지 못하도록, 접도록 안간힘을 다할 것이다. 만약에 당신이 목표를 달성해서 올라간다면 자신들은 상대적으로 뒤처지는 것이 되기 때문에 이것은 그들이 가장 원하지 않는 시나리오다. 그렇기 때문에 당신의 꿈에 대해서 이야기하는 즉시 불가능한 일이라며, 해봐야 아무 소용이 없다고 시도조차 하지 못하게 당신을 끄집어 내린다.

이러한 본능은 인간뿐 아니라 게(Crap)에게서도 발견된다. 어부들은 게를 잡고 통에 담으면 뚜껑을 닫지 않는다. 왜냐하면 어떤 게가 밖으로 나가려고 올라가면 여지없이 다른 게들이 올라가는 게를 붙잡고 끌어내린다. 그래서 뚜껑을 닫을 필요가 없다고 어부들은 말한다. 이것을 '게 바구니 증후군' 일명 'Crab Bucket Syndrome'이라고 한다.

부모님은 어떠한가? 분명 가난한 상황 속에서도 아이들에게 사랑과 온정을 베풀고 자녀들을 존중하며 가족을 먹여 살리기 위해 하루하루 최선을 다하는 배울 점이 있는 부모들도 있겠지만 일부 가난한 부모들은 천성이 게으르고, 세상 탓만 하며, 자식을 위해 자기 자신을 기꺼이 희생하지 않으며, 끊임없이 자녀들을 육체적으로 또 정서적으로 학대하여 가난의 굴레 속으로 빠져들게 만든다. 이런 학대를 유년기 시절부터 십수 년간 겪어 온다면 올바른 자아를 형성하지 못한 채로 항상 주눅이 들어 있고 세상을 부정적으로 바라보는 사람으로 성장한다. 자녀가 고등학생이 되어 꿈이 생겨 꿈을 이야기하고, 그 꿈을 이루기 위해 대학에 진학하겠다고 말하면 이런 부모들은 자식의 대학 진학을 만류하며 나는 네가 성인이 되면 일정 지원을 해 주지 않을 것이며, 성인이 되면 바로 공장에 취업하여 매달 생활비를 보내며 키운 값을 갚으라고 당신을 지독하게 세뇌할 것이다. 이런 부모들은 자녀를 하나의 독립적인 개체로 보며 그들을 존중해 주고 성공을 비는 것이 아니라 자신들의 노후준비 도구쯤으로 여기고 당신을 착취하기 위해 각종 가스라이팅과 동정심 유발, 죄책감 유발 등의 수작을 부려 당신의 앞길을 막으려 들 것이다.

부모가 자식의 미래를 걱정해 주는 것이 너무나도 상식적인데 말도 안 되는 헛소리를 한다고 생각할지 모르겠지만 정상적인 가정이 아닌 화목하지 않은 가난한 가정의 경우 하나같이 유사한 패턴을 가지고 있다. 나는 가난한 환경에서 나고 자랐기 때문에 실제로 주변에 이런 사례들이 많다. 자녀가 성인이 되고 독립을 하였어도 십수 년간 부모로부터 가스라이팅을 당해 그들의 부모가 부모의 역할을 제대로 하지 않았음에도 불구하고 쥐꼬리만 한 월급 200만 원 250만 원을 받아 생활비라는 명목으로 상당수를 집에 송금한다. 월급을 받아 월세나 생활비, 공과금, 약간의 소비를 하고 나머지는 고스란히 집에 가져다주면 남는 것이 없다. 한창 미래를 준비해야 할 20~30대에 재테크와 결혼은 꿈도 못 꾸며 타지의 원룸방에서 외로이 나이만 먹어 가는 친구들이 한둘이 아니다. 나는 이런 부모나 친구들을 곁에 두어 당신이 발전할 수 없고 가난의 수렁에 빠져 또 이들과 같은 인생을 사는 실수를 반복하는 친구들에게 말한다. "당신이 살기 위해서라도 부모와 고향 친구들을 과감하게 끊어 내라"고. 이렇게 말하면 '어떻게 가족을 버리냐, 그래도 가족인데.' 같은 생각을 할지도 모른다. 비난할 사람은 비난해라. 난 이렇게라도 이 가난의 고리를 끊어 내고 싶었다. 내 인생은 너무나 간절하게 가난을 앞 세대와 똑같이 반복하고 싶지 않았다. 그래서 나와 비슷한 환경에 처해 있는 사람들에게 나와 똑같이 당신의 앞날을 끌어내리는 블랙홀과도 같은 관계를 과감하게 끊어 내라고 말해 주고 싶다.

돈은 피보다 진하다

혈육이나 가족의 끈끈한 관계를 말하는 "피는 물보다 진하다."라는 말이 있다. 하지만 내가 겪은 현실은 돈이 피보다 진했다. 나를 낳아 준 어머니는 IMF로 인해 잘되던 사업이 하루아침에 망해 경제적으로 어려워지니 곧바로 우리 형제를 버리고 이혼을 하였다. 대개 이혼을 하게 되면 특별한 일이 있지 않고서야 여성에게 양육권이 거의 100% 주어지지만 나의 어머니는 양육권을 스스로 포기하고 우리를 버리고 떠나 버렸다. 이후 나에게 한 번도 먼저 연락을 하거나 찾아온 적도 없었지만 작년 어느 날 아침 저장되어 있지 않은 번호로 전화가 왔고 울먹이는 중년 여성의 목소리가 들렸다. 나는 잘못 걸려 온 전화인가 싶어 전화를 끊었는데 다시 전화가 와서 같은 여성이 흐느끼면서 우는 것이 아닌가? 곰곰이 생각해 보니 그 번호는 어릴 때 내가 기억하던 엄마의 휴대폰 번호였다. 자신이 낳은 자기 자식을 경제적으로 어렵다고 하여 어려움을 함께 극복해 나가지는 못할망정 매정하게 버릴 때는 언제고 25년 만에 연락을 하는 것인가? 왜 하필 내 힘으로 대학원을 졸업하고 서울에 아파트를 사고 대기업에 들어

갔을 시기였을까? 아마 그 소식을 주변 사람들을 통해 들었으리라 생각이 된다. 자신이 점점 늙어 스스로도 책임지지 못할 상황이 되니 과거 자신이 인간으로서 최소한의 도리조차 하지 못했다는 사실도 잊어버린 것인지 감정을 호소하며 이제 와서 엄마 노릇을 하며 나에게 빨대를 꽂으려는 속셈이었다고 나는 확신한다. 나는 곧바로 전화를 끊고 그대로 그 번호를 차단했고 내 소식을 알 수 있는 카카오톡에 있는 모든 친척들을 차단하였으며, 전화번호도 바꾸었다. 내가 가장 약하고 힘든 순간에는 날 버려 놓고 이제 와서 피를 나눈 가족이니 과실만 거두겠다고? 엿 까는 소리 하지 말고 그냥 내 인생에서 영원히 꺼져라.

아버지 또한 사업이 망한 뒤로 자포자기하며 모든 것을 내려놓기 시작했다. 두 명의 어린 자식이 있었는데도 말이다. 일은 하지 않고 매일 술을 달고 살면서 심하게 취한 날에는 마음속에 있는 말들을 나에게 내뱉었다. 내가 내린 결론은 아버지는 우리를 결코 키우고 싶은 것이 아니라 우리를 버리고 싶었지만 차마 버릴 용기가 없었다는 것이다. 친척들은 명절에 모이면 사업이 망하고 가난한 우리를 무시했다. 친척들 사이에서도 발언권이 없었으며 아버지는 명절 내내 친척들 사이에서 항상 아무 말도 하지 않았다. 아버지는 명절에 우리 형제를 이혼 후에도 외할머니나 이모 댁에 보내곤 했는데 우리를 참 예뻐해 주셨지만 아버지는 항상 죄인처럼 본가에 있을 때처럼 아무 말도 하지 못하고 그냥 허허실실 웃기만 하였다. 나중에 알게 된 사실이지만 사업을 하기 위해 외가에서 돈을 몇천만 원 빌리고 사업이 망해 갚지 못한 상황이었기 때문에 죄인처럼 있었던 것이다. 고등학생이 되고 머리가 크자 나는 명절에 친가 외가 모두 가지 않았다. 집안의 온 기둥을 뽑아 지원해 주며 키운 맏형제들이나 삼성에 다니는 친척이 은근히 으스대는 꼴도 보기도 싫었으며, 친척들 앞에서 무시받고 싶지도 않았으며, 갚지 못한 돈 이야기도 듣고 싶지 않았기 때문이다.

돈이 없으면 자식도 불공정한 상황에서 지켜 주지 못한다. 학창 시절 다른 아이와 싸우는 일이 생겨도 상대편 부모는 부리나케 달려 나오지만 나의 아버지는 연락하면 항상 바쁘다, 돈 벌어야 한다는 핑계로 알아서 하라며 오지 않았고 상대편 아이가 잘못했거나 비슷하게 잘못했어도 모든 질타와 잘못은 내가 뒤집어써야 했다. 상대편 부모님은 자신의 아이를 지키기 위해 나를 향해 온갖 모욕적인 말을 퍼붓기까지 하며 자신의 자식만 두둔하기 바빴다. 언제나 잘못을 한 죄인은 나였고 사과의 몫 또한 나에게만 있었다. 억울하게 절도죄로 누명을 써 경찰서에 잡혀갔을 때도 같은 핑계로 아버지는 오지 않았고 경찰들은 나의 결백을 믿어 주지 않고 범죄자로 낙인찍으며, 초등학생의 나이에 경찰서에서 어떤 종이를 손에 들게 하여 디지털 카메라로 나의 정면과 양 측면 머그샷을 찍었다. 이 외에도 잘못하지 않았음에도 나를 지켜 줄 사람이 아무도 없으니 억울하게 누명을 써 수차례나 경찰서를 들락거리게 되었다. 또 한번은 나와 내 친구가 돈을 뺏어 갔다고 거짓으로 선생님에게 일러바쳐 베트남전쟁 참전 용사셨던 교감 선생님이 내 멱살을 잡고 들어 올려 뺨을 수차례나 갈겼다. 같이 맞은 내 친구는 부모님께 그 사실을 말해 학부모들의 원성을 사 그 친구는 교감 선생님에게 사과를 받았지만 나는 받지 못했다. 친구와 다툼이 붙어 일방적으로 맞고 얼굴이 만신창이가 된 채 들어오더라도 아무런 조치도 하지 않았다. 집에 돈이 없으니 10대부터 지금까지 무려 30가지가 넘는 아르바이트를 해야 했으며, 알바를 하면서 가장 힘들었던 것은 내 처지와는 정반대인 즐겁게 노는 또래 손님들을 보며 느끼는 박탈감이었으며, 미성숙한 동료와 사장, 관리자들의 갑질이었다.

학생 때 수영장에서 일할 때였다. 수영장의 관리자가 대부분 학생인 알바생들을 세워 놓고 무슨 말을 하는데 내가 잠깐 다른 곳을 쳐다봤다고 곧바로 쌍욕을 퍼부으며 자신이 앉고 있던 의자를 번쩍 들어 내 머리를 찍어 버렸다. 또 하루는 다른 관리자가 내 출근 복장이 마음에 안 든다는 이유로 한겨울 밖에서 차가운 맨바닥에 무릎을 꿇고 손을 드는 벌을 1시간 동안 주었다. 그럼에도 나는 돈을 벌어야 했기 때문에 주말이나 방학 내내 그 수영장에 출근을 할 수밖에 없었다. 방학에도 주 4~5일 근무하는 친구들이 많았는데 나는 방학 기간 내내 단 하루도 쉬지 않고 하루에 13시간씩 4만 원을 벌기 위해 그 수영장에서 일했다. 수영장 물의 특성상 독한 소독약이 들어가 있어 하루 종일 발바닥이 수영장 물에 절여져 있으니 발바닥의 모든 피부가 다 벗겨져서 생살이 수영장 바닥의 까칠까칠한 초록색 미끄럼 방지 매트에 닿는 고통이 상상을 초월했다. 고문이 따로 없었다. 자신의 앞에서 노래를 부르게 하는 횟집 사장이나 초면에 나를 보자마자 말랐다며 무시하는 동료 등 무수히 많은 수모들을 겪었다.

피는 물보다 진하다고 하지만 나뿐만 아니라 가난한 사람들의 사례나 각종 민형사 사건들을 보면 돈 때문에 가족을 죽이기까지 하며 사기나 뒤통수를 치고 원수보다 더한 사이가 되는 경우가 매우 많다. 혈육 관계에 있어서도 대부분 문제는 돈 때문에 발생한다. 집에 돈이 많아도 생기는 문제가 있겠지만, 나는 그런 적이 없어서 그 문제가 어떤 것인지는 잘 모르겠다만, 어쨌건 집에 돈이 없으면 친척들을 비롯한 온 세상의 무시와 불합리한 상황들을 자식들이 영문도 모른 채로 받아 내야 한다.

내가 부자가 되기로 마음먹은 이유

나는 피나는 노력을 하는 것이 가난하게 살면서 지옥 같은 하루하루를 보내는 것보다 훨씬 수월했다. 그리고 지난 세월들이 너무나도 억울했다. 나는 유년 시절 불행한 나날들을 보내며 신에게 수천 번 물었다. "왜, 왜 나에게!" 그리고 이 세상을 부정했다. 나에게 주어진 현실이 영화 〈트루먼 쇼〉나 〈매트릭스〉에 나오는 조작된 세상이 아닐까 싶었다. 내가 그 영화에 출연하는 주인공이 아니고서야 어찌 하늘은 이렇게 말도 안 되는 조건을 나에게 준 걸까 하고 말이다. 좌절을 넘어 해탈의 경지에 다다랐고 분노로 변했다. 세상에 대한 분노, 남들에 대한 분노, 부모님에 대한 분노, 나 스스로에 대한 분노로 말이다. 한동안 자기혐오에 빠져 아무것도 하지 못했다. 머리부터 발끝까지 내 자신이 너무 싫었다. 자해도 수십 차례나 했다. 그 흔적들은 10년이 넘게 지난 지금도 손과 팔, 다리에 그대로 남아 있다. 거울에 비친 내 모습을 볼 때면 너무 혐오스러워서 거울을 주먹으로 쳐서 깨 버리고 싶었다. 자기혐오에 빠지니 정상적인 연애나 인간관계도 불가능했다. 매사 부정적이고 에너지가 없고 자기 자신을 혐오하는 사람에게 그 누가 사랑과 관심을 주리라 생각이 들겠는가?

매일 죽는 상상을 했다. 매일 밤이면 이유 없이 세상이 무너져라 울다 어느 날 내 인생이 너무 억울하고 분하게 느껴졌다. 그리고 이 억울함과 분노는 기필코 성공해야겠다는 다짐으로 변했다. 다름 아닌 나의 성장동력은 지옥과도 같은 환경으로 인해 형성된 열등감과 스스로 저주받은 인간이라고 생각하며 살아온 것, 비참감, 좌절감, 우울감, 패배의식이었다. 이렇게 남들과 비교하며 불행한 내가 반대로 우월해지면, 성공하면 행복해질 것이 아닌가? 어차피 이렇게 사는 것은 희망이 없다. 수천만 번 수백만 번 죽을 생각을 했던 내가 이렇게 복받쳐 오르는 분노 에너지로 한번 열심히 살아 보자 다짐했고 그게 24살 때의 일이었다. 나는 그때부터 달라지기 시작했고 남들보다 열심히 살기 시작하였고 늦었지만 방송통신대학교에 진학하여 태어나서 처음으로 공부라는 것도 시작했다. 노력이라는 것을 하니 나에게 기회가 주어졌고, 일부 주변 사람들의 평가가 좋아졌고, 작은 성취감에서 나오는 도파민은 나를 스스로 '더 나은 사람'이라 생각하게 해 주었고 행복하게 만들어 주었다. 이렇게 하나둘 성장해 나갔다. 그래서 자신의 처지를 비관하고 있는 사람들에게 말하고 싶다. 죽고 싶도록 억울하고 세상에 분노스러운 만큼 열심히 한번 살아 보라고! 노예제도가 있던 조선시대에 태어났다면 평생 신분이 노예로 살다 죽었을 것인데, 현재는 개개인의 노력에 따른 신분상승의 기회가 주어지는 게 나는 너무 감사하다.

가난을 극복하니 가난했던 시절 뼈 시린 고통은 반면교사가 되었고, 가난했던 과거는 나의 가장 자랑스러운 트로피가 되었다. 부자가 되고 싶다면 지독한 가난의 DNA를 모조리 갈아 내라. 내 안에 흐르는 게으르고 천한 피를 전부 뽑아내라. 내 뇌에 온통 자리 잡고 있는 쓰레기 같은 가난의 생각을 갈아 치워라. 가난했던 시절의 모든 세포를 사멸시키고 성공이라는 새로운 세포로 전부 교체하라. 결코 쉽지 않은 여정이고 수천수만 시간을 쏟아야 하는 고된 여정이다. 매일 아침 일어나면 거울을 보고 "나는 최고야, 그렇기 때문에 나는 성공할 거야. 내 미래는 이미 성공으로 정해져 있어."라는 말을 10번씩 해 주어라. 무슨 일을 하건 당신은 잘해 낼 수 있으며, 최고의 성과를 거둘 것이라는 끊임없는 자기암시를 해라. 어떤 것 앞에서도 겁먹지 말고 굽히지 말며 온 세상을 소유한 황제처럼 대가리를 빳빳이 들어라. 오로지 목표만 생각하며 부러질지언정 결코 꺾이지 않는 고집이 있는 사람으로 비추어져라. 남들의 시선과 평가를 전부 무시하라. 주변 사람들의 뒷담과 부정적인 피드백은 당신이 성장할까 두려워서 발동되는 진화심리학적 오토 디펜스 시스템이다. 당신이 해낸다면 그들의 비난은 점차 거세지다가 언젠가 연을 스스로 끊을 것이다. 고무줄의 원리와 완전히 똑같다. 나의 수준을 고무줄이 끊어질 만큼 아득하게 뛰어넘어라. 명심해라. 그들과 여전히 잘 지낸다면 당신은 실패한 것이다.

생각하는 대로 살지 않으면, 사는 대로 생각하게 된다

왜 사람들은 가난할까? 왜 사람들은 매일매일 힘들게 살아갈까? 왜 사람들은 불행할까? 사람들은 왜 나처럼 가난을 탈출하지 못했을까? 가난한 사람들을 무수히 많이 관찰해 온 결과로서 한 문장이 가장 와닿았다. "생각하는 대로 살지 않으면, 사는 대로 생각하게 된다."였다. 이것은 내 좌우명이기도 하다. 가난한 사람들은 대개 미래에 대해서 생각하기조차 싫어하며 "어떻게든 되겠지."라는 무책임한 말로써 오늘 하루를 의미 없이 살아간다. 어제 살아온 것처럼 오늘도 역시 흘려보내고 오늘을 의미 없이 흘려보낸 것처럼 내일도 그냥 흘려보낸다. 그러다 보니 살아온 대로만 생각한다. 그들이 아무런 생각이 없다는 것은 아니다. 다만 생각은 누구나 하지만 정작 그것을 행동으로 옮기는 사람들은 거의 없다는 것이다. 시간은 반드시 복수한다. 오늘 내가 살아온 날들이 겹겹이 쌓이고 누적이 되어 미래의 나에게 영향을 미칠 것이다. 오늘 대충 살았다면 미래의 당신이 전부 감당해야 한다. 청구서는 반드시 당신에게 과거의 당신이 행했던 그대로 되돌아온다.

생각한 대로 살아야 한다. 미래의 당신에게 오늘의 내가 끊임없이 선물을 보내야 한다. 시간은 미래의 나에게 복수도 하지만 반대로 보답하기도 한다. 오늘의 내가 본능적인 충동을 참아 내고 게으름을 이겨 내고 고통을 인내하며 계획한 대로, 생각한 대로 실행에 옮겨 나가면서 하나둘 성공 경험을 누적하다 보면 시간은 반드시 보답한다. 사는 대로 생각하게 되면 내 인생과 사고방식, 모든 것이 시궁창이 되고 만다. 오늘 하루를 그저 살아온 관성대로, 본능대로 살아가다 보면 언젠가 후회를 해도 때는 이미 늦었다. 아니면 생각하는 기계인 뇌가 제대로 작동하지 않아 무엇이 잘못되었는지도 모른 채 세상은 불공정하다며 남 탓만 하면서 여생을 비루하게 살아가게 될 것이다. 지금 후회하며 참회의 눈물을 뒤늦게 흘려도 과거는 절대로 돌이킬 수 없으며, 과거의 당신이 흘려보낸 시간들로 인하여 그 시간들이 현재의 당신에게 복수하고 있는 것이다. 그 청구서는 정확하다. 더하지도 덜하지도 않으며 온전히 당신이 과거에 했던 일들이 겹겹이 쌓여 청구서를 지금 들이밀고 있을 뿐이다. 성공은 할부이다. 실패도 할부이다. 먼저 성공을 얻을 수 없고 실패 역시 당장 하지 않는다. 계획대로 살지 않고 사는 대로 생각한다면 실패 역시 미래의 당신이 책임을 지게 될 할부 계약이다. 지금 그럭저럭 대충 살아도 살아진다고 안도하지 마라. 아직 그 청구서는 당신에게 도착하지 않았을 뿐이다. 그 청구서는 반드시 도착하여 당신은 물론 당신의 부모님과 배우자, 자식까지 대를 이어 지독스럽고 잔혹하게 괴롭힐 것이다.

어차피 당신은 변하지 않을 것이다

지난 수십 년을 그렇게 살아왔는데 사람이 그렇게 쉽게 바뀌겠는가? 책 한 권 읽는다고, 유튜브에서 10분짜리 동기부여 영상을 본다고 해서 당신이 하루아침에 180도 바뀌겠는가? 여지껏 무수히 반복해 왔듯 그냥 잠깐 동안만 열정 스파크가 생겨났다 또다시 어제의 나처럼 살 것이 아닌가? 어차피 실패할 다이어트와도 같기 때문에 해도 쓸모없는 고생만 할 뿐 아무런 의미가 없다. 당신이 이미 30년을, 40년을 그렇게 살아왔고, 내 머릿속에는 온갖 나만의 기준, 생각, 관성, 아집 들이 자리 잡아 도저히 다른 지식과 관점이라고는 비집고 들어갈 틈조차 없는데 어떻게 변화할 수 있겠는가? 이 책을 읽는다고 해서 당신이 바뀐다고 생각하지도 않는다. 개인적인 경험이지만 아직 20대라면 뇌가 말랑말랑하고 배우는 단계이기 때문에 평소 잘못하고 있던 생각들이 깨지게 되면 과감하게 수정하고 성장하는 경우가 많았지만 30살이 넘게 되면 자신만의 생각, 아집, 고집 들이 생겨나게 되면서 좀처럼 다른 사람들의 말을 듣지 않고 자신의 머릿속에서 자신만의 정답과 결론을 이미 내고 난 뒤에 듣는 시늉만 하였다.

챕터1

사람은 절대 쉽게 바뀌지 않는다. 쉽게 바뀔 것이었으면 왜 많은 사람들이 가난하며 불행 속에서 살아가고 있겠는가? 어제 잘못을 저지르고 내일 똑같은 잘못을 저지르는 것이 바로 인간이다. 흡연으로 인해 목구멍을 도려내 성대에 구멍이 뚫려도 또 담배를 피우는 것이 바로 인간이다. 술로 목숨을 잃을 위기에 처해도 또다시 술을 입에 가져다 대는 것이 바로 인간이다. 음주운전으로 사람을 죽일 뻔해도 또다시 술을 처먹고 운전대를 잡는 것이 바로 인간이다. 이 책은 모두를 위한 책이 아니다. 1,000명 중 인생을 바꿀지도 모르는 단 1명을 위해 썼다. 그렇기 때문에 모두가 좋아할 내용도 아닐 것이다. 나는 딱 1명의 인생만 바꾼다면 만족할 것이다. 세상에는 훌륭한 제품과 서비스를 제공하는 곳들이 넘쳐 나지만 그중에서 가장 가치가 높고 돈으로 환산할 수 없이 비싼 것이 바로 '인생을 바꾸는 일'이라고 생각한다. 부족한 책이지만 단 1명이라도 인생을 바꿀 수 있는 일말의 계기로서 도움이 된다면 나의 목표는 달성한 것이며, 훗날 성장하여 또 다른 가능성이 있는 사람들을 이끌어 주며 도와줄 수 있는 사람이 되었으면 좋겠다.

부자가 되면 좋은 점

인간의 욕구 중 가장 기본이 되는 '생리적 욕구'와 '안전 욕구'가 내 인생에서 지워진다. 이유 없이 항상 불안했던 감정이 사라지고 안정감이 생긴다. 오로지 생존 본능만 존재하여 자동반사적으로 이기적 행위를 하는 파충류의 뇌의 활동이 잠잠해진다. 평생을 먹고사는 문제로 고민했던 내가 부유해지자 가장 변화된 것은 세상을 바라보는 시야였다. 오늘 하루 벌어먹고 살아가기 위한 단기적이고 좁고 얕은 시야에서 벗어나 세상을 깊고 넓게 객관적으로 바라볼 수 있게 됐고, 보다 미래지향적 사고를 할 수 있게 됐다. 결과적으로는 모든 의사결정의 결이 완전히 달라졌다. 자신감이 생겼다. 나보다 잘난 사람 앞에서 주눅 들었던 내가, 나보다 더 뛰어난 사람이 있어도 전혀 주눅 들지 않게 됐다. 나는 나대로 최선을 다해 성장해왔고 내 현재 모습이 나의 최고 버전이기 때문에 상대적인 차이로 나 스스로에 대한 자존감이 쉽게 떨어지지 않았다. 나는 시간이 지나면 지날수록 더 발전해 나갈 것이고 더 나은 사람이 될 것이기 때문이다.

세상이 공짜로 보인다. 더 이상 월급이 아닌 자산으로 먹고살기 때문에 돈을 사용하면 월급에서 마이너스가 되던 것이 매일 일하지 않아도 늘어나는 자본수익으로 일상적인 생활 수준에서 돈을 써도 마이너스가 아니라 플러스가 되는 인생이 됐다. 먹고 싶은 음식을 가격표를 안 보고 마음껏 먹을 수 있다. 성공 경험이 누적되어 내면이 충만해져서 오히려 필요 없는 제품이나 명품과 같은 과시하기 위한 쓸모없는 소비 욕구가 줄어든다. 스파 브랜드에서 산 1만 원짜리 티셔츠를 만족스럽게 입고 있다. 이유 모를 공허감을 채우기 위한 쓸모없는 소비가 확실히 줄어들었다.

남을 도울 수 있다. 가난하고 아무것도 할 줄 아는 게 없던 과거에는 나 자신을 포함하여 그 누구도 도와줄 수 없었다. 남들의 호의와 결정만을 기대해야 했던 과거와 달리 현재는 홀로 우뚝 설 수 있으며, 내가 남을 도울 수 있게 됐다. 돈이 아니더라도 내가 지금까지 성장해 오면서 겪었던 경험과 인사이트, 지식 공유를 통해 다른 사람들을 동기부여 하고 성장시킬 수 있는 능력이 생겼다. 더 이상 직장이나 짜증 나는 상사에 얽매일 필요 없이, 다른 사람을 위해 소중한 시간을 소비하거나 사소한 일에 목숨 걸 필요가 없어졌다. 불합리한 일에도 당당하게 목소리 낼 수 있고 내 존엄성을 지킬 수 있게 됐다. 내가 있는 공간, 시간, 인간이라는 '삼간'이 바뀐다. 하기 싫은 것을 안 해도 되는, 하고 싶은 것을 선택할 수 있는 자유와 선택권이 생겼다. 돈은 힘이다. 돈은 자유이다. 나와 가족을 지켜 주는 든든한 방패막이다. 절대로 침몰하지 않는 무적의 항공모함이다. 미디어가 아닌 현실의 잘사는 동네와 못사는 동네의 차이를 보라. 미디어에서는 부유한 가족은 서로 사이가 나쁜 것으로 묘사되고, 가난한 집은 서로 얼

싸안으며 사이와 우애가 좋다고 나오지만 현실은 정확하게 그 반대다. 부유할수록 가족들과 함께 식사를 할 수 있고 다양한 문화 여가 생활을 즐기며 가족애가 늘어난다. 빈민가의 밤은 소리 지르는 소리, 우는 소리, 던져진 물건이 깨지는 소리가 들린다. 다음 날 점심 급식소 아줌마의 눈 주변이 시퍼렇다. 진한 화장으로 멍 자국을 애써 가렸지만 주눅이 든 표정과 슬픈 눈은 가리지 못했다. 이것은 실화다. 가난을 벗어나라.

부의 추월 차선은 없다, 정석이 가장 빠른 길이다

코로나 팬데믹 시기 엄청난 양의 유동성이 시장에 풀리고 부동산과 주식시장 모두 불타오르며 탐욕의 광기에 폭주했던 경험을 했을 것이다. 당시 MJ 드마코의 《부의 추월 차선》이라는 책이 유명해지며 너도나도 경제적 자유라는 단어와 파이어를 외치고 다녔다. 많은 사람들이 자산시장이 뜨거울 때 탐욕으로 인해 무리한 투자를 단행하여 좋지 않은 결말을 겪었다. 부의 사다리가 점점 끊겨 가고 부의 계급이 점차 고착화되고 있는 2020년대에 들어 2030 젊은이들은 희망을 잃어버리게 되고 알트코인이나 코스닥, 선물, 나스닥 3배 레버리지 TQQQ, 중국 기술주 레버리지 CWEB, 신용, 미수 등 부푼 꿈을 안고 가즈아를 외쳤고 계좌에는 -80%라는 온통 파란색 불로 가득 채워지며 마지막 사다리의 희망의 불씨가 사그라들었다. 부동산 역시 적은 시드로 큰 수익을 거두기 위해 검증되지 않은 자칭 전문가들의 말을 따라 개발이 되지도 않을 재개발 지역의 빌라에 돈이 꽁꽁 묶이거나 각종 오피스텔, 지식산업센터, 생활형 숙박시설 등 상업 부동산 시설에 돈을 밀어 넣었고 결과는 억대에 달하는 마이너스피와

공실에도 대출이자는 매달 수백만 원씩 갚아야 하는 대가를 지불해야만 했다.

투자에 있어서 빠르게 가는 길은 없다. 정석이 가장 빠른 길이다. 편법이나 노력 대비 쉽게 큰 수익을 내고자 하면, 확률적으로 존재할 수밖에 없는 극소수의 전설적인 사람들을 제외하면 대부분 워런 버핏의 말처럼 썰물이 빠졌을 때, 비로소 누가 발가벗고 헤엄쳤는지 알 수 있다. 쉽고 빠르게 큰돈을 벌 수 있는 그 어떤 방법은 세상에 존재하지 않으며, 도중에 실패할 가능성이 너무나도 높기 때문에 앞으로 남은 목숨이 수십 개가 아니라면 '빠른 길이 오히려 절대 목표에 도달할 수 없는 길'이 된다. 큰돈을 벌 수 있는 '숨겨진 정보'는 존재하지 않으며, 꽁꽁 숨어 있는, 누군가는 몰래 숨어 떼돈을 벌고 있는 '비법' 또한 존재하지 않는다. 부자가 되기 위한 지식과 방법은 모두 세상에 공개되어 있으며, 그 방법은 바로 '정석'이다. 시간과 노력을 엄청나게 갈아 넣어 지식과 실력을 갈고닦아야 하며, 직장에서 몸값을 올리고 힘들게 절약하고 아낀 피 같은 종잣돈으로 신중하게 느리고 지루하지만 우량한 자산에 꾸준히 투자를 해야 한다. 이 방법만이 세상에 존재하는 '진짜 부의 추월 차선'이며, 많은 사람들은 소수의 말도 안 되는 가짜 추월 차선 스토리에 속아 그 어떤 화려한 기법도 존재하지 않는 멋대가리 없는 '진짜 부자가 되는 법'을 간과하며 이를 우습게 보고 이대로 실행을 하지 않는다.

이것이야말로 진짜 부의 추월 차선의 비밀이며, 우리가 쉽게 빠지고 있는 큰 함정이다. 사람들은 손쉽게 빠르게 부자 되는 방법과 비결이 어딘

가에는 존재할 것이라고 생각하고 그 방법을 열심히 찾아 나선다. 젊은 남자들은 현재의 상황을 극단적으로 뒤집고 싶어서 하나같이 변동성이 큰 종목이나 알트코인에 차트를 그려 단타를 치고 레버리지나 숏을 쳐서 돈을 벌어야 자신이 멋지다고 여긴다. 어쭙잖은 실력으로 쉽고 크게 돈을 벌 방법을 찾아 보지만 사실은 노력이라고는 일절 하고 싶지 않고 단기간에 큰돈을 벌고자 하는 탐욕일 뿐이다. 내가 비밀 속에만 존재할 것 같은 부의 추월 차선, 돈을 버는 비결을 알려 준다면 그것은 바로 '정석'의 길이다. 빠르게 부자 되는 방법은 모두 그럴듯한 이야기들로 포장되어 있는 가짜이며, 느리고 천천히 부자 되는 정석적인 길이야말로 '진짜 부자 되는 방법'이다. 다들 이것을 인지하지 못하고 알아채지 못한다. 그렇기 때문에 대부분 사람들이 가짜 방법을 선택하여 영원히 목표에 도달할 수 없는 것이다. '진짜 방법'을 일찍 알아채 꾸준히 실천해 나간 소수의 고집 있는 자들만이 진짜 부의 추월 차선을 타고 경제적 자유에 도달할 수 있다. 일반적으로 알고 있는 부의 추월 차선이나 도박과도 같은 레버리지 투자들은 전부 거짓이며, 틀린 가짜 방법이라는 이야기다. 빨리 부자가 되고 싶다면 올바른 방향 설정을 하고 천천히 가라.

정석대로 매일 재테크 공부를 하며, S&P500과 같은 ETF를 장기간 사 모으면 부자가 되는 걸 누가 모르냐고? 내가 그걸 몰라서 이러냐고? 그러니까 그게 부자 되는 비밀이라고 몇 번을 말해야 알아듣는가? 누구나 알지만, 세상에 공공연하게 공개되어 있는 사실이지만, 전부 정석을 아무 가치 없는, 의미 없는, 마치 공기가 없으면 3분 뒤에 숨을 쉬지 못해서 죽을 것임에도 공기에 대해 소중함을 못 느끼는 것처럼 이것을 폄하하고 느리고 재미없는 정석의 길을 버리고 도파민을 충족해 줄 수 있으며, 쉽고 빠르게 돈을 버는 방법을 찾아가 버리지 않는가? 정석은 공기와도 같다. 명문대 가는 방법을 모르는 사람도 없고 건강한 다이어트 방법을 모르는 사람은 단 한 명도 없다. 단지 그것은 엄청난 시간과 노력이라는 대가가 따르고 힘들기 때문이다. 경제적 자유 또한 마찬가지이다. 살을 빼기 위해서 운동과 식습관 조절을 하는 것이 아니라 운동은 일절 하지 않고 각종 보조제와 ○○ 다이어트, ○○○ 다이어트 등 살 빼는 방법을 찾아 나서지만 결국 다이어트에 실패하는 원리와 같다. 다이어트의 성공은 운동과 생활 습관이며, 투자로 부자가 되는 본질 또한 엄청난 노력과 시간이 필요한 우량주 장기 투자이다. 기억하라. 다른 길은 없다. 정석이 가장 빠른 길이다.

이미 이루어진 것처럼 생각하라

학창 시절 유행했던 《시크릿》이라는 책을 기억하는가? 책 내용을 한 줄로 요약하면 상상하면 이루어진다는 내용이다. 가난하고 매사 비관적이었던 내게 그런 개념은 전부 사기이며 개소리였지만 지금은 전적으로 믿는다. 세상은 정말 내가 상상한 대로 이루어지고 상상한 크기만큼 이루어진다는 것을 말이다. 《시크릿》에 나오는 개념에 대해 다양한 의견이 있겠지만 내가 말하고자 하는 내용은 물 떠 놓고 아무 노력도 하지 않고 기도만 하면 신이 다 이루어 준다는 개념보다는 "나는 할 수 있다!"라는 자기 확신을 가지라는 것이다. 수많은 사람들이 비관론과 패배주의에 빠져 아무런 도전을 할 의지가 꺾인 것이 사실이지만 그럼에도 불구하고 나는 무엇이든 이루어 낼 수 있으며, 내가 바라는 목표를 이미 이룬 것처럼 생각하고 행동해야 실제로 내 것이 된다. "서울에 아파트를 이 월급으로 어떻게 사."라며 사회생활을 본격적으로 시작하기도 전에 포기한 사람과 '이번 생에 꼭 서울에 아파트를 마련할 거야, 20년 뒤 나는 마포구의 아파트에서 이미 살고 있어.'라고 생각하는 사람은 본질적으로 다르다. 하지 않는 사람은 이것이 왜 안 되는지에 대한 변명거리만 찾고 이미 이루었다고 믿는 사람은 시간을 역순으로 플레이하여 어떻게 미래의 내가 그것을 이루었는지, 이루는 방법에 대해 연구하고 실행하기 때문이다.

이미 가졌다고 여겨야 기회가 왔을 때도 과감하게 잡을 수 있다. 아무런 생각 없이 3억 원을 모은 사람이 갑자기 찾아온 주식 또는 부동산 폭락기에 우량한 자산을 헐값에 매수할 수 있는 용기가 있겠는가? 대중들과 마찬가지로 각종 언론과 주변 사람들의 이야기에 공포를 느끼며 또 한 번의 기회를 아무런 소득 없이 날려 버릴 것이다. 이미 내가 부자가 되었다고 생각하고 미래의 나는 어디에 살고 있다고, 무엇을 가지고 있다고 생각해야 기회를 더 적극적으로 잡을 수 있는 것이다. '미래의 나는 마포구에 살고 있을 텐데 이번 하락을 기회로 구성남에 위치한 산성역 포레스티아를 저렴한 가격에 매수하여 마포로 갈아탄다는 역사라는 말이지?' 하고 실행할 수 있게 된다. 이미 가졌다고 여기기 때문에 매수로 손이 어렵지 않게 나간다. 자기 확신은 모든 성공의 근원이다. 자기 자신을 의심하고 믿지 못한다면 절대로 성공할 수 없다. 자기 자신을 믿으라. 나는 경남의 한 시골에서 학창 시절을 보낼 때도 인터넷으로 지도를 켜 서울의 석촌호수를 거닐고 잠실주공 아파트에서 사는 상상을 하였더니 정말 20살에 서울로 상경하였다. 석촌호수가 있는 잠실 근처로 이사를 오게 되었고 내 집 마련 역시 잠실과 가까운 곳에서 하게 되었다. 나는 중소기업을 다니던 시절부터 대기업을 다니는 상상을 했더니 정말 대기업에 갈 수 있었다. 고졸 시절에도 나는 박사가 될 거라는 상상을 하였더니 정말 석사까지는 마치게 되었다. 나는 이미 내가 미래에 부자가 되었다고 상상하였고 정말로 부자가 되었다. 당신의 미래도 이미 정해져 있을 뿐이다. 그 여정에 있을 뿐이다. 그 여정을 즐기고 그 미래가 현실이 되기 위해서 오늘의 내가 오늘의 할 역할을 묵묵히 수행하라.

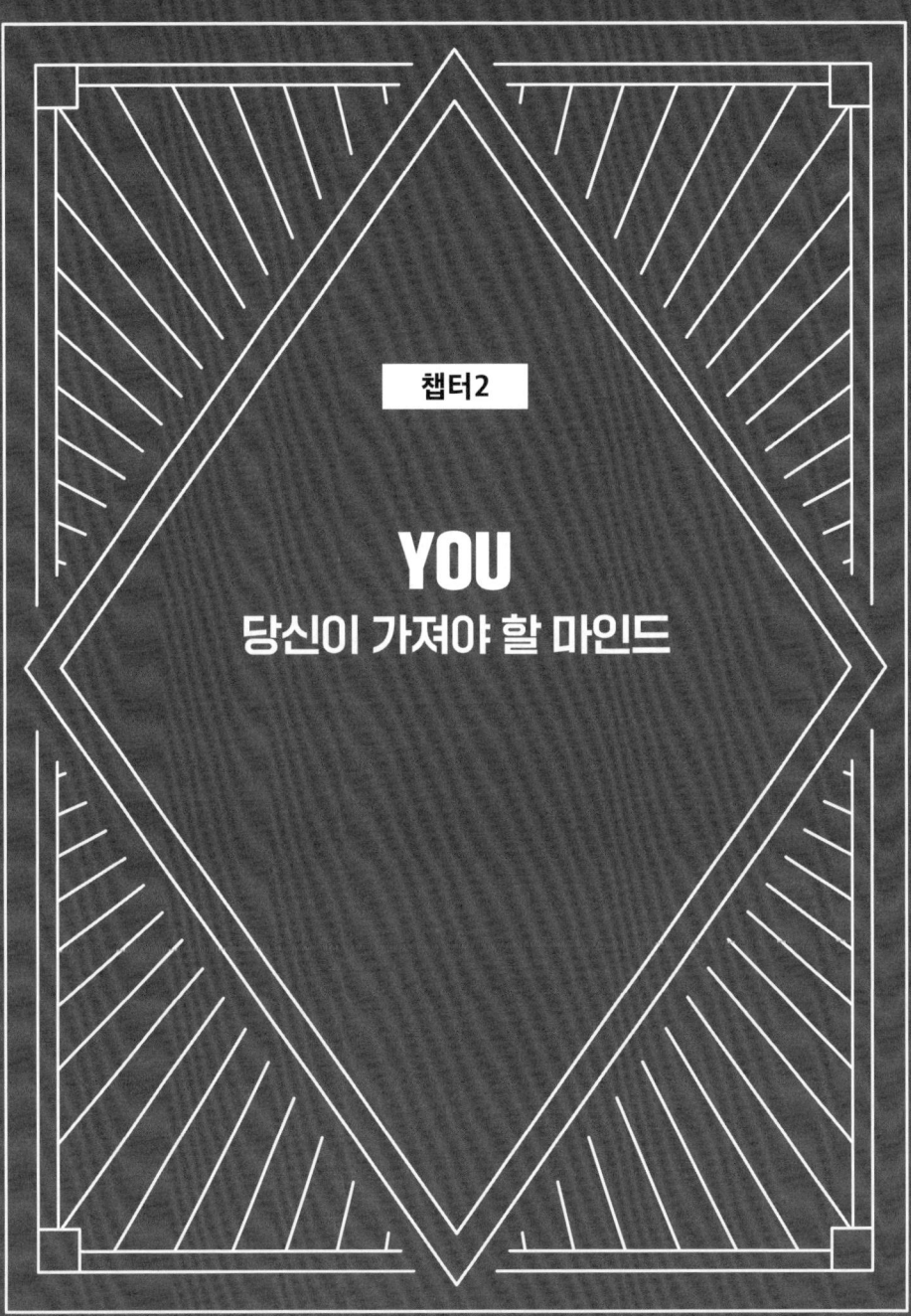

세상은 마인드 차이야

수학 강사 정승제 님의 유튜브 중에 '세상은 마인드 차이야'라는 주제의 영상이 있다. 성공과 실패, 불행과 행복을 가르는 세부적인 변수는 수천 수만 가지도 될 것이지만 단 한 문장으로 말한다면 바로 "세상은 마인드 차이야."로 말할 수 있을 것이다. 안될 사람은 이것이 왜 불가능한지에 대한 핑계부터 찾고 될 사람은 이것을 해낼 수 있는 방법부터 찾는다. 현대의 정주영 회장님도 1970년대 당시 조선업을 하기 위해 돈을 빌릴 때 숱하게 거절당하고 결국 영국으로 건너가 당시 500원짜리 지폐에 그려져 있는 거북선을 보여 주며 차관 계약을 성사시켰다는 유명한 일화가 있다. 이런 불굴의 의지가 없었다면 대한민국은 전 세계에서 조선업 1위로 성장할 수 있는 기회가 없었을 것이다.

"흙수저로 어떻게 성공해, 이미 글렀어. 나는 실패자야, 성공할 수 없어. 이번 생은 망했어."와 같은 말을 하기 쉽다. 맞다. 만약 흙수저로 태어났다면 기울어진 운동장에서 시작하는 것과 같고, 발목에 무거운 쇳덩어리

족쇄를 몇 개 달고 달리는 것과도 같다. 시작부터 불리한 게임을 하는 게 맞다. 세상은 불공평하며 흙수저가 성공할 확률은 희박하다. 그렇기 때문에 더욱더 절실하고 독해져야 한다. 남들보다 10배는 더 노력해야 겨우 흙수저에서 벗어날 수 있는 '기회'라도 주어진다. 그렇기 때문에 흙수저의 성공은 가히 '혁명'이라고 말하고 싶다.

샤덴프로이데와 여우와 신 포도

샤덴프로이데는 남의 불행이나 고통을 보면서 느끼는 기쁨을 말한다. 이룬 것이 없거나 자존감이 낮은 이들에게 자주 발현되는 심리이다. 현재 자신의 모습이 형편이 없으니 자신보다 잘나가던 주변 사람들이나 연예인이 망했다는 소식을 들은 경우 속으로 고소해하며 기쁨을 느낀다. 단언컨대 이런 사람들이 성공할 가능성은 없다. '무언가를 원하지만 그것을 가질 수 없는 상태이기 때문에 원하지 않는 척을 하는 것'을 일컫는 여우와 신 포도 역시 마찬가지이다. 성공하고 싶고 발전하고 싶다면 샤덴프로이데와 여우와 신 포도 같은 저열한 마인드를 당장이라도 버리는 것이 좋을 것이다. 모든 것은 생각에서 비롯되며 내 생각이 곧 행동을 만들며, 행동의 결과가 성공을 만들기 때문이다. 깊은 내면부터 부정적이고 남을 헐뜯고 싶고 망하길 바라면서 정작 나는 핑계와 변명거리로 가득하고 나는 아무런 잘못이 없고 세상이 잘못되었다고 부르짖는 사람들은 절대로 성공할 수 없다. 성공은 밝고 긍정적인 생각을 하며 주변 사람들이 잘되어도 시기 질투보다는 진심으로 축하해 줄 수 있는 건강한 정신이 깃든 사람들에게만 찾아오는 축복이기 때문이다.

저게 부자가 되는 것과 무슨 상관이냐고? 우리나라 사람들은 유독 부동산 이야기만 나오면 눈이 시뻘게져서 목에 핏대를 세우며 남들에게 자신의 개똥철학을 설파한다. 하락기가 찾아오면 영끌족들은 이제 어떡하냐고 망했다며 고소해한다. 그 대상이 잘못되었다고 비난을 해야 자신이 부동산을 가지지 못했다는 사실이 정당화되기 때문이며, 내가 가지지 못한 것을 남들이 가져 배가 아팠지만 하락으로 인해 평소에 부러워 저주하던 유주택자들이 고통을 받는다는 생각에 기쁨을 느낀다. 전형적인 샤덴프로이데 감정과 여우와 신 포도 증세이다. 이런 사람들은 향후 비싼 부동산을 소유할지도 모르는 가능성을 스스로 폐기해 버린 것이다. 팔자에 재물이 붙지 않는 운명인 것이다. 부동산에 대해 악담을 퍼붓는 사람들조차 주식은 다 하면서 유독 부동산에 대해 부정적이다. 왜냐하면 주식은 고작 몇만 원이면 아무나 쉽게 사지만 부동산은 큰돈이 들고 큰 용기가 필요하여 진입장벽이 높기 때문이다. 아이러니하지 않은가? 자산시장의 한 축을 담당하고 있는 부동산 자산은 그렇게 욕하고 떨어지길 기도하면서 자신이 보유하고 있는 얼마 투자하지도 않는 주식 종목에는 "화성 가즈아~"를 외치며 오르기만을 기도하며 주가가 오르는 날이면 자신이 마치 월가의 냉철한 투자의 도사라도 된 양 자신감이 차올라 하루 종일 기분이 들뜬다.

결국 자신도 재테크를 통해 편하게 돈을 벌고 싶고 부자가 되고 싶은 욕망이 강렬한 것이다. 자신도 부동산을 너무나도 가지고 싶지만 현재 살

돈과 용기가 없어 욕을 해야 폭락한다고 생각하며 내 개똥철학상으로 과도하게 비싼 부동산이 폭락을 해야 자신이 싸게 살 수 있다고 굳게 믿고 있는 것이다. 당장 값비싼 부동산을 구매할 상황이 되지 않으니 사회 정의로 포장하며 부동산이 폭락해 주택을 소유한 1,000만 명이 넘는 국민들이 피눈물을 흘리며 망하길 바라는 사악한 마음을 가진 것이다. 10만 원짜리 주식 한 주와 10억짜리 부동산은 본질적으로 같다. 둘 다 인플레이션을 헷징하는 가치저장수단이며 액수만큼 실물가치를 가지고 해당하는 양의 지분을 쪼개 받은 것이다. 자산시장에서 당신이 욕하는 부동산은 떨어지고 당신이 매수한 주식만 오른다고 진심으로 생각하는가? 가지지 못하니 떨어져라 저주를 퍼붓는 고약한 심성을 가진 것이다. 답을 미리 정해 놓고 고장 난 시계도 하루 2번은 맞추듯 하락이라도 하면 남이 안되는 모습을 보면서 희열을 느끼는 못난 저열한 유전자를 가진 루저들이다. 마치 공고한 성벽처럼 보이는 저 아파트가 지금은 어렵고 불가능해 보일지 몰라도 나도 나중에는 저런 멋진 집을 가질 수 있다는 희망을 가지고 긍정적으로 세상을 바라봐야 진짜로 가질 수 있게 되는 것이 이 세상의 작동 원리이다. 불가능해 보였던 것을 기필코, 끝끝내 이루어 내가 그곳에 입성하는 상상을 해 보아라. 이 얼마나 짜릿한가?

부자가 되고 싶다면 남의 불행을 보았을 때 기쁨을 느끼는 심리인 샤덴프로이데를 경계하라. 부동산이 어쩌고 인구가 감소한다는 등의 어디서 주워들은 수박 겉 핥기 지식으로 형성된 자신만의 당위를 함부로 나불대는 것들은 거의 100% 확률로 무주택자일 것이며, 십중팔구 그들의 부모님 역시 무주택자이거나 부동산으로 손해를 봤을 것이다. 정작 유주택자이거나 부동산으로 돈을 번 사람들은 시기 질투나 해코지를 당할까 봐 직장 등 공적인 관계에서는 물론이며 친한 친구나 가족 사이에서도 입을 다물고 그저 조용히 듣고 지난번에 구매한 부동산이 수억 원이 올라 웃음기가 올라오는 것을 겨우 참으며 요즘 힘들어 죽겠다는 가식을 떨며 당신의 말에 맞장구를 쳐 줄 것이다. 이것이 당신만 모르는 진실이다. 시기 질투로 인해 배가 너무 아파서 망하길 저주하던 그 사람에게 조심스럽게 어떠한 과정을 거쳐 부를 쌓았는지 조언을 구하는 것이 훨씬 나은 선택이며, 당신에게 절실함과 진실성이 있고 노력할 의지가 충분히 보인다면 대부분 자신의 경험과 지식을 기꺼이 나누어 줄 것이다.

절대로 믿어서는 안 되는 말

"너는 아무런 잘못이 없어. 세상이 잘못된 거야. 정치가 썩은 것이고 대기업과 재벌들이 우리의 돈을 전부 훔쳐 갔기 때문에 우리가 가난한 거야. 판사의 망치와 목수의 망치는 동등해. 똑같이 고생하는데 저런 것들이 돈을 더 버는 게 말이 된다고 생각해? 우리는 그저 오늘 하루를 열심히 살아가는 선량한 서민이야. 세상은 불공평하고 잘못되었어."와 같은 쓰레기 같은 말은 절대 믿어서는 안 된다. 듣기 좋은 말은 당장의 위안이 가능하지만 장기적으로 봤을 때 내 인생을 더욱더 시궁창 속으로, 불만족스러운 상태로 만들 것이다. 저런 말을 듣고 내 잘못은 하나도 없고 내가 못사는 이유를 세상 탓, 환경 탓, 부모 탓, 정치 탓, 나라 탓, 부자들 탓을 해 버리는 것은 전부 정신승리이다. 왜 스스로를 피해자 아이덴티티를 씌우며 약자, 선량한 서민, 가난한 사람, 피지배층이라고 여기는가? 어떻게 당신에게서 일어나는 모든 일 중에 당신의 잘못이 단 하나도 없겠는가? 상식적으로 말이 된다고 생각하는가?

그저 대중들의 인기를 얻기 위해서 해 주는 유명인들의 달콤한 말을 절대로 믿지 마라. 주변 사람들이 당신에게 해 주는 위로도 믿지 마라. 그들은 냉정하지만 현실적인 조언은 자신들의 인기에 불리하므로 그저 듣기 좋은 말을 책임감 없이 내뱉을 뿐이다. 그들 입장에서도 쓴소리를 해서 당신과 사이가 나빠지고 뒷담의 대상이 되거나 연이 끊어지거나 혹여나 당신이 조언을 들은 후 각성을 하여 자신보다 성장해 버리는 등의 리스크만 존재할 뿐 그 어떤 이득이 존재하지 않기 때문에 진심 어린 조언 따위는 해 주지 않을 가능성이 높으며, 애초에 당신은 가까운 사람들의 진심 어린 조언을 받아들이지 않을 것이기 때문이다. 내가 여기서 진실을 말해 주겠다. 당신의 상황이 현재 불만족스럽고 불행하고 우울한 것은 당신의 지난날들이 하루하루 모여 누적된 결과이며 세상은 원래 불공평한 것이며 잔인하고 차갑다. 대부분의 부와 권력은 태양이 태양계의 질량 99.8%를 차지하는 것과 같은 이치로 극소수가 독점하고 있다. 대부분 당신과 당신 부모의 탓이며 당신이 자본주의와 세상이 돌아가는 원리를 전혀 이해하고 있지 못하기 때문에 한정된 자원을 놓고 경쟁하는 세상에서 밀려난 것이다. 그 결과로 당신과 당신 가족과 주변 사람들이 가난하고 힘이 없는 것이다. 그렇기 때문에 주어진 환경에서 가장 유리한 생존 전략을 마련해야 하고 변하지 않는다면 앞으로도 피해자 코스프레를 하며 남 탓만 일삼다 세상에 아무런 영향력을 끼치지 못하고 죽음을 맞이하게 될 것이다. 거짓으로 포장된 정신승리는 이제 여기서 멈추고 진실 앞으로 다가가 변화하라.

자신의 방어기제를 파악하라

모든 사람들은 자기 자신을 지키기 위한 심리적인 방어기제를 무의식적으로 작동시킨다. 야구공이 내 쪽으로 날아오면 본능적으로 피하거나 놀라는 것처럼, 뜨거운 물이 손끝에 닿으면 화들짝 놀라는 것처럼 심리적 방어기제 역시 자신의 내면이 공격당한다고 여겨지면 자신을 지키기 위해 부정, 투사, 퇴행, 수동공격, 억압 등 다양한 방어기제를 통해 자기 자존심을 지킨다. 예를 들어 가난한 사람이 TV를 보다가 특정 인물이 부를 쌓았다는 소식이 들려오면 저 사람은 원래 부자여서 그렇다, 불법적인 일로 돈을 벌었을 것이다, 서민들을 등쳐 먹고 더러운 돈을 벌었다는 등의 말로 상대방을 깎아내린다. 부를 쌓은 누군가의 방식을 부정해야 내가 부를 쌓지 못한 사실을 정당화할 수 있기 때문이다.

대부분 사람들은 미성숙한 방어기제를 가지고 있다. 나 또한 마찬가지이며 모두 자기 자신을 지키기 위해 이런 미성숙한 방어기제를 작동시킨다. 하지만 성장을 하고 부를 쌓고 싶다면 방어기제에 대한 공부가 매우 중요하고 어떤 감정을 느끼는지에 대해서 힘들어도 솔직하게 받아들일 필요가 있다. 나는 학창 시절 공부를 못했고 대학에 가지 못하는 상황을 변호하기 위해 "요즘 대학교 졸업해 봐야 쓸모없어, 내가 고졸로 대졸보다 많이 벌면 그만이야."라는 말을 달고 살았다. 이것은 전형적인 방어기제이며 나중에 가서야 이것은 나의 자아를 방어하기 위해 만들어 낸 핑곗거리라는 것을 깨달았다. 사실 대학교 졸업장은 없는 것보다 나으며 고졸보다는 학업에 있어서 더 많은 노력을 한 사람들이며 시간과 돈이라는 기회비용을 지불했다. 평균적으로 사회에서도 더 많은 기회가 주어지는 것도 맞다. 평균적으로 대졸이 고졸보다 채용에 있어서도 유리하며, 사회적인 부분, 연봉, 더 나은 배우자를 만날 확률 등 많은 것이 유리하지만 '누구는 고졸인데 성공했어, 누구는 서울대 나와서 ○○○ 한다더라, 학벌 다 필요 없어.'와 같은 정규분포에서 극단에 위치한 개별 사례를 가져와서 정신승리를 하기 바쁘다. 실제로 통계에서 학력별로 소득 차이가 극명하게 드러났으며, 대졸자 중에서도 명문대생은 비명문대생보다 높은 소득을 거두는 것으로 나타났다.

돈과 집에 대해서도 나는 불과 몇 년 전까지만 하더라도 온갖 방어기제로 가득했다. 부자가 되고 싶으면서도 부자에 대해 경멸하였고 온갖 시기와 질투를 하였다. 부자들에 대한 이야기를 듣기 싫어했고 나보다 잘난 사람들을 보면 자존감이 낮아져 그들 앞에서 한마디도 할 수 없고 속으로 시기와 질투, 저주를 퍼부었다. 도무지 현실로 서울의 아파트를 결코 살 수 없을 것이라고 여겼기 때문에 집값이 비정상적으로 비싸다고 생각하며 집은 사는 게(BUY) 아니라 사는 것(LIVE)이라는 개똥철학을 부끄러움을 느끼지도 못하고 주변 사람들에게 내뱉었다. 깡촌에서 무일푼으로 상경하여 부동산 중개업소의 벽면에 붙어 있는 서울 아파트 매물이 10억 원이 넘는 시세를 형성하니 내 자신이 비참했고 서울 아파트 단지는 너무나도 높고 견고한 성벽처럼 보였으며, 나는 결코 도달할 수 없는 그들만의 리그라고 생각했다. 수많은 아파트와 건물들을 보며 압도감과 박탈감을 느끼며 살아갔다. 또 주식 하면 패가망신이며, 대출을 받는 것은 한평생 은행을 위해 빚만 갚기 위해서 일하는 운명이라고 생각했다. 이 모든 것이 내 자신을 지키기 위한 방어기제였다.

비단 학벌과 부에 대해서만 그렇겠는가? 내가 부자가 되지 못하고 가난한 이유, 내가 애인에게 차인 이유, 내가 오늘도 공부를 하지 않은 이유 등 무수히 많은 부분에서 방어기제를 작동시키며 자신이 못난 사람이라는 것을 인정하지 못해 오늘의 자존심을 지키기 바쁘다. 지금 못난 사람인 것 같은 기분을 인정하는 것이 매우 힘들고 받아들이기 어렵겠지만 솔직하게 감정과 방어기제를 인정하고 내일은 어제보다 나은 사람이 되면 되는 것이다. 평생을 방어기제를 발동시키며 자기 자아를 지켜 내기 급급했던 사람들은 훗날 자신의 처지가 비참해져 있을 것이며, 여기서 자신의 부족함을 인정해 버리면 내가 살아온 모든 삶을 송두리째 부정하는 것이기 때문에 더더욱 주변 사람들을 지치게 할 고집과 아집만 강해질 뿐이다.

TV 속에 멋진 몸을 가진 연예인을 보며 근육에 대해서 스테로이드 약을 했네 어쨌네 등의 어떻게든 성과를 부정할 만한 이유를 찾아 비하하고 있는 것은 올해는 기필코 다이어트를 한다고 다짐했지만 벌써 포기하고 운동은 몇 달째 미루며, 각종 토핑을 추가한 배달 떡볶이를 처먹고 있는 모습이 텔레비전 화면에 적나라하게 반사되는 스스로의 모습이 비참해 보여서가 아닐까? 이 사실을 있는 그대로 받아들이며 연예인의 몸이 부럽고 나도 그렇게 되고 싶다고 솔직히 인정하고 그렇게 되기 위해서는 떡볶이보다는 야채를 먹고 나가서 뛰어야 한다고 받아들여야 한다. 연예인이 100억짜리 건물을 샀다는 뉴스 기사에 '역시 연예인이라서 쉽게 버네, 이런 소식은 궁금하지 않다, 쓰레기 같은 기사 쓰지 마라 기레기야.'와 같은 악플을 달고 있는 자신의 모습을 발견했다면 부러움을 인정하고 나도 어떻게 사람들의 마음을 사로잡는 가치를 제공하여 부를 쌓을 수 있을지 고민을 해 보고 작은 행동이라도 실행을 해 보라.

기회를 적극적으로 잡아라

"인생에 3번은 기회가 온다."라는 말을 믿는가? 나는 이것은 헛소리라 믿는다. 현실은 기회를 잡을 만한 기준에 미달되는 사람들에게는 한평생을 살아도 기회라는 것은 전혀 찾아오지 않으며, 능력도 없는 당신에게 찾아오는 기회라곤 불법적인 일을 제의하거나 사기일 가능성이 99%일 것이다. 능력이 있고 기회를 잡을 준비가 된 사람들에게는 매일같이 엄청나게 쏟아지는 게 세상의 원리이다. 그들은 모든 기회를 잡을 필요도 없고 가장 유리한 기회만 신중하게 몇 번 잡아도 격차는 또 벌어지게 된다. 나는 능력이 없으니 기회가 안 올 것 아니냐고? 내게 주어진 일만 성실히 해도 기회가 쏟아질 것이다. 기회라는 것은 하늘에서 당신에게 선물처럼 알아서 굴러들어 와 성과가 나는 구조가 절대 아니다. 기회라는 것은 당신이 성장할수록 보이게 되는 것이며, 저절로 생겨나는 것이 아니라 기회임을 포착할 수 있는 눈이 필요하며, 리스크를 감내하고 쟁취하는 것이다. 그러니 당신에게 제대로 된 기회는 한 번도 오지 않았다고 세상은 불공평하다는 헛소리를 하거나 오매불망 로또와 같은 오지도 않을 기회를 기다리느라 허송세월을 보내고 있다면 정신을 바짝 차려야 한다. 기회가 오지 않은 것은 당신은 세상이 주는 기회를 받아먹기에는 아직 그릇이 부족한 것이기 때문에 언제나 자신을 갈고닦아야 한다.

나의 경우에도 20대 중반까지 세상은 불공평하다고 믿을 만큼 나에게 아무런 기회가 주어지지 않았다. 당신 같으면 영세한 중소기업에 다니는 아무런 전문성과 검증된 것이 하나 없는 무연고 고졸 흙수저 20대 남성에게 기회를 줄 것 같은가? 냉정하게 그런 사람에게 돈이 되거나 중요한 일을 맡길 사람은 단언컨대 아무도 없을 것이다. 그렇다면 나는 어떻게 기회를 잡았나? 나는 기회를 잡은 적이 없으며, 스스로 기회를 만들었다. 기회를 만들어 내기 위해 목숨을 걸고 노력했고 금융권 중견기업 계약직으로 가게 된 배경도 단순히 학사 학위가 생겨 붙은 곳 아무 곳이나 간 것이 아니다. 나는 계약직이라도 대학원에 진학해 근무하는 2년 동안 졸업하여 또 상향 이직을 계획하고 있었고 굳이 금융권으로 이직했던 이유도 그때 당시 코로나 팬데믹으로 인하여 S&P500 지수가 하루에 -8%씩 하락할 만큼 주식시장이 말 그대로 박살이 나고 있었다. 재테크 공부를 막 시작하던 단계에서 금융권으로 가서 배우기에 유리한 포지션을 취했고 평일 주말 밤낮 할 것 없이 미친 듯이 공부하였고 미친 듯이 매수하였다. 2020년 코로나로 인해 내 주식 계좌 수익률은 반토막에 가까운 -43%를 기록했지만 위기를 기회로 인식하여 과감한 선택을 했던 나는 코로나로 인한 주식이 어느 정도 회복하자 2021년 12월 +80%라는 수익을 거두었고 2024년 말 현재 320%가 넘는 누적 수익률을 거두었다. 주식시장의 폭락과 계약직이라는 불안정성을 재테크와 커리어 성장의 기회로 바꾼 것이다.

중견기업 계약직 만료 시기에 맞춰 대학원 졸업을 하고 대기업 계열사에 입사했다는 이야기도 단순히 커리어 패스로 들리겠지만 내가 입사한 업종은 '부동산'이었다. 코로나 팬데믹으로 인해 막대한 유동성이 풀리며 주식과 부동산이 미친 듯이 폭등하였고 부동산은 자고 일어나면 호가가 몇천만 원이 더 올라가 있을 만큼 전 국민이 부동산에 열광하며 미쳐 있던 때였고 '벼락 거지'라는 신조어도 생기지 않았는가? 하지만 그런 폭등장은 미국발 금리 인상이라는 이슈로 폭락하기 시작하였고 나는 또 한 번 기회를 포착했다. 몸값을 올리고 저축을 하고 주식으로 불린 시드 머니를 활용하여 부동산을 싸게 살 수 있는 기회를 잡자고! 그래서 나는 부동산 폭락이 시작되자마자 코로나 때 그랬던 것처럼 부동산 업계로 발 빠르게 옮겨서 부동산을 미친 듯이 공부하고 임장을 다녔고 대기업에 입사했음에도 불구하고 주택 구입의 자금을 마련하기 위해서 아내와 함께 투잡을 뛰어 그해에만 1,500만 원을 벌었다.

부동산 시장이 가장 얼어붙어 있던 2022년 한겨울에도 미친 듯이 임장을 다녔다. 그리고 2022년 12월에 분양했던 누구나 한 번쯤은 들어 본 그 이름 '둔촌주공' 재건축 단지의 청약에 도전하였다. 당시 부동산 불패신화는 끝났다고 할 만큼의 분위기와 고분양가 논란 속에서 분양을 한 것이다. 나는 가점이 10점대로 매우 낮아서 예비 번호가 1,000번에 달할 정도로 순번이 뒤였지만 예비 당첨자 추첨 현장에 나갔고, 추첨장에는 30여 명밖에 나타나지 않았다. 청약 미달과 정당계약에서 포기하여 넘어온 추첨 물건이 200개가 넘게 남아 있었는데 내 앞의 1,000명 중 970명은 부동산 시장이 더 얼어붙을 것이라는 예측을 한 것인지 추첨을 포기하고 현장에 나오지도 않앉다. 심지어 추첨장에 나온 5명 정도는 잔여 물량의 동호수 배치도를 슬쩍 보고는 추첨을 하지도 않고 되돌아갔다. 로얄동과 로얄층 물건이 상당히 많이 남아 있었음에도 불구하고 말이다. 예비 추첨 이후에도 둔촌주공은 웬만한 대단지 아파트 전체 물량에 필적하는 1,400호에 달하는 미분양이 발생해 전국 무순위 줍줍까지 가서야 겨우 완판이 되었다. 당시 인근의 송파구 헬리오시티와 비교되며 시장의 혹독한 평가를 받았던 '둔촌주공'으로 불리는 올림픽파크 포레온은 2024년 말 현재 34평 입주권 기준으로 25억 원에 실거래가 등록이 완료되었고 27억 거래 완료설까지 돌고 있다. 13억 원에 분양했던 가격에서 10억 원 이상의 프리미엄이 붙었다. 현재 호가는 RR 기준으로 26~27억 원까지 형성되어 있어 불과 2년의 기간 동안 분양가 대비 2배라는 어마어마한 차익을 거둔 것이다.

지금 와서 돌이켜 보면 "아~ 그때 할걸, 운이 좋네, 로또 청약 하나 얻어걸려서 팔자 고쳤네."라고 말할 수 있겠지만 그때 당시 부동산 분위기를 겪어 본 사람이라면 절대 그런 말을 할 수 없다. 당시 부동산 시장에는 1997년 IMF와 비슷한 하락과 비관론이 있었다. 나라가 망했던 IMF에 부동산 가격은 통계에서 -12% 하락을 했고 2022년에 시작된 하락은 -8%이었으니 송도나 세종, 인덕원, 양주 등 신축 단지나 GTX 호재가 있는 지역들은 상승세도 가팔랐기 때문에 그만큼 골도 깊어 실거래가 기준으로 -50% 이상의 하락률을 보여 준 지역도 있었다. 통계에서 나오는 부동산 상승률은 전체 부동산 중 거래가 된 일부 물건을 기준으로 시가총액 방식으로 계산하기 때문에 실거래가는 통계와 몇 배가 차이 난다. 2022년 12월 당시 서울 아파트 거래 건수는 500건대로 역사적 월평균 거래 건수인

6,000~7,000건에 10분의 1도 안 되는 전례 없는 거래 건수를 기록하였다. 당시 '부동산 불패 끝났다, 이제 인구가 감소하기 때문에 일본처럼 될 것이다, 지금 집 사면 인생 망한다, 금리가 10%까지 오를 것이고 집주인들은 집을 다 던질 것이기 때문에 더 하락해서 -80%까지 떨어질 것이다, 송파구 헬리오시티 34평 매물이 14억 원에 올라와 있는데 강동구에 있는 둔촌주공이 13억에 분양하고 옵션과 중도금 대출 이자를 합하면 14억이 넘는데 안전마진이 전혀 없고 입지 차이를 고려하면 오히려 2억을 더 비싸게 주고 사는 것이다.'와 같은 비관 속에서도 부동산에서 가장 근간이 되는 입지의 가치와 상품성을 분석하고 하락세가 끝나면 다시 본연의 가치를 찾아 회복할 수밖에 없는 것을 알고 아무도 쳐다보지 않는 기회를 잡은 것이다.

이렇게 나는 코로나 팬데믹 주식시장 폭락과 그 이후 찾아온 부동산 폭락기라는 단 2번의 기회를 잡아 가난을 완벽하게 탈출하고 부자가 되었다. 하지만 그 과정은 절대로 쉽지 않았다. 코로나 팬데믹이 오기 1년 전인 2019년까지만 해도 나는 주식을 하면 패가망신을 하는 줄 알았고 대출을 받으면 절대 안 된다고 믿었었다. 갑자기 찾아온 코로나 팬데믹발 주식 폭락기에 다른 것은 일절 하지 않고 하루 종일 투자 공부에 매진하며 전 재산을 몰빵하는 것은 결코 쉽지가 않았다. 생에 첫 투자였기 때문에 매일매일 압박감과 불안감에 시달리며 밤잠을 설친 날들도 무수히도 많았다. 부동산 투자 역시 내가 평생 모은 전 재산을 계약금에 투자하고 매 회차 억대에 가까운 금액들이 중도금 대출로 실행되며 부채의 규모와 매달 납입해야 하는 이자들의 압박감이 날 짓눌렀지만 견뎌 냈다. 지난 몇 년간 주식과 부동산 시장에서 2번의 절대절명의 기회가 찾아왔고 나는 완전히 준비되어 있는 상태가 아니었음에도 불구하고 기회를 빠르게 포착하고 기민하게 행동하여 부의 추월 차선에 올라탔다. 그리고 짧은 시간 내 최대한 현명한 의사결정을 하기 위해서 밤낮 없이 투자 공부에 열을 올렸다. 부동산에 투자하기 1년 전까지만 해도 집은 사는(Buy) 것이 아닌, 사는(Live) 것이라고 굳게 믿고 있었던 나였다. 지금 집값은 비정상적이고 말이 안 된다고 사회 정의를 위해 떨어져야 한다고 생각하였다. 이런 생각은 천정부지로 치솟는 집값을 보며 나는 절대로 집을 사지 못할 것이라는 심리로 인해 현실을 부정하며 자기합리화를 하고 있었던 것이었다. 인생을 보다 여유롭고 풍요롭게 만들기 위해 나는 이러한 자기방어 기제도 과감하게 깨트리고 나와 자본시장에 온몸을 내던졌다.

돈보다 건강이 먼저라고?

아무리 그래도 그렇지, 건강을 잃으면 돈이 많아도 아무런 소용이 없다고? 실제로 부유한 사람은 그렇지 않은 사람들에 비해 수명도 길지만 특히 건강 수명은 10년에서 20년가량 차이가 난다. 같은 병에 걸렸더라도 부유하면 많으면 최고의 의료 서비스를 받을 수 있다. 얼굴과 신체 등 노화에 있어서도 훨씬 유리하다. 병원에 입원을 하더라도 부유한 사람들은 얼굴도 생판 모르는 남들과 부대낄 걱정도 없는 안락한 1인실에서 돈 걱정 없이 치료를 받을 수 있고, 치료를 받는 동안 직장에 대한 걱정도 없으며, 필요시 충분한 간병인 고용 등 돈에서 오는 스트레스가 적은 것은 물론 보험적용이 안 되는 더 나은 서비스도 받을 수 있다. 현대사회는 60~70년대 파독광부로 떠나던 시절이 아니며, TV나 뉴스에 소개되는 아주 극단적인 경우를 제외하면 돈 번다고 건강을 잃는 경우는 잘 없다.

그렇게 따지면 열심히 살아온 부유한 사람들은 건강 수명과 수명이 더 짧았어야지 왜 더 길겠는가? 부자들이 더 평소 건강 관리와 질병에 있어서도 초기에 잘 진단하기 때문이며 고품질 영양도 섭취한다. 자기 자신을 혹사하고 평소 건강 관리와 스케줄 관리는 하는 선에서 갈아 넣어야지 기본적으로 자기 자신도 돌보지 않고서 돈을 버는 건 다른 개념이다. 돈만 번다면 건강이고 뭐고 신경을 전혀 쓰지 않으면서 하라는 게 아니라 기본적인 자기 관리는 철저히 신경 쓰면서 열심히 해야 한다. 가난한 처지에 있으면서도 건강을 운운하면서 건강 잃으면 다 잃는다는 정신승리나 하지 말라는 말이다.

나의 경우도 남들이 봤을 때는 아무도 따라 하지 못할 살인적인 스케줄을 다 해냈는데 나는 그동안 아픈 적이 거의 없었고 오히려 내 몸과 정신은 성장을 통해 더 단단해지고 강해져 왔다. 그 비결은 기본적인 건강 관리와 컨디션 관리에 철저했고 중요도에 따른 스케줄 관리를 매우 효율적으로 했기 때문이다. 소수의 경우를 제외하면 돈 버느라 건강을 잃는다는 말은 현명함보다는 자기 관리의 실패이며, 핑곗거리에 불과하다. 2030 때는 고생해도 된다. 100세 인생에서 30대 초반만 넘어도 예전 같지 않으며, 40대도 기껏해야 40%밖에 인생을 살지 않았는데 이때 가서 무엇을 해 보려고 하면 몸도 몸이지만 자존심과 눈높이, 경험이 쌓여 팔팔하고 아무것도 모르는 20대와 다르게 더 고생의 길로 가지 못한다.

그러니까 아직 새파랗게 젊은 사람이라면 '돈 많아 봐야 아프면 아무 소용이 없다.'와 같은 정신승리는 그만두고 하루라도 젊을 때 자기 자신을 갈아 넣어라. 그리고 부를 축적하여 40대 50대가 되면서 하나둘 고장 나는 몸을 벌어 둔 돈으로 고쳐라. 내가 실제로 겪은 현실로 가난한 환경에 있을 때 가난한 어른들은 대부분 건강 관리, 피부 및 머릿결, 체형 관리가 되어 있지 않고 50대에 사망하는 경우도 상당히 많았다. 50대도 70대처럼 보였으며, 이들은 한평생 나라에서 무료로 제공해 주는 건강 검진마저 제대로 받지 않은 사람들이 태반이며, 증세가 심각하게 나타나기 시작하여 말기에 다다라서야 인지하고 손을 쓸 수도 없이 사망한 경우가 흔했다. 평소 건강 관리나 아플 것을 대비하여 보험이나 비상금 또한 마련해 놓지 않았다. 그렇다고 해서 그들이 건강을 소홀히 할 만큼 하루 종일 생업을 위해 노력했던 이들도 아니었다. 절반은 직업이 있는지 없는지도 모르겠으며 대낮부터 얼굴이 시뻘게질 정도로 그들끼리 둘러앉아 소주 됫병을 은색 스테인리스 대접에다 따라 마셨다.

서울에서 보고 겪은 부촌의 중장년층이나 노인들은 그 나이라고 믿기지 않을 정도의 인상과 신체 나이로 보였으며 아침마다 조깅을 하고 등산을 했다. 주기적인 검진과 아산병원, 세브란스병원 등 대한민국 최고의 의료시설에서 근무하는 주치의에게 주기적으로 관리받고 큰 병도 초기에 처치하여 일상생활에 금방 복귀하였다. 이들의 공통점은 모두 젊은 시절 자신의 인생을 일에 갈아 넣었던 사람들이다. 그러니 이분법적으로, 또는 소수의 반례를 가지고 마치 돈을 열심히 벌면 건강이 나빠지고 건강이 나빠지면 돈이 아무런 소용이 없다는 듯이 말하지 마라. 30대까지는 돈을 벌기 위해 자신의 몸을 어느 정도 혹사를 해도 된다. 그렇게 피땀 흘려 번 돈으로 시간을 먹고 자라는 우량한 자산을 취득하여 매년 건강 검진을 받고 자본이 벌어다 주는 소득으로 내가 일하는 시간을 줄여 더 많은 시간을 여가 생활이나 건강 관리에 힘쓰면 된다.

그러지 않고 워라밸을 외치며 남들처럼 300을 벌어 250을 쓰고 50을 저축하는 인생을 살게 되면 젊은 나날은 어느새 다 지나가 흰머리가 날 때쯤 당신의 몸은 하나둘 고장이 나기 시작할 것이며 건강 검진을 받으러 가기 일주일 전부터 오만가지 불안감에 휩싸일 것이다. 큰 병에 걸리면 우선 드는 생각은 모두 돈과 관련된 걱정일 것이다. '직장은 어떡하지? 병원비는 어떡하지? 보험이 이 병을 지원해 주나? 얼마까지 해 주지?' 등등 병 걱정보다 돈 걱정을 먼저 하게 될 것이다.

주 5일, 주 40시간의 프레임에서 벗어나라

요즘 MZ세대 사이에서 '워라밸'이라는 용어가 유행을 하면서 적당히 일을 하고 남은 시간에 취미와 여가 생활을 즐기는 것이 트렌드가 되었다. 1주일에 5일 출근하고 주 40시간을 일하며 나머지 시간은 가족과 친구들을 만나고 휴식을 취하고, 평소에 관심이 있었던 취미 생활을 하면서 적당한 소비도 하며 한 번뿐인 인생 제대로 즐기며 살자는 것이다. 너무나도 만연하게 퍼진 이러한 생각들은 대중들을 더욱더 가난하게 만들며, 계층이동의 사다리를 올라가는 것을 구조적으로 불가능하게 만드는 정신적 세뇌와도 같은 것이다. 가난에서 벗어나고 싶고 남들보다 앞서 나가고 싶다면 워라밸을 아무 생각 없이 그대로 따라 할 것이 아니라 퇴근 후에도 투잡이나 자기개발을 해야 하며, 휴가 역시 먹고 마시고 즐기는 데 사용할 것이 아니라 조금 더 생산적인 활동을 하는 데 써야 한다. 주말 역시 지난 5일간 열심히 일했던 나에게 보상을 한다고 쉬어서는 결코 안 된다.

1주일은 주 40시간이 아니라 168시간이라는 점을 명심해야 한다. 평일은 일하느라 시간이 없다고? 퇴근하고 나면 씻고 먹고 TV 좀 보면 하루가 끝난다고? 이것은 모두 핑계이다. 출퇴근 시간만 해도 매일 1~2시간을 확보할 수 있고, 퇴근 후에도 시간을 효율적으로 사용한다면 분명히 최소한 2~3시간을 확보할 수 있다. 토요일과 일요일 휴일 2일도 수면시간을 제외하면 32시간이 남는다. 일주일에 총 57시간의 시간이 생긴다는 것이다. 주 40시간에 나머지 시간을 더하면 거의 100시간이다. 1주일을 2.5배 가치 있게 활용할 수 있다는 의미이며 주 40시간은 꼼짝없이 남 좋은 일을 하는 데 사용되지만 57시간의 시간은 나를 위한 시간으로 활용할 수 있다. 커리어 향상을 위한 업무적 자기개발 시간이 될 수 있으며, 부업을 통해 최저임금을 받아도 주 50만 원 이상의 추가적인 수입을 발생시킬 수 있다. 대학에 진학하여 학업을 직장과 병행할 수도 있으며, 재테크 공부를 하는 데도 충분한 시간이다.

이런 시간을 1년만 이용해도 무려 3,000시간을 확보할 수 있으며, 최저임금을 받는 부업을 해도 연간 3,000만 원의 추가 수입을 발생시킬 수도 있고, 재테크 공부도 3,000시간을 할 수 있다. 이런 시간을 현명하게 활용하여 3년을 재테크 공부에 모조리 투자한다면 10,000시간에 가까운 시간을 배우게 되므로 3년 만에 자본주의와 투자에 대한 상당한 지식과 인사이트를 길러 내 유의미한 결과를 만들어 낼 수도 있는 것이다. 같은 1주일이지만 어떻게 활용하느냐에 따라서 남들이 쉬고 놀 때 나는 엄청난 발전을 통해 불과 5년이면 지금과 다른 삶을 살 수 있는 발판을 마련할 수 있게 될 것이다. 명심하라. 격차는 퇴근시간 이후와 주말에 생겨난다. 남들도 주 5일 40시간은 열심히 일한다. 그렇기 때문에 내가 일을 열심히 했다고 자부심을 가지고 여기서 안주해서는 안 된다. 남들도 똑같이 열심히 했기 때문에 그렇게 살아도 남들보다 앞서 나갈 수 없으며 제자리걸음을 하는 것이기 때문이다. 상대적으로 추월을 하고 싶다면 추월은 주 5일 40시간이라는 업무 시간에 발생되는 것이 아니라 40시간 이외의 시간에서 발생한다.

5년만 미쳐라

　신은 나다. 내가 곧 신이다. 내가 어떻게 사느냐에 따라 세상은 천국으로 바뀔 수도 있으며 지옥으로 바뀔 수도 있다. 내 인생을 바꾸는 데에는 5년의 시간이면 충분하다. 위와 같이 근무 시간 외 남는 시간만 적절히 활용해도 5년이면 유의미한 결과를 낼 수 있으며, 한 분야에 전문가가 되거나 부업을 통해 1억이 넘는 시드 머니를 추가적으로 확보할 수가 있다. 내 인생이 너무나도 비참하고 희망이 없고 흙수저라고 생각하는 사람들은 5년만 미쳐 봐라. 이 기간 동안 친구나 애인, 가족도 만나지 않으며 자신을 사회로부터, 주변 사람들로부터 철저히 격리시켜 외부의 노이즈를 차단하고, 쓸모없는 인간관계를 하느라 시간과 에너지, 돈을 낭비하지 마라. 5년은 오로지 당신이 설정한 목표를 달성하기 위해 투자되어야 하는 시간이다.

　24시간 내내 주말에도, 자는 시간에도 당신이 세운 목표를 생각하고 목표를 달성하기 위한 방법을 모색하고 공부해 나가야 한다. 오로지 목표

달성을 어떻게 할 것인지 연구하고 실행하여 이루어 내야 한다. 처음에는 막연하고 두려울 수 있고 성과가 나지 않는 것처럼 느껴질 것이지만 6개월, 1년이 지나감에 따라 작은 성공을 이루게 되고 성공 경험을 통해 성취감과 자신감을 얻게 되어 더욱 목표 달성에만 매진할 수 있다. 음주나 게임, 릴스 등의 즉각적인 보상을 주는 편리한 도파민 체계에서 벗어나서 자신이 성장하는 것에서 오는 건강한 도파민을 한번 맛본다면 이 경험을 결코 잊을 수 없게 된다. 성장이야말로 가장 최고의 도파민이자 마약이다. 5년간 목표에 미쳐 열심히 살아가다 보면 몸속에 흐르는 피와 DNA, 뇌리에 박혀 있는 썩어 빠진 가난한 패배자적인 무의식을 가진 인간에서 건강한 운영체제가 탑재된 인간으로 변모하게 될 것이다.

부자가 되고 싶다고 막연하게 생각은 하고 말을 내뱉으면서 왜 부자가 아닌 평범한 사람들을 보면서 그들과 똑같이 사는가? 당신이 만나고 조언을 구하는 대부분의 사람들은 부자가 아니다. 몰입을 통한 성공 경험이 없으며, 강력한 정신 무장도 되어 있지 않다. 그들에게 조언을 구하지 마라. 계속 가난하게 살고 싶다면 남들처럼 퇴근 후 직장 동료나 친구들을 만나 술잔을 기울이고 주말에 오후까지 늘어지게 잠을 잔 후 나쁜 컨디션으로 침대에 누워 배 벅벅 긁으며 감자칩을 처먹으며 넷플릭스를 보면서 인생역전의 기회가 있는 주말을 무가치하게 흘려보내라. 항상 부자라는 것은 평범하지 않은 것이고 소수일 수밖에 없다. 따라서 비범한 부자가 되고 싶다는 것은 평범하지 않다는 것이기 때문에 그만한 대가를 치러야만 한다. 이런 대가도 없이 부자가 되고 싶다면 일찌감치 그 꿈을 깨는 것이 좋을 것이다.

지구상에서 발사한 로켓이 지구의 중력을 이겨 내고 우주 공간으로 나아가기 위해서 필요한 속도를 지구탈출속도라고 하며, 이것은 초속 11.2km이다. 지구탈출속도를 넘기지 못하는 발사체는 강력한 지구 중력에 붙들려 속도 계기판에는 여전히 속도가 표시되고 있지만 제자리걸음을 하며 연료만 태우게 된다. 우리들의 인생도 마찬가지이다. 현재의 환경과 삶을 벗어나기 위한 한 인간의 인생에도 지구탈출속도라는 것이 존재한다. 이것을 '인생탈출속도'라고 말해도 좋을 것 같다. 바뀌고 싶다면 인생탈출속도를 넘겨야 한다. 남들과 똑같이 직장에 나가 하루 8시간에서 10시간을 일하는 것은 인생탈출속도를 넘기지 못한다. 상대적인 우위가 없기 때문에 나는 나름대로의 노력을 하고 있지만 시간이 흘러도 인생탈출속도를 넘기지 못하고 내 인생은 제자리걸음을 하고 있다고 느끼는 것이다. 우리는 반드시 인생탈출속도를 넘겨야 앞으로 나아갈 수 있으며, 이 거지 같은 나의 상황을 깨부수고 더 나은 삶을 살 수가 있다. 기억하라. 꾸준함이 곧 비범함이다. 범재도 꾸준한 노력으로 천재를 이길 수 있다. 극소수를 제외하면 대부분 나와 같은 범재이며, 이들과 경쟁우위를 확보할 수 있는 방법은 인풋을 미친 듯이 갈아 넣는 것밖에는 존재하지 않는다.

세상은 선형적으로 이루어져 있지 않다

직장 동료나 상사들, 친구들이 귀에 피가 나도록 하는 말들이 있다. "서울 집값은 너무 비싸. 강남 아파트를 한 채 사려면 월 100만 원씩 모으면 4,000개월, 무려 330년을 모아야 살 수 있어. 이게 정상적인 세상이야? 지금 아파트 가격은 비정상이야. 70% 폭락해야 맞아."라는 소리를 할 것이고 당신은 남들이 입을 모아 하는 소리에 고개를 끄덕이며 지금 서울 아파트 가격은 비정상이며 언젠간 꺼질 거품이라고 생각하며 문제는 내가 아니라 세상이라는 자기합리화를 할 것이다. 이것이 바로 세상을 볼 때 현재 자신의 상황을 기준으로 삼아 버리는 전형적인 선형적 사고의 오류이다. 애초부터 상위 1%도 들어가기 힘든 큰 목표를 선형적 사고로 세운다면 330년이라는 억겁의 세월 앞에 내 손자의 손자조차도 이루지도 못한다는 생각에 사로잡혀 시작부터 포기할 가능성이 높다.

만약 330년을 50년으로 줄인다면? 강남의 신축 아파트를 포기하고 서울 중급지의 10억 원대의 아파트를 목표로 한다면? 불과 몇 년밖에 걸리지 않는다. 또 처음부터 강남 신축 아파트라는 목표가 아닌 내 상황에 맞는 하급지부터 시작한다면 자산소득이 함께 늘어나므로 시간을 더 단축시킬 수 있다. 10억짜리 아파트를 갖는 게 목표라면 10억을 고스란히 모을 게 아니라 레버리지를 이용하여 7억을 대출받으면 내가 필요한 돈은 3억으로 줄어들게 된다. 그래도 25년이 걸린다고? 결혼을 하여 맞벌이를 한다면 그의 3분의 1인 8년이면 충분하다. 8년도 길다고? 한 푼도 없이 시작한 사람이 10년 안에 10억짜리 서울의 중급지 아파트를 갖는 것은 기적에 가까울 만큼 어려운 일이다. 결혼할 상대가 아직 없어서 혼자 해야 한다면 평수를 더 줄이거나 급지를 더 낮추는 것도 고려해야 한다. 서울의 하급지 10~20평대 아파트는 아직도 4~5억 원대로 생애 최초로 주택을 구매하는 경우 6억까지, LTV의 80%까지 대출을 해 주기 때문에 8,000만 원만 있으면 여기서 혼자서도 충분히 시작할 수 있다. 10년 뒤에 8억으로 올라 순자산이 5억이 된다면 나름대로 괜찮지 않은가?

단순히 4억짜리 아파트 시세가 연평균 5%만 상승한다고 하더라도 무려 2,000만 원의 시세차액이 생긴다. 아까는 월 100만 원씩 1년을 모아야 1,200만 원을 모을 수 있어 강남 아파트를 구매하기까지 330년이 걸린다는 계산이 나왔지만 부동산을 사회 초년생 때 악착같이 모은 시드 머니로 구매한다면, 연 1,200만 원의 저축액과 부동산 상승분 2,000만 원을 더하면 벌써 3,200만 원이라는 3배에 가까운 자산이 상승하게 된다. 중소기업에 다니면서 적은 월급으로 한 달에 기껏 100만 원을 저축하는 청년의 부의 추월 차선이 시작된 것이다. 이후에 연봉이 오르거나 투잡을 통해 시드 머니를 더 확보하고, 구매한 주택의 시세가 상승함에 따라 4억에 구매한 주택이 8억이 되었다면 대출금을 제외하면 5억 원의 순자산이 생기고, 그동안 추가적으로 월급을 저축하여 모은 돈을 합하면 결혼을 하지 않은 혼자라도 충분히 40대 초반에 서울 중급지의 아파트로 갈아탈 수 있는 기반을 마련할 수 있다. 여기서 내가 소득이 더 높은 대기업을 다니거나 결혼을 통해 맞벌이를 한다면 소비 통제만 잘해도 생각보다 빨리 서울의 중상급지 이상 아파트를 내 손에 쥘 수 있다. 남들이 말하는 것만큼 서울 아파트를 구매하는 게 한평생의 꿈도 아니며, 서울 아파트 자가 비율이 매우 적다고 하더라도 내가 그 안에 속할 필요는 없지 않은가?

남들이 하지 못한다고 해서 나도 못할 것은 없다. 못하는 게 아니라 전부 선택인 것이다. 조금만 금융과 부동산 시장에 대한 관심이 있다면 이러한 방법을 생각해 냈을 것이고, 의지와 열정이 있다면 한 달에 150만 원을 모아도 몇 년이면 젊은 나이에 자가를 마련해서 부동산을 소유할 수 있고, 갈아타기를 통해 강남, 반포, 한남동 등 상위 1% 내의 부자만 갈 수 있는 곳들을 제외한다면 서울의 중상급지로도 갈 수 있는 발판이 마련된다. 강남과 같은 곳은 수익이 높은 사업가나, 전문직 맞벌이, 금수저 등 평범하지 않은 사람들의 리그이기 때문에 평범한 나는 어느 정도 이런 곳은 일단 고려 대상에서 제외하는 것이 정신 건강에도 좋을 것이다. 또 혹시 모른다. 향후에 나도 사업을 일으키거나 돈을 많이 벌게 된다면 그런 곳에 갈 수 있을 수도 있다. 하지만 내가 현재 아무것도 없는 소득이 높지 않은 사회 초년생이거나 30대라면 차곡차곡 시드 머니를 모아 하급지부터 시작하여 갈아타기를 통해 급지를 점프해 보자. 명심하라. 집은 돈을 모아서 사는 것이 아니라 집은 집으로 사는 것이다.

따라서 당신이 처음 생각했던 비현실적인 강남이라는 아파트를 구매하는 데 걸리는 시간인 330년에서 하급지 아파트 구매는 5년, 서울의 중급지 아파트 구매는 10년으로 33배나 시간이 단축될 것이다. 운이 좋게 당신의 시드 머니와 부동산 투자 지식이 준비되어 있을 때 하락기가 와서 상급지 이상의 신축 아파트가 -40~50% 하락을 보여 준다면 한 번에 들어올 수 있다. 2022년 시작된 폭락기에 준강남이라고 불리는 과천의 래미안 슈르 25평은 9억 원대까지 내려왔고, 고덕동 래미안 힐스테이트나 고덕 아르테온 25평의 경우에도 9억에서 10억 사이까지 내려왔다. 2024년에는 회복하여 해당 아파트들의 실거래 가격은 14억에서 16억 사이를 오가고 있다. 이때 투자했더라면 3억의 시드 머니로 2년도 지나지 않아 순자산은 2배 이상인 7억 원을 가진 중산층 이상의 자산을 소유하게 된다. 이렇게 시드 머니와 투자에 대한 준비, 부동산 사이클을 이용한다면 더욱더 비선형적인 자산 성장을 만들어 낼 수 있다.

위의 사례는 아파트 구매를 예시로 들었지만 세상 모든 일이 선형이 아닌 비선형적으로 이루어져 있다. 시간이 흐름에 따라 같은 기울기로 천천히 올라가는 것이 아니라, 처음에는 아무 성과가 없다가 분야마다 다르겠지만 적어도 1~2년 이상 꾸준한 노력을 하는 경우 그때부터 수직적인 각도를 보여 주며 폭발적인 J커브 성장을 그린다. 하지만 대부분 사람들은 초기 정체기에 지쳐 중도 포기를 하기 때문에 특정 분야에 비선형적인 성장을 경험한 사람들이 매우 적고 일반인들은 그것이 불가능하다고 느낄 수 있을 것이다. 나 역시 불과 3년 전인 2021년까지 부동산 투자에 대한 지식이 전무했지만 2022년 폭락기가 시작되자 기회라고 생각되어 부동산에 대한 기본 중의 기본도 모르던 내가 미친 듯이 몰입하여 공부하고 임장을 나갔고 좋은 기회를 잡을 수 있게 되었다.

  3년이 지난 지금 웬만큼 부동산에 대한 해박한 지식을 갖추게 되었으며, 주변 여러 사람들이 주택을 마련할 수 있게 도와주고 억대의 시세차액을 볼 수 있게 하였을 정도로 성장했다. 처음엔 두려웠다. 전혀 모르는 분야였고 대출까지 받아서 구매하는 비싼 자산이라는 사실과 평생 사회로부터 주입받았던 '대출받으면 인생 망해, 집은 사는(Buy) 게 아니라 사는(Live) 거야.'와 같은 부정적 무의식이 지배했지만, 이해가 되지 않는 기본적인 부동산 용어와 개념부터 차근차근 학습해 나갔다. 처음에는 도통 무슨 말인지 외계어를 듣는 마냥 전혀 이해가 되지 않았지만 계속해서 공부를 하고 임장을 다니면서 조금씩 이해가 되기 시작했고, 기본적인 용어나 개념을 깨우치고 나서부터는 비선형적인 발전을 하여 인사이트를 갖추게 되었고, 좋은 결정을 내릴 수 있었다. 따라서 여러분들도 처음에는 어렵고 두렵겠지만 나의 사례처럼 끈기를 가지고 처음부터 차근차근 포기하지 않고 어떤 분야에 꾸준히 노력한다면 어느 시점부터는 비선형적인 성장을 경험하게 될 것이다.

부자가 되고자 한다면 철저히 고립되어라

내가 부자가 아닌 것은 나의 부모님이 부자가 아니었기 때문이며, 그렇기 때문에 나의 주변 사람 역시 부자가 아니다. 그 사람들이 잘못되었다는 것은 아니지만 '부'라는 측면 하나만 놓고 봤을 때 그들은 부유해지는 것과는 거리가 먼 존재들이다. 더 냉정하게 말한다면 그들은 부자가 되는 것과는 정반대의 행동을 했기 때문에 지금 가난이라는 결과가 있는 것이다. 그들과 함께 어울려 지내면서 생활 습관을 공유하고, 사고방식까지 공유하게 된다면 내 삶에서 부자가 되기란 불가능에 가깝다는 것을 냉정하게 받아들여야 한다. 내 곁에서 자수성가한 부자가 멘토가 되어 주지 않는 이상 그들을 멀리해라. 주변에 대기업 직장인이나 전문직이 있더라도 그들의 말을 무작정 신뢰하지 말아야 한다. 그들은 학습과 직업적인 측면에서 성공을 거두었을 뿐이지 '부'에서도 성공을 거둔 것이 아니며, 현재 처해 있는 나의 처지와는 다르기 때문에 그들의 조언은 오히려 독약이 될 수 있다.

대부분의 경우 내가 부자가 아니라면 주변에 부자가 아닌 사람들이 있을 것이다. 내가 부자가 되기로 마음먹었다면 첫 번째로 할 일은 가난한 집에서 나와 독립을 하는 것이고 주변 지인과 친구들과 연락을 끊는 것이다. 어떻게 부모님의 곁에서 단번에 멀어질 수 있고 평생 알고 지낸 죽마고우들을 끊어 낼 수 있단 말인가? 누가 부자가 되기 쉽다고 했나? 부자가 되고 싶다면서 첫 번째 관문마저 통과해 내지 못하면서, 그런 결단력이 없고서야 어떻게 부자가 된다는 말인가? 부자가 되고 싶다면 처음에는 어느 정도 성공 궤도에 이르기 전까지는 철저하게 고립되어 오로지 성공에만 목표를 두고 몰두해야 한다. 가난한 주변 사람들이 주는 악영향에서 멀어져야 하며, 가장 핵심적인 부분은 사람들을 만나는 시간과 에너지, 만나면서 사용하는 돈이라는 지극히 한정된 리소스를 모조리 나의 발전을 위해서만 써야 한다는 것이다.

가장 황금기인 20대에서 30대에 말로는 성공을 이야기하지만 내 환경을 그에 맞게 바꾸지 않고 가난한 사상을 가진 친구나 직장 동료들과 퇴근 후, 주말에 만나며 술자리를 가지고 여행을 떠나는 것은 내 삶을 망할 서커스같이 만드는 행동이다. 어차피 학창 시절 친구들은 당신이 올라가면 올라갈수록 자연스럽게 멀어질 수밖에 없는 존재들이다. 자신과 비슷하거나 자신보다 못하다고 생각했던 존재가 나보다 잘나가게 되었을 경우에 견딜 수 있는 사람은 거의 없다. 나와 가장 친한 친구는 다르다고? 장담컨대 당신이 잘되는 순간 10명 중 9명은 당신의 성공을 반기지 않을 것이며, 당신을 착취하려 들거나 질투심에 못 이겨 알아서 떨어져 나갈 것이다. 부모님 역시 당신이 먼저 성공하고 나서 이후에 보답해도 늦지 않다. 당신 스스로도 앞가림을 제대로 못하면서 누가 누굴 돕겠다는 것인가? 성공에는 대가가 따른다. 연민과 추억, 다양한 감정들, 지독한 외로움 모두 이겨 내야 할 관문들이다.

최소한 3년은 친구도 친척도 애인도 만나지 말고 오로지 자기개발과 성장에만 집중해라. 지독한 외로움을 견뎌 내고 고독 속에서 나를 끊임없이 높은 강도로 담금질하고 꼬박 내달려도 될까 말까 한 것이 바로 성공이다. 최소한 3~5년은 그런 식으로 해야 '성공'이 아니라 성공을 할 수 있는 '기본기'를 겨우 다졌을 것이다. 주변에 자수성가한 부자들이 어릴 때부터 곁에서 멘토 역할을 해 주지 않았고, 부에 대해서도 알게 모르게 잘못된 이념들이 들어차 있기 때문에 처음 1~2년은 그 고착화된 가난한 생각을 깨고 노력하는 습관을 들이는 데만 모조리 사용될 것이기 때문에 눈에 띄는 성장을 느끼기에는 어려울 것이다.

대부분 1~2년 내에 변화를 느끼지 못하고 포기하고 원래 있던 곳으로 돌아가 원래 살던 방식으로 살아가겠지만 소수의 사람들은 5년 이상 꾸준히 노력하여 뇌 속에 잘못 자리 잡은 생각들을 모조리 갈아 치우며 자신만의 기준을 확고하게 세워 성공으로 향한 자동항법장치를 탑재하여 우상향하는 인생을 그려 낼 수 있는 존재로 거듭나게 될 것이다. 처음에는 당장 경제적으로, 외적으로 티가 나지 않지만 부는 결국 사고방식과 삶을 대하는 태도에서 나오기 때문에 이것만 깨끗하게 갈아치운다면 성공할 가능성이 높은 사람으로 변모하게 된다. 당신이 성공하고 나서 주변 사람들을 훌륭하고 멋진 사람들로 다시 채워 나가라. 다시 한번 말하지만 어차피 당신이 성장할수록 당신 곁에 원래 있던 사람들은 모조리 사라지게 될 것이다. 어차피 사라질 존재들에게 내가 성장할 수 있는 절대절명의 시간과 에너지를 결코 낭비하지 말아라.

인맥관리에 있어서도 해 주고 싶은 말이 있다. 당신 주변 사람 5명 수준의 평균이 당신인데 당신 주변에 훌륭한 사람이 있겠는가? 그 사람이 훌륭하다고 쳐도 그 사람이 무얼 얻는다고 당신과 친구 하며 그들의 소중한 시간과 에너지를 사용하겠나? 그들 역시 알고 보면 당신과 비슷한 레벨일 것이고 부족한 자존감을 채우려 잘나 보이려고 허세를 부리며 훌륭한 척을 하는 빈 깡통일 경우가 90%일 것이다. 그러니까 정상적인 세상에는 능력 있는 누군가가 당신에게 자신의 노하우와 돈 벌 방법을 공유해 주며 당신의 인생을 구원해 줄 일은 그 사람이 부모님이나 사기꾼이 아니고서야 절대 없다. 천사 같은 능력 있는 사람이 당신의 인생을 구원해 줄 것이라는 망상은 집어치워라. 당신이 부족한데 당신 주변 사람들이 훌륭할 거라고 생각하나? 그들도 부족할 것이며, 당신이 훌륭하다면 당신 주변도 훌륭한 사람들로 다시 채워질 것이다. 당신이 부족한 사람인데 당신 주변 사람이 훌륭할 일은 없다. 기적의 확률로 당신 주변에 훌륭한 사람이 있다고 하여도 그들의 소중한 자원을 빼앗으며 평생 빌붙어 살아갈 수 있다고 생각하지 마라. 결국 성장은 스스로 해내야 하는 것이다.

선택과 선택에 대한 책임은 제발 스스로 져라

많은 사람들이 자신의 재산과 인생이 걸린 문제를 남에게 물어본다. 심지어 그 상대방은 해당 분야에 전문가도 아니다. 웃기지 않는가? 자신이 모은 전 재산을 투자할 투자처를 찾는데 당신 수준의 고만고만한 주변 사람들이거나 얼굴을 실제로 한 번도 보지 못한 투자 오픈 채팅방이나 커뮤니티에 있는 사람들에게 조언을 구하고 거기에 자신의 피 같은 돈을 대출까지 받아서 몽땅 투자한다는 사실이? 사실 이런 사람들은 매우 이기적이라고 볼 수 있다. 그들은 자신은 아무것도 모른다며 약자 행세를 하면서 동점심을 유발하며 자신보다 더 나아 보이는 존재들에게 최소한의 기본적인 개념에 대한 사전적 공부 등의 노력도 없이 그저 여기저기 떠돌아다니며 질문 앵벌이로 노력은 하지 않고 과실만 따 먹겠다는 괴팍한 심보다.

나 역시 이런 사람들에게 이런저런 것을 떠먹여 주고 실제로 투자도 하게 해 봤지만 장기적인 결론은 모두 하나같이 성과가 좋지 못했다. 나와 똑같은 투자처를 알려 주더라도 금방 자신의 실력이라 믿고 자신이 믿는

대로 행동하고 탐욕을 부리기 시작하다가 결국 손실로 돌아서는 패턴이었다. 이런 사람들에게 처음부터 떠먹여 주지 않고 공부부터 하라는 말을 해 봤자 10명 중에 10명은 이런 조언을 무시하고 자신에게 결과만을 떠먹여 줄 다른 곳을 찾아 여기저기를 떠돈다.

나는 장담할 수 있다. 이런 사람들에게 워런 버핏이 와서 투자를 알려 주고 대박 종목을 찍어 준다고 한들 결코 수익은 지속될 수 없으며, 결국 손실을 보고 시장을 떠날 것을 말이다. 실제로 워런 버핏의 투자 비결을 알려 주는 책이 시중에 많지 않은가? 투자를 함에 있어서 모든 선택과 책임은 본인에게 있다. 본인 인생에 중요한 것을 남에게 맡기는 사람들은 자신의 인생에 그 어떤 생각과 주도권이 없으며 줏대가 없는 사람들이다. 또 책임을 남에게 떠넘기는 것 역시 매우 비겁하다. 만약 남이 잘못을 시인하고 책임진다고 한들 이미 잃어버린 당신의 피 같은 돈이 다시 돌아오지 않으며, 그 피해의 100%는 어차피 당신 본인이 지게 될 것인데 책임을 남에게 떠넘겨서 뭐 하나? 겨우 얻을 것이라고는 실패라는 결과에 대해 내 잘못이 아니라는 정신승리만 얻게 될 것이다.

왜 당신은 잘못과 실수를 하지 않을 것이라고 생각하는가? 그렇게 결점이 없는 완벽하고 숭고한 존재인가? 사실은 실패하는 게 두려운 겁쟁이지 않은가? 시장에 존재하는 재야의 고수들도 자신이 내린 잘못된 결정에 손실을 입고 실수를 하는데 왜 초짜인 당신은 실수를 하지 않을 것이라고 생각하는가? 중요한 것은 내가 잘못한 부분에 있어서 방어기제를 작동시키며 정신승리를 할 것이 아니라, 어떤 부분에서 내가 잘못을 했는지에 대해 객관적으로 분석하여 있는 그대로 받아들이고 다음부터 같은 실수를 반복하지 않기 위해 노력하고 복습하는 것뿐이다. 그리고 모든 선택은 자신의 생각이 기준이 되어 내릴 수 있도록 공부는 스스로 해야 한다. 떠먹여 주는 지식은 절대 절대로 지속 가능하지 않기 때문이다.

결국 투자에서 성과를 내려면 누가 알려 주는 것은 아무런 의미가 없다. 결국 본인이 처음부터 끝까지 노력해서 공부하고 지식을 얻고 경험을 해야 하며, 실패와 성공을 모두 해야 하고 시장에 머무르면서 여러 가지 예상치 못한 변수에 당황하며 희로애락의 감정을 모두 느끼며 성장해야만 한다. 남에게 자신 인생에 중대한 결정을 맡기고 책임마저 떠넘기려는 습성은 하루빨리 버리는 것이 좋고 이런 마인드로는 투자는커녕 인생에 그 어떤 분야에서도 당신은 성공할 수 없을 것이다. 어떤 문제에 대해서 자신이 당당하게 앞에 설 수 있는 사람이 아니라 선택과 책임이라는 것에 있어서 스스로 지지 못하고 남 뒤에 숨어들려는 비겁한 사람이기 때문이다.

다시 한번 말하지만 절대로 남에게 자신의 선택과 책임을 떠넘기지 마라. 최소한의 투자 지식을 갖추는 데도 게을러 터져서 노력하기 어렵다면 투자할 생각은 일찌감치 포기하고 예금이나 적금을 하는 것이 오히려 당신의 소중한 재산을 지키는 데 도움이 될 것이다. 자격도 갖추지 않은 사람에게 보상을 줄 만큼 세상은 아직 미치지 않았기 때문이다.

자신이 잘하는 일을 해야 상방을 뚫을 수 있다

진로를 결정할 때 갈리는 의견이 있다. 자신이 좋아하고 잘하는 것을 해야 한다는 말과 현실적으로 좋아하지는 않지만 돈이 되는 것을 선택해야 한다고 말이다. 나는 자신이 좋아하고 잘하는 일을 해야 한다고 생각한다. 다만 그 일이 돈이나 사업, 투자와 관련된 일일수록 더 좋다고 생각한다. 현실적으로 생각하여 괜찮은 월급을 받는다 한들 두각을 나타내어 큰 성과를 거두기 어렵고, 그렇다면 그 사람은 해당 기업의 직급별 연봉 테이블 안에서 선형적인 삶을 살아가게 될 것이다. 자신의 일에 사랑을 느끼지 못하면서 말이다. 자신이 좋아하고 잘하는 일을 해야 하는 이유는 낮은 곳에서 시작해도 상방을 깨고 높이 올라갈 수 있기 때문이다.

모든 업종에 통용되는 사항은 아니겠지만, 대부분 업종에서 예외 없이 가능하리라 생각한다. "저는 생산직이라 안 되는데요? 저는 교사라서 안 되는데요? 저희 회사는 겸업 금지인데요?"라고 말한다면 시도해 보지도 않고 스스로의 한계를 규정짓는 일이다. 생산직이라도 더 나은 직무에 도전할 수 있고, 정해진 봉급을 받는 교사라면 스타강사가 되어 1년에 수억 원씩도 벌 수도 있지 않은가? 공무원인 교사를 때려치우고 레드 오션인 사교육 업계로 뛰어드는 게 얼마나 어려운 일인지 아냐고? 그래. 당신은 나라의 정해진 녹봉이 아니라 능력대로 받는 사교육 시장에서 자신이 없다는 것을 스스로 증명했으니 안정된 월급만을 받으며 군말하지 말아라. 일은 좋아하는 일을 해야 몰입할 수 있고 일이 아니라 놀이로서 여겨 자발적인 야근이나 능력을 갈고닦기 위해 추가적인 자기개발, 주말에도 일을 하고, 자는 시간을 제외하면 모두 그 생각에 몰두하기 때문에 기하급수적인 성장은 시간문제라고 볼 수 있다.

결국 복리의 마법이라고 볼 수 있다. 흥미가 없는 직무에 그저 회사의 규모만 따져 입사한 A 씨는 초봉 400만 원을 받아 연 4%의 연봉 상승률을 기록한 경우 15년 뒤에 A 씨의 월급은 720만 원이 된다. 반면 자신이 잘하고 좋아하는 직무를 찾아 중소기업에 취업한 B 씨는 초봉 200만 원을 받았지만 퇴근 이후의 시간과 주말 할 것 없이 자신의 역량을 갈고닦는 데 활용하여 업무에서 두각을 나타내었고 매년 파격적인 연봉 인상률과 상향 이직을 통해 연 15% 성장하였다면, 15년 뒤에는 월 1,600만 원을 받게 된다. 무슨 직장인이 월 1,600만 원이냐고? 이것이 바로 일반적인 직장인 월급 기준에서 바라보는 선형적 사고이다. 그 분야에서 실력을 갖춘다면 당연히 높은 월급을 받을 수 있을 것이며, 더 나아가 내가 창업을 해서 대표가 된다면 훨씬 큰 수익을 낼 수 있다. 나 역시도 규모가 작은 중소기업에서 100만 원도 안 되는 급여를 받고 시작했지만, 지속적인 커리어패스를 통해 대기업으로 이직하여 연봉이 몇 배나 몇 년 만에 상승할 수 있었다.

이전과 같이 한 회사에 오래 몸담으며 연공서열식의 인정을 받으며 승진을 하는 등의 세상은 끝난 지 오래이다. 지금은 개인의 역량에 의해 내가 어느 집단에 갈지 선택할 수 있으며 그곳으로 개별적으로 초대된다. 능력이 있다는 가정하에 얼마든지 일반적인 사내 연봉 테이블에서 벗어난 협상력이 발생하기 때문에 스펙상 이유로 처음에는 작은 곳에서 낮은 월급으로 시작할 수 있어도 매년 폭발적인 성장을 통해 스펙에 맞춰 원하지도 않는 분야의 중견기업이나 대기업 등에 취업한 이들을 5년에서 10년 이내에 역전할 수 있고 점차 그 차이는 벌어지게 될 것이다. 만약 내가 회사 내에서 만족스럽지 못한 연봉 인상률이나 상향 이직이 불가능하다면 세상을 탓할 것이 아니라 객관적으로 나의 전문성과 업무 능력에 대해 되돌아볼 필요가 있다.

자신만의 철학을 만들어라

　모두가 같은 생각을 하고 있다면 아무도 생각하고 있지 않은 것이라고 아인슈타인은 말했다. 특히 우리나라는 사고의 획일화가 심각하고 '국룰'이라는 단어까지 생겨나면서 모든 선택과 사고, 판단에 대해서 미세한 심리적, 사회적 합의점이 있으며 여기서 벗어날 경우 틀린 것으로 간주되고 대중으로부터 공격받는다. 대중들의 생각과 다른 사람은 이상한 사람이 되며 이별의 사유가 되기도 하며, 어느새 유별난 사람으로 낙인이 찍혀 사회 부적응자가 되어 버린다. 인터넷 기사나 커뮤니티 베스트 댓글, 각종 SNS 등을 보다 보면 이런 현상은 정말 심각하다. 콘텐츠를 볼 때 댓글을 확인하면서 자신의 생각을 베스트 댓글의 내용과 일치시키고 보정하는 작업들을 하루에도 수십 차례씩 하며 서로가 서로에게 존재하지도 않는 이래야지, 저래야지와 같은 '표준 가이드 라인'을 제시하며 서로에 의해 학습한다. 이런 소셜 커뮤니티나 오프라인상에서 일반적으로 통용되는 상식과 반대되는 말이나 이미 성역화 작업이 완료되어 공고해진 개념에 대해 반박 의견을 내는 즉시 '기분상해죄' 등의 이유로 사회적으로 매장된다. 어떤 일말의 가능성이나 다른 해석과 의견은 철저히 묵살된다.

비트겐슈타인의 "언어의 한계는 세계의 한계"라는 말이 있듯 말이 곧 생각이다. 대중들의 생각과 다른 말을 하면 대중들은 당신의 입을 막으려 할 것이다. 대중들은 당신도 대중들과 같은 생각을 하는 NPC로 만들려고 할 것이다. 물론 사회생활을 하면서 어느 정도 대중들의 생각에 맞춰 주는 것은 중요하지만 자신 인생에서 가장 중요한 결정들인 진로나 결혼, 주식, 부동산 투자와 같은 재테크 영역에 있어서까지도 스스로 사고하여 결정 내리는 것이 아닌 대중들의 생각에 맞춰 우르르 따라다닌다. 코로나 팬데믹 유동성 장세에 미친 듯이 주가가 상승한, 캐시우드 ETF, 카카오, 2차전지, 레버리지와 관련된 종목들이 큰 인기를 끌어 국민주식이 되었다. 각종 기술주와 카카오, 나스닥 3배 레버리지인 TQQQ를 보유하지 않은 사람들이 없을 정도였다. 현재 기준으로 TQQQ는 반토막이 났고 카카오는 5분의 1토막이 났다. 단기적인 수익률에 FOMO를 느끼지 않고 대중들의 말에 휩쓸리지 않으면서 아무도 쳐다도 보지 않던 S&P500 인덱스 펀드만 샀더라도 우직하게 상승하여 2~3배에 달하는 수익을 안겨 주었을 것이다.

부동산은 어떠한가? 2022년 폭등기의 막을 내리며 폭락기가 시작되자 부동산은 끝났다며 PF 부실, 인구 감소론이나 대기업 및 건설사 줄도산, 2차 IMF 등 각종 부정적인 이슈들이 대중들의 머릿속을 장악하며 과천, 고덕, 잠실과 같은 대한민국의 알짜배기 입지에서도 -30% 이상의 하락을 경험했지만 부동산이 가장 바닥이었던 2022년 12월에 서울 아파트 거래량은 500여 건으로 다르게 말하면 자신만의 철학을 통하여 대중들과 다른 의사결정을 내려 막대한 부를 축적할 기회로 삼은 이들은 서울에서 불과 500명밖에 되지 않는다는 말이며, 2024년 여름 서울 아파트 거래량은 9,500건을 돌파하였다. 현재 강남, 과천, 고덕, 잠실 등 주요 입지의 아파트 가격이 2021년 고점을 돌파하고도 신고가를 계속 갱신하고 있는 상황이다. 이렇게 내 생각 없이 대중들이 말하는 대로만 생각하게 된다면 결코 투자로 돈을 벌 수 없다. 투자로 돈을 벌기 위해서는 대중들과는 반대로 해야 한다. 대중과 반대로 하라는 것이 청개구리처럼 무조건 기계적으로 반대로 하라는 것이 아니라, 충분히 공부하고 경험하여 나만의 인사이트와 철학을 가지고 대중들의 시끄러운 여론을 꿰뚫고 본질을 볼 수 있어야 한다는 것이다.

인간의 DNA는 집단 생활을 하는 종의 특성 때문에 집단의 생각과 반대되는 행동을 하는 것과 집단에서 떨어진다는 것은 그 개체의 죽음을 의미하기에 대중들과 다르게 가는 것을 본능적으로 극도로 두려워하도록 설계되어 21세기를 살아가는 현대사회의 문명과 전혀 상관이 없는 4만 년 전과 동일한 유전자에 들어 있는 무의식적 본능이 작동하는 것이다. 따라서 대중들과 반대의 선택을 하기 위해서는 상당한 훈련을 비롯하여 큰 용기가 필요하다. 2022년 고덕 그라시움 34평은 13억대까지 떨어졌지만 2024년 20억을 넘기며 신고가를 갱신해 7억 원이 올랐다. 자신의 철학이 있고 용기를 낸 사람들은 2년도 채 지나지 않아 월 100만 원씩 모으면 58년이 걸리는 7억 원을 벌었다.

핑계 없는 무덤은 없다, 회피하지 마라

수많은 사람들이 자신이 세운 목표를 실행하기도 전에 온갖 각양각색의 핑계를 대며 회피하고 뒤로 미룬다. 심지어 사람들 앞에서 분명히 공언했던 스스로에 대한 약속마저 그럴듯한 핑계를 대며 물어보지도 않은 남들에게 제발이 저려 당신이 왜 이것을 하지 못하였는지 설파하며 설득한다. 가령 '자신이 무엇을 하기로 했지만 코로나 때문에 할 수가 없었다. 경제 상황이 너무 좋지 않았다. 하려고 했지만 이런 사건들이 나에게 발생하여 할 수가 없었다. 나에게 기회가 오지 않았다. 알고 보니 레드 오션이었다.'라는 등의 이유를 댄다. 특히 코로나 팬데믹이 있었던 2020년대 초는 '코로나 때문에'라는 핑계를 대며 자신이 세운 목표를 시도조차 하지 않은 사람들의 말들을 지겹게 많이 들었다.

과연 그런 사람들에게 목표를 달성하기 위한 황금기란 있을까? 그때가 오면 그때는 실행할 수 있을까? 그들은 항상 그럴싸한 핑계를 대며 자신이 세운 목표를 스스로 저버리고 단지 하지 않기 위한 이유를 100가지도 넘게 댈 것이다. 할 사람들은 할 수 있는 방법을 찾고 안 할 사람들은 이것이 왜 안 되는지에 대해 안 되는 방법만 100가지도 넘게 찾아내며, 심지어 논리정연한 스토리를 만들어 주변 사람들에게 설파하고 사람들이 그 이유에 대해서 고개를 끄덕이는 모습을 보며 역시 안 되는 이유는 객관적으로도 설득력이 있다고 끊임없이 자기합리화를 한다. 자신의 현재 모습에 불안감을 느끼고 앞으로 나아가야겠다는 압박감을 느끼면서 세운 목표를 너무나도 쉽게 각종 핑계로 무마하며 스스로 설득하며 세운 목표를 포기해 버린다.

나는 개인적으로 "도망친 곳에 낙원은 없다."라는 말과 "핑계 없는 무덤은 없다." 그리고 "쇠뿔도 단김에 빼라."라는 말을 너무나 좋아한다. 나는 무엇을 할 때 안 될 방법은 생각하지 않는다. 되게 하면 그만이고 시작이 반이라고 그냥 일단 실행을 하고 본다. 그 실행도 아무리 어렵고 중요한 일이라 하더라도 오늘, 당장, 바로 지금 하기를 좋아한다. 승자는 일단 뛰기 시작하고 생각하기 때문이다. 너무나도 힘든 아침에 기상하는 것과 집에 들어온 징그러운 벌레를 잡는 일과 같은 일상에 아무리 사소한 일도 열을 세고 하지도 않는다. 딱 하나만 세고 바로 실행한다. 일단 한번 실행하여 작은 성공이라도 맛을 보고 바로 실행하는 것을 체화한다면 어떤 중요한 일이건 사소한 일이건 바로 실행할 수 있는 자신감과 습관이 생긴다. 각종 핑계를 대며 시작도 하기 전에 포기하는 사람들에게 난 정말 진심으로 물어보고 싶다. 자기 자신을 속이고 남들에게 그럴싸한 핑계를 설파하며 역시 안 된다는 생각으로 자기합리화를 하고, 핑계를 대고 미루고 포기했던 일들을 당신이 죽음을 앞두고 눈 감기 전에 후회하지 않을 자신이 있냐고 말이다. 사람들이 늙고 죽음 앞에 서게 되면 "왜 그때 그걸 도전해 보지 못했을까, 그때 포기하지 말고 도전해 볼걸." 하고 후회한다고 한다.

당신이 스스로를 속이며 말 같지도 않은 핑계를 대며 회피하며 살아온 나날들이 언젠간 끝이 나게 되어 염라대왕 앞에, 심판의 날 앞에 설 때 과연 그 핑계들이 통할까? 말 같지도 않은 핑계를 대며 미루고 하지 않았던 일들에 대해 염라대왕은 "아하, 그렇군요. 어쩔 수가 없었네요!" 하며 당신을 나태지옥으로 떨어트리지 않고 천국으로 보내 줄까? 심판의 날에 설 때 주변 사람들에게는 속여 왔을지언정 정녕 당신 스스로와 모든 것을 심판하는 자들을 속일 수 있을까? 인생의 끝에 다다라서 진실의 순간을 마주한다면 당신이 만들었던 1차원적인 핑계들은 참혹하게 꿰뚫어질 것이며, 아무것도 아닌 것으로 미루고 포기하고 핑계만 대며 살아왔다는 진실을 마주하게 될 것이다. 만약 정말로 저승에 지옥이 있다면 분명히 실행했어야 하고, 직면했어야 할 수많은 회피해 버리고만 인생의 다양한 문제와 실행되지도 못한 채 쓰레기통에 박혀 버린 목표와 계획들에 대한 평가를 받으면 나태지옥에 빠지지 않을 것이라는 확신이 있는가? 더 이상 숨어들지 말며 당신의 인생에 그 어떤 핑계도 대지 마라. 세상에서 일어나는 일의 모든 것은 내 탓이다. 내가 통제할 수 없을 것이라고 여겨 왔던 것들도 깊게 생각해 보면 90% 이상이 모두 내 탓이었을 것이다. 그러니 모든 일을 그냥 내 탓이었다라고 생각하고 직면하며 실행으로 옮겨라.

후회하더라도 해 보고 후회해라. 당신이 생각만 하고 행동하지도 않은 일에 대해서 과거를 회상하며 할 걸 그랬다고 후회하는 삶이 얼마나 허무한 삶인가? 어차피 당신이 과거를 후회한다는 의미는 현재에도 미래를 위한 그 어떤 실행도 하지 않고 있을 확률이 높으며, 이런 사람들은 훗날 미래에도 핑계만 대고 과거를 후회하고 있는 현재 당신의 모습에 후회하고 실망하고 있을 것이다. 만약 오늘 당신이 더 이상 후회하는 삶을 살지 않기 위해 실행하고 있는 사람이라면 과거의 후회 따위는 하지 않고 당신의 목표를 달성하기 위한 오늘만을 후회 없이 충실히 살 것이다. 당장 오늘 처해 있는 당신의 문제를 용기 내어 직면하고 정면 돌파 하여 매일매일 실행하고 작은 한 걸음들을 내딛으며 앞으로 조금씩 나아가라. 과거에 당신이 하지 않은 일들에 대해 후회하고 미련을 갖는 것은 아무런 의미가 없다. 당신은 미래에 또 현재의 당신에게 후회하고 실망하고 말 것이다. 당신이 무엇을 하든지 바로 실행해서 꾸준히 지속한다면 미래의 당신은 현재의 당신에게 또 후회하는 것이 아니라, 과거의 내가 미래의 나에게 귀중한 선물을 보내 주어서 과거의 당신에게 크나큰 감사의 인사를 보낼 것이다. 명심해라. 나중에 하겠다는 말은 곧 하지 않겠다는 말이다.

목표는 SMART하게 세워라

많은 사람들이 "저는 200억 자산가가 목표예요, 1년에 10억을 벌고 싶어요, 40세에 파이어 하고 경제적 자유를 달성할 거예요."와 같은 허무맹랑한 목표를 이야기한다. 나는 이 이야기를 들을 때마다 구체적인 계획들이 궁금했고 그 계획에 대해 물어봤을 때 대부분 얼버무리거나 전혀 현실적이지 않은 이야기들, 그 방법으로는 도저히 목표에 도달할 수 없는 방법론들이었다. 물론 젊은 나이에 원대한 목표와 열정을 가진 부분에 대해서는 요즘같이 패배주의에 찌든 사람들이 많다는 것을 고려했을 때 매우 좋다고 생각하지만, "저는 200억 자산가가 될 거예요."와 같은 식의 망상에 가까운 꿈들은 몇 년 이내 생각보다 쉽지만은 않은 현실의 벽 앞에서 산산이 부서지고 포기하게 될 확률이 높다.

그렇다면 목표는 어떻게 세우는 것이 좋을까? 나는 목표는 SMART하게 세우라고 말해 주고 싶다. SMART 목표란 Specific(구체적인), Measurable(측정 가능한), Achievable(달성 가능한), Realistic(현실적인),

Time-bound(기한이 정해진)의 뜻으로 200억 자산가와 같은 뜬구름 잡는 목표가 아니라 오늘 당장 할 수 있고 올해의 현실적인 작은 목표부터 확실하게 달성하며 앞으로 나아가라는 뜻이다. 200억이라는 숫자가 너무 멋지고 환상적이지만 여기에는 어떠한 구체적인 방법도 없으며 이것을 어떻게 현실적으로 달성 가능한지, 데드라인 기간도 없기 때문에 올해도 내년에도 아무것도 안 할 가능성이 높고 결국 그 목표를 포기하게 될 것이다. 만약 200억이 아니라 4년 내에 1억을 모으겠다고 SMART한 목표를 세운다면 첫해에 2,000만 원의 S&P500 ETF를 사 모아 가고 2년 차에는 2,300만 원, 3년 차에는 2,600만 원, 4년 차에는 3,000만 원을 모은다면 9,900만 원의 원금을 모을 수 있게 되고, 여기서 연평균 10%의 복리 수익률을 고려한다면 오히려 1억 원이라는 목표를 초과달성 할 수 있게 된다. 절대 이루지 못할 망상 속 200억보다 연봉, 소비습관, 추가적으로 할 수 있는 노력 등과 내가 현재 처해 있는 현실을 고려하여 세운 목표로 실제 현실의 1억 원을 4년 안에 만들 수 있고, 이 1억 원이 앞으로의 5억과 10억 달성이라는 중장기적인 SMART 목표에 밑거름이 될 것이다.

200억 목표 달성이라는 허무맹랑한 목표만 세워 둔 채 그것을 실제로 달성하기 위해 아무 노력도 하지 않는다면 200억이라는 돈은커녕 10억, 아니 1억도 내 손에 쥐기 어려울 것이다. 젊기 때문에 열정이 넘치는 것은 알겠다. 물론 200억이라는 꿈도 접어서는 안 되지만 그런 것과는 별개로 오늘 당장 할 수 있고 올해의 현실적인 목표를 세워 먼저 그것을 달성해야 내 역량이 생각보다 뛰어나고 운도 따라 준다면 실제로 200억 자산가가 될 수 있다는 뜻이다. 단순히 말로써 세운 목표 200억 원은 결코 달성

될 수 없다. 4년 만에 SMART하게 1억 원을 모은 사람들이라면 은퇴하기 전까지 현실적으로 순자산 10억 원도 달성할 수 있는 사람들이다. 큰 목표는 동기부여도 되지만 오히려 너무나도 비현실적으로 높은 목표로 인해 오늘 할 수 있는 행동마저 뒤로 미루게 되며 영원히 달성될 수 없는 마음속 꿈에 지나지 않게 된다.

연 1억은 어떠한가? 내 연봉이 4,000만 원인 직장인이라면 올해 당장 1억 달성은 무슨 짓을 해서라도 일반적인 방법으로는 거의 불가능하다. 하지만 5년이라는 시간을 두고 중장기적인 SMART한 계획을 세운다면 어떨까? 업무 성과로 인정을 받고 이직 목표를 세워 연평균 10%의 연봉 상승률을 목표로 둔다면 5년 뒤 연봉은 6,000만 원 이상이 될 것이다. 나머지 4,000만 원은 온라인 판매 사업을 부업으로 2년 안에 월 200만 원의 추가 수입, 3년 안에 월 500만 원의 추가 수입 등의 목표를 세워 여러 번 도전해 볼 수 있고 주말을 이용한 부업, 재테크를 통해 얻을 수도 있다. 온라인 판매 등의 사업이 부담스럽다면 지금 당장이라도 할 수 있는 방법인 주말 2일을 하루 10시간씩 부업을 하여 월 80~90만 원으로 연 1,000만 원의 추가적인 수입을 만들고 S&P500 ETF에 월 250만 원씩 적립식 투자를 하여 연 3,000만 원씩 5년간 모아 갔다면 원금이 1억 9,300만 원에 달하게 되어 시장 수익률 10%를 곱하면 1,900만 원이므로 연봉 6,000만 원과 부업 그리고 주식에서 2,500만 원이 들어오므로 총 8,500만 원이 된다.

목표한 1억 원에는 못 미치지만 연봉 10억과 같은 허무맹랑한 망상에 가까운 계획을 세운 사람보다 5년 전 자신의 소득이 2배 이상 증가하였다. 10초만 생각해 봐도 어떤 미친 사람이 당신에게 10억 원을 주고 고용을 하겠는가? 아니면 순수익 10억 원을 만들 만큼 투자 실력이 뛰어나거나 엄청난 사업 아이템이라도 있다는 말인가? 연봉 10억과 같은 말들도 오지도 않을 미래에 대한 정신승리에 가깝다고 본다. 주말에 아르바이트를 해서 부업을 하는 것과 S&P500 ETF에 매달 적립식 투자를 하는 것은 누구나 간단한 행동으로 할 수 있고 아르바이트가 최저임금을 받는 단순 노동이 아니라 내 직무에서 관련되거나 토익 등의 과외를 한다면 시간당 임금이 훨씬 높아지기 때문에 5년 안에 목표한 연 1억 달성을 할 수도 있다.

40세에 파이어를 하여 경제적 자유를 달성하겠다는 목표 역시 허무맹랑하다. 왜 40세여야만 하는가? 40세로 가는 여정은 어떻게 설계하였는가? 파이어를 하기 위한 금액은 얼마이고 왜 그렇게 설정하였는가? 그냥 일을 그때 이후까지 하고 싶지 않아서 "저는 40세까지 30억을 만들고 파이어 할 거예요!"라는 수박 겉 핥기 식의 목표는 영원히 달성되지 않을 것이다. 40세 파이어보다는 우선적으로 은퇴 시기를 50대로 잡고 노후준비에 포커스를 두는 것이 SMART한 목표 설정일 것이다. 40세 파이어를 목표로 두면 현재 연봉 수준으로 벌써부터 달성이 불가능하며 갑자기 시간이 지나기만 하여 30대 중반 이후에 미래의 내가 사업이 대박이 나서, 주식으로 대박을 쳐서 수십억을 버는 소설과 같은 이야기가 일어나지 않는다면 불가능에 가깝다. 50대에 은퇴하여 60~70대까지 추가적인 노동을 하지 않고 여생을 보낼 수 있다는 것 자체도 노인 빈곤율이 40%가 넘는 대한민국에서 굉장한 축복이며 상위 10% 이내의 삶이다.

은퇴 이후의 필요한 현실적인 생활비를 고려해서 지금 적은 월급이라도 하루라도 빨리 복리의 마법으로 오랜 기간 굴리는 것이 무엇보다 중요하다. 현재의 100만 원이 연 10%로 30년간 복리의 마법으로 굴러가게 되면 1,700만 원에 달하는 돈이 되기 때문이다. 그동안 매년 인플레이션으로 인한 물가 상승률을 3%로 잡으면 물가는 겨우 140%가 증가하여 2만 원짜리 치킨이 4만 8,000원이 되어 있을 정도에 불과하니 현재 100만 원의 가치는 구매력이 700%나 증가하게 된다. 항상 목표를 SMART하게 잡는 것이 중요한 또 한 가지 이유는 너무 높은 목표를 세우게 되면 조바심이 나기 때문에 무리를 한다는 것이다. 10년 안에 200억 자산가가 되어야 한다는 목표를 세우면 불법적인 일을 하거나 리스크가 매우 높은 코인 선물 레버리지, 나스닥 3배 레버리지 상품인 TQQQ, 높은 수익률을 보장해준다고 하는 출처불명의 각종 투자 상품들이 나를 유혹하기 때문에 낮은 확률로 분명히 성공하는 이들도 있겠지만 100명 중 99명은 오히려 그 목표를 세우지 않았을 때가 더 나은 상황일 확률이 높다. S&P500 ETF에만 월 250만 원씩 은퇴 시기까지 30년간 적립식 투자만 해도 50대에 52억 원이라는 거금을 100% 확률로 가지게 되는데 왜 40세에 수십억 원이라는 무리한 목표를 세워 확률을 1% 그 이하로 스스로 낮추는가? 같은 금액을 매달 S&P500 ETF에 10년간 납입하여 40세가 된다면 5억 원에 불과하다. 40세에 세운 50억 원이라는 목표는 시장 수익률을 아득히 뛰어넘는 수준이므로 높은 리스크와 실패 확률을 동반하기 때문에 무리한 것이 오히려 독이 될 가능성이 높다.

당신이 세운 경제적 기준 역시 허무맹랑한 200억 자산가 달성, 40세 파이어라는 등의 앵무새 같은 목표보다 내가 진정 원하는 목표는 무엇인지, 내가 정말 200억이라는 돈이 필요한지, 40세에 파이어 하고 나면 무엇을 하고 살지 내면의 성찰을 하는 것이 중요하다. 항상 말하지만 수단이 목적을 집어삼켜서는 안 된다. 내가 무엇을 하고 싶은지가 더 중요하며 그 이후에 삶이 더 중요한 것인데 우리는 너무나도 쉽게 사회적으로 성공했다고 보이고 부러움을 느낄 만한 목표를 세워 맹목적으로 그것을 달성하려고 하지 않는가?

파이어 금액 역시 각종 커뮤니티나 SNS 등에서 제시하는 기준은 못해도 30억 원이며 높은 경우에는 50억, 100억인 경우도 많이 봤다. 대한민국 상위 1% 부자의 순자산이 29억 원이며 그들의 평균 연령은 63.5세이다. 72의 법칙을 적용한다면 현재 1% 부자인 그들은 40세 때 불과 3억 원의 순자산만 보유했다. 그런데 40세에 50억, 100억을 목표로 한다고? 10억 원만 순자산을 만들어도 대단한 성공이며, 이 10억 원은 복리의 마법으로 23년 후 90억 원에 달하는 자산이 된다. 또 당장 10억 원을 배당주에 투자하고 파이어를 해도 4%씩 배당을 받는다면 연간 4,000만 원에 달하는 금액이며 이는 검소하게 살아간다면 충분히 2~3인 가족의 생활비가 될 수 있는데 월 배당 1,000만 원과 같은 현실 불가능한 높은 수준의 목표를 잡는다. 이런 지나치게 높은 목표는 달성 가능성도 희박할 뿐만 아니라 결코 스스로 만족할 수 있는 수준을 제공해 주지 않는다. 정말 적게 쓰는 사람이라면 월 100만 원씩 배당을 받아 충분히 생활도 가능한 금액이 3억 원이다.

아무도 성공을 떠먹여 줄 수가 없다

세상에는 수많은 성공학 강의와 책, 워런 버핏이나 피터 린치 등 월가의 전설들의 책들이 존재하고 직장에서, 비즈니스에서, 투자 세계에서 성공한 사람들의 이야기가 넘쳐 난다. 교보문고 경제 코너만 가도 매월 무수히 많은 투자 관련 서적이나 성공에 대한 스토리를 담은 책들이 쏟아져 나오고 주식 투자는 차트 분석 방법부터 가치 투자를 하는 방법, 청약 노하우 등 다양한 카테고리에서 자신만의 인사이트를 담은 각양각색의 내용들이 있다. 과연 이 책 한 권만 읽으면, 투자로 유명한 사람의 강의만 몇 번 들으면 나도 투자에 성공할 수 있고 부자가 될 수 있을까? 내 정답은 절대로 아니다이다. 책 몇 권 읽었다고 전부 투자에 성공하고 부자가 될 수 있다면 세상에 가난한 사람들이 왜 있겠는가? 가난한 이유는 이들이 자신의 성공을 거저로 떠먹여 주길 바라며, 성공하기 위한 방법과 성공적인 투자의 모든 방법은 세상에 공개되어 있으나, 의지만 있다면 자유롭게 습득할 수 있음에도 불구하고 이런저런 핑계로 결국 꾸준한 실행을 하지 않았을 뿐이다.

책이나 강의는 단지 해당 영역에서 성공한 사람들의 이야기와 노하우를 알려 줄 뿐 절대로 나의 손을 잡고 강력한 힘으로 당신이 바라는 파라다이스로 자동으로 이끌어 주지 않는다. 왜냐하면 성공은 아무도 떠먹여 줄 수 없고 자기 자신만의 싸움이기 때문이다. 그들이 했던 모든 방식이 당신의 삶에 그대로 적용될 수 없고 시기나 환경도 모두 다르다. 그렇기 때문에 모든 성공한 사람들은 각자만의 방식을 가지고 그 위치에 도달했기 때문에 무작정 내 상황에 맞지 않게 무지성으로 그들을 따라 하다가는 성과를 내지 못할 수 있다. 다양한 책과 성공한 사람들의 이야기를 듣되 모두 내 상황에 맞게 적용해야 하며, 만약 투자에 대한 공부나 운동을 주 몇 시간 하기로 했다면 그것을 실행하는 것 자체는 당신이기 때문이다. 책에서 주 100시간을 노력했다고 말하는 내용을 읽기만 한다면 당신이 자동으로 주 100시간의 인풋이 들어가는 것이 아니다. 실제로 당신이 주 100시간을 노력해야만 주 100시간의 인풋이 들어가 그것과 비례하는 아웃풋이 나오기 때문이다.

실제로 하나하나 투자 종목과 시점까지 떠먹여 준 적이 다수 있었지만 하나같이 그 결과는 좋지 않았다. 나와 같은 시기에 같은 종목을 매수했음에도 불구하고 그 이후에 어떻게 해야 할지 모르거나 자기 임의대로 판단하여 일을 그르치곤 했다. 물고기를 잡아 주었지만 물고기를 잡는 방법을 모르기 때문에, 남이 다 떠먹여 주기 때문에 자신은 아무런 노력도 하지 않았거나 남이 떠먹여 준 결과를 자신의 성과라고 착각하여 자만심이 붙어 아무런 지식과 경험이 없음에도 자기 마음대로 투자를 했다가 결국 낭패를 보는 비슷한 패턴들이었다. 이런 패턴들이 지속되자 결국 성공과 투자는 옆에 붙어서 코칭을 해 준다고 하더라도 스스로 실력을 쌓고자 하는 노력을 꾸준히 하지 않는다면 반드시 실패한다는 교훈을 얻었다.

우리가 아는 성공한 사람들의 말을 들어 보면 '누가 이렇게 하라고 해서 했다. 저렇게 하라고 해서 그대로 했다. 나는 아무 노력도 하지 않았고 그저 시키는 대로 했더니 성공했다.'라는 이야기를 들어 본 적이 있는가? 그들에게는 모두 자신만의 스토리와 고유한 인사이트가 고스란히 담겨 있다. 그런 인사이트는 절대로 얕은 수준의 남이 그저 편하게 떠먹여 주는 정보를 이용하거나 주워들은 말로는 형성될 수 없다. 엄청난 시간을 노력하고 갈고닦고 무수히 많은 시행착오와 결국 성공이라는 과실을 얻으며 그 모든 것들이 내 정신에 깃들고 내 몸과 근육에 배어 체화될 때 할 수 있는 이야기다. 그러니 너무 성공한 사람들의 이야기만 맹신하며 그들의 이야기만 듣는 것으로 나도 성공할 수 있다는 착각을 버려라.

대부분의 사람들은 그들의 결과만을 보고 부러워하지 그들이 숱하게 겪은 고통의 과정들은 평가절하하거나 자세히 들여다보지 않는다. 10분짜리 동기부여 영상을 하나 보고, 투자책 한 권을 대충 훑어보고선 나도 성공할 수 있다고 믿고 나도 투자의 전문가라는 생각을 하게 되는 것은 전형적인 액션 페이킹이며 초보자의 거만함이라고 할 수 있는 더닝 크루거 효과일 뿐이다. 진짜 전문가가 되려면 최소한 5년에서 10년은 오로지 그것만 생각하며 매일매일 피나는 노력을 해야 한다. 주식이든 부동산이든 직무든 수천 시간은 정성스럽게 쏟아부어도 모르는 것이 아는 것보다 훨씬 많으며, 이제서야 조금은 이 분야에 대해서 알겠다라는 느낌을 받는다. 근데 누가 떠먹여 준 얕은 지식으로 나도 부자가 될 수 있고 성공할 수 있다고? 워런 버핏이 알려 준 대로 했는데도 당신의 성과가 좋지 않다면 워런 버핏이 그 지식을 터득하고 알려 주기까지의 과정과 그 이면에 있는 의미들과 그 간단한 문장 속에 엮여 있는 수많은 지식과 경험이 없기 때문에 그렇다. 이런 것들은 모두 스스로 체득해 나가야 한다.

그러니 너무 자신의 성공을 남이 떠먹여 줄 것이라는 착각에서 벗어나 성공하고 싶다면 처음부터 끝까지 모든 것은 스스로 해내야 한다는 것을 명심해야 하며, 이 과정들은 남이 결코 해 줄 수 없다. 성공한 사람들의 이야기나 지식에 의존하기보다는 자신만의 인사이트를 길러 내고 나만의 길을 가기 위한 밑거름으로만 활용해야 한다. 특정 인물을 너무 신봉하거나 그들이 하는 말을 모두 믿는 사람들이 많은데, 한 명의 전문가를 신봉하기보다는 반대 의견을 포함한 최대한 다양한 사람들의 견해를 들어 보고 시장을 다각도로 분석한 자료들을 지속적으로 공부하는 것이 좋다. 나의 스타일과 큰 방향성은 있어야 하지만 그것이 너무 특정 영역에만 머무르고 신념화가 된다면 변화하는 시장 속에서 흐름을 읽지 못해 장기적으로 봤을 때 실패할 가능성이 높기 때문이다. 하지만 스스로 배우고 터득하여 실행을 통해 성공 경험과 인사이트를 지속해서 누적해 나간다면 누구보다 파워풀한 경쟁력을 확보할 수 있다. 자신감과 실력으로 생긴 나만의 부러지지 않는 새로운 무기가 만들어지는 순간일 것이다.

정의로 포장된 당위와 개똥철학은 버려라

'집값이 너무 비싸 미친 것 같아. 정상이 아니야. 한 70% 정도 폭락을 해야 정상이야. 어떻게 우리 같은 평범한 직장인이 월급을 모아 서울에 30평대 아파트를 살 수가 있어? 나라가 잘못 돌아가도 한참 잘못 돌아가고 있어. 부동산 때문에 이번 대통령을 뽑았더니 다를 바가 없어. 누구는 언제 운 좋게 어디 아파트를 샀는데 3년 만에 3억이 올랐다더라. 걔는 그것 말고는 아무 노력도 안 했는데 이게 옳은 세상이야? 너무 현타가 온다.'와 같은 안타까운 생각을 가진 사람들이 너무나도 많이 보인다. 솔직히 말하면 저런 말을 하는 사람들의 속마음은 내 이기심을 채울 수 없는 현실을 나의 부족함에서 기인한 것이라고는 절대로 인정하고 싶지 않아 잘못을 모두 세상에 전가하며 사회 정의라는 말로 그럴싸하게 자기 자신까지 속여 가면서 아름답게 포장된 당위를 주장하고 있는 것이라고 생각한다. 도대체 언제부터 당신이 사회 정의와 남을 생각했다고 정의라는 단어를 운운하면서 서울 집값이 얼마 이상 떨어져야 한다며 구체적인 숫자까지 들먹이며 비정상적이라고 말하는가?

집값이 비정상적이라며 폭락을 외치는 것은 단지 당신이 헐값에 아무 노력 없이 서울에 좋은 아파트를 사고 싶은 당신의 악랄한 탐욕과 욕망이 아닐까? 정상이라는 기준도 당신의 처지와는 전혀 상관없는 바람 속 상위 5% 내 입지의 아파트 가격이 주관적으로 너무 비싸기 때문이지 않은가? 그 집 한 채를 마련하기 위해 집주인이 얼마나 많은 고생을 겪었을지도 모를 것이며, 그 집 한 채가 인생의 전부이며 한 가정의 안락한 울타리를 짓밟아 버리는 것일지도 모르면서 말이다. 남의 소중한 재산을 함부로 여기면서까지 개똥철학과 당위론을 펼치는 것은 유아 퇴행적인 행동이다. 성인이 된 지가 언제인데도 아직까지 피터팬 증후군을 벗어나지 못한 것인지 사회가 평등해야 한다고 주장하며, 박탈감을 느끼고 자신의 욕망과 탐욕을 채우지 못했기 때문이면서 사회 정의를 부르짖는 행동을 하는 것인가? 왜 부자들이 낸 세금으로 당신을 먹여 살려야 하며, 왜 상급지 아파트가 학창 시절 노력도 안 한 결과로 받는 쥐꼬리만 한 월급에 맞게 가격이 형성되어야 하는가? 남을 저주하면서까지 말이다.

20살이 넘어 성인이 되었으면 자본주의 세상을 있는 그대로 바라볼 줄 알아야 하며, 불평등을 인정하는 것에서부터 성장을 시작한다. 이것을 인정하지 않으면 평생 남 탓과 세상 탓을 하며 나는 피해자 아이덴티티를 가지며, 어차피 내가 아니라 세상이 잘못된 것이기 때문에 나는 노력을 할 필요가 없다고 여겨 발전을 할 수 없다. 당위론자가 아닌 존재론자가 되어야 한다. 현실을 있는 그대로 인정하고 받아들여라. 당신 기준에서 세운 쓸모없는 개똥철학을 버리라는 말이다. 당신이 원하는 아파트는 개원의가 한 달에 2~3억씩 벌어서 반포 래미안 원베일리 34평의 소득 대비 집값 PIR은 겨우 2에 불과하다. 연봉 3,000만 원을 받는 평범한 중소기업 직장인 PIR의 100분의 1이다. 과연 개원의에게 60억에 달하는 반포 래미안 원베일리 고층 한강뷰 매물은 비싼 집일까? 이런 고소득자들이 원하는 고급 주택이 대한민국에는 턱없이 부족하다는 것이 그냥 냉정한 현실이다. 왜냐하면 100억이 넘는 집의 존재를 부정하고 돌을 던지는 자들이 너무나도 많기 때문이다. 이들은 부자들이 상급지의 고급 주택으로 떠나야 내가 들어갈 수 있는 매물이 생긴다는 원리를 모른다. 더 이상 위로 올라갈 곳이 없는데 당신 같으면 반포 신축을 팔겠는가? 오히려 반포와 같은 최상급지의 아파트 가격은 천정부지로 치솟으며 아래 급지까지 부담이 전가된다. 부자가 되고 싶다면 현상을 그대로 받아들이고 분석하여 기회를 모색해서 내가 처한 환경에서 가장 최선의 선택을 해야 한다. 거기서부터 출발이다.

야성적 본능을 일깨워라

요즘 젊은 남성들을 보면 온실 속 화초와도 같고 '초식화'가 많이 진행된 것 같은 느낌이 든다. 요즘의 연애 트렌드를 보면 자상하고 온화하면서도 여성적인 공감능력과 감성이 많은 남자들이 연애 시장에서 인기가 많고 여자들도 그런 것을 원하며 주변 사람들에게 그런 자상한 남자 친구에 대해 자랑을 하고 다니지만 결국 결혼 적령기에 다가와서 그런 남자와는 결혼을 망설이고 결국 남성미가 있는 남자에게 끌려 그런 남성과 결혼하는 경우를 너무나도 많이 봐 왔다. 결혼 적령기에 있는 30대로서 결혼을 염두에 두고 있거나 최근 결혼을 하는 주변 사람들을 관찰한 결과이다.

시대가 아무리 변한들 우리 DNA 속 본능은 4만 년 전 사바나 초원에서 살아가던 원시인과 다를 바가 없다. 시대가 변화하여 친절하고 온화한 성격의 여성적인 남성을 선호한다고 여성들이 사회 문화적인 트렌드로 인하여 일시적으로 착각할지는 몰라도 결국 결혼을 할 남자 즉, 신체와 정신이 강인하여 자신을 평생 보호해 주고 우수한 유전자를 남길 수 있고 그 자녀가 성인이 될 때까지 보호할 수 있는, 그것을 넘어 부모님과 부족까지 보호하고 부양하며 장차 그 부족의 리더가 될 수 있는 남성을 선호한다. 이러한 능력을 파악하는 본능적인 정보가 바로 남성미가 아닐까? 남성성이라고 하면 리더십, 야망, 가족을 부양하기 위한 희생과 능력, 사냥 본능, 성장욕, 출세욕, 책임감, 공격성, 독립심, 적극성 등 다양할 것이다. 친절함 역시 덕목이 되겠지만 이런 DNA에 각인이 되어 있는 남성성이 없이 여성화가 된 남성들이 주는 공감과 친절함은 그 궤가 분명히 다를 것이다.

4만 년 전 아프리카 초원이나 사바나를 떠올려 보면 남성은 강한 육체와 정신을 가지고 창이나 돌로 무기를 만들어 자신의 몸집보다 수십 배나 큰 매머드나 공격성이 강한 맹수들과 싸워 이기고 그 부산물로 막대한 양의 신선한 고기를 가지고 마을로 돌아와 자신의 아내나 자식, 그리고 부모, 부족 사람들에게 고기를 나누어 주었을 것이다. 맹수가 부족을 덮쳤을 때에도 남성들이 즉각적으로 달려 나와 창을 던졌을 것이다. 반대로 사냥을 할 만큼의 강한 육체나 정신을 가지지 못한 남성들, 목숨을 걸고 살아남기 위한 도전을 하지 못하는 남성들은 부족 사이에서 살아남기 어려웠을 것이며, 어떠한 여성의 선택도 받기 어려웠을 것이다. 수렵 채집 시절에는 극소수의 남성들만 씨를 뿌릴 수 있었고 대다수의 남성들에게는 한평생 짝짓기의 기회조차 오지 못했다. 생존에 필수적인 먹을거리조차 똑바로 구해 오지 못하고 부족을 위협으로부터 지키지 못하는데 어떤 여성이 그런 남성과 가정을 이루고 자녀를 낳고 자녀가 온전히 성장할 때까지 지속적으로 보호를 받고 리소스를 제공받을 수 있다고 여기겠는가?

연애나 결혼에 있어서 '평등'을 추구하는 사회가 왔다고 하지만 여전히 이성의 본능 속에는 4만 년 전의 DNA와 동일한 본능이 있다는 것을 우리가 알 필요가 있다. 가파른 경제 성장과 호황이 끝나고 취업조차 어려운 시기, 삶이 점점 팍팍해질수록 여성은 남성의 경제력을 더 까다롭게 볼 수밖에 없는 것이 생물학적으로 당연한 유전적 선택일 것이다. 사바나 시절의 여성은 자신의 몫도 충분히 생산하지 못하였고 자신의 몫보다 2배 이상 생산을 하는 남성들이 생존을 위해 필수적이었지만 지금은 여성들도 사회에 진출하여 자신의 몫을 충분히 벌고 정부에서 각종 지원을 받기 때문에 남성들에게 자신의 생존을 위해 목을 맬 동인이 현저하게 줄어든 것이 사실이 아닌가? 신체가 강하여 막대한 양의 식량을 한 번에 얻어 올 수 있는 남성만이 할 수 있는 고유의 사냥이라는 행위의 불균형이 현대사회에 들어오며 깨진 것이다. 남성보다 안정성을 더 추구하는 여성의 특성상 이 남성의 불확실성만 가득한 미래보다는 확실적으로 현재 보유하고 있는 경제력을 따지는 것 또한 현재 경제적 상황상 당연한 유전적 선택일 것이다. 반대 성에 있는 남성이나 여성을 욕할 것이 아니라, 상대에게 부족한 것을 채워 줄 것이 있는 사람으로 성장해야 한다. 남성 여성 모두 현재 주어진 환경에서 본능적으로 가장 합리적이고 이기적인 선택을 할 뿐이다. DNA야말로 자신의 생존밖에 생각하지 못하는 가장 이기적인 존재들이기 때문이다.

그렇기 때문에 이성을 싸잡아서 욕할 것이 아니라 왜 그런 선택을 하고 그런 생각을 가지는지에 대한 환경을 먼저 분석하는 것이 선행되어야 한다. 개인적인 생각이지만 젊은 남성들이 리더십과 깡다구 등의 잃어버린 남성성을 되찾는다면 남녀 관계가 조금 더 수월해질 것이라고 생각이 든다. 지금 당장 내가 가진 것들이 사회적으로 규정하는 기준에 부합하지 않을지라도 그 남성의 책임감과 장래성을 볼 수 있는 현명한 여성이라면 경제적 여건이 당장 여유롭지 않더라도 그 남성을 선택할 가능성이 높다고 생각한다. 가장 쉬운 것은 상대방을 비난하고 환경을 탓하는 것이다. 그러면 나의 부족함과 잘못은 사라지기 때문이다. 이럴 경우 내 마음은 편해지지만 나의 성장은 멈춰 버리게 된다. 상대방이 불만이고 나쁘다고 악으로 대상화하고 먼저 이런저런 부분들이 바뀌어야 한다고 요구하기 전에 나부터 바뀌기 시작하면 상대방은 자연스럽게 바뀌기 시작할 것이다.

나라가 주는 혜택에 익숙해지지 마라

기초생활수급대상자, 임대주택, 장기전세, 정책 주택담보대출 등 사회·경제적 약자들에게 제공되는 다양한 혜택들이 존재하고 분명히 이런 정책들이 긍정적인 효과도 있을 것이다. 하지만 개인적인 생각으로는 이런 혜택들을 지속적으로 받고 익숙해지면 스스로 올라갈 자력과 동기부여를 잃게 되어 장기적으로 더 나쁜 결과로 이어질 가능성이 높다고 본다. 욕심이 있고 현재 힘든 상황을 타개하여 성장하고 싶다면 현재 나의 상황을 온전히 스스로 극복해 나가야 한다. 물론 그것은 거의 불가능에 가까울 것이며 너무나도 많은 역경과 숱하게 내 자신이 무너지는 경험을 하게 될 것은 자명하다. 독수리는 새끼들을 절벽 위에서 밀어 버린다고 한다. 스스로 날지 못하는 새끼들은 바닥으로 추락하여 죽을 것이며, 날아오르는 새끼 독수리들은 향후 최상위 포식자 맹금류로 성장하여 하늘의 제왕이 된다. 스스로 하늘을 나는 능력이 없음에도 누군가가 자꾸 도와준다면 그 새는 결코 스스로 날 수 없고 결국 추락하게 될 것이다. 최상위 포식자인 맹수는 타고나는 것이 아니라 만들어지는 것이다.

사회 초년생들이 많이 드는 청년 적금 상품을 이용하며 리스크가 없이 확실한 수익을 기대하기보다 처음에는 낮은 수익률이라고 할지라도 그 돈으로 초년생부터 주식 투자를 하면서 일찍부터 시장 참여자로서 시장에 노출되고 재테크에 대한 지식과 경험을 쌓아 올려 향후 밑거름이 되는 것이 좋다고 생각된다. 내 집 마련 역시 한도가 제한되어 있는 저리의 정부지원 부동산 대출상품을 나는 이용하지 말라고 말하고 싶다. 시장 금리를 있는 그대로 내고 한도 제한이 없이 나의 능력만큼 더 큰 레버리지를 일으켜 입지가 좋고 다마가 더 큰 우량 자산을 소유하는 것이 장기적으로 봤을 때 정부지원 대출상품과의 이자 차이를 감안하더라도 훨씬 높은 자산 규모와 수익률을 형성하게 될 것이다. 장기전세와 같은 임대주택이나 토지임대부(일명 반값 아파트) 주택은 개인적으로 가장 혐오하는 형태이기 때문에 그런 곳에 들어가는 것 역시 극렬하게 반대하고 싶다. 나라의 도움을 받는 사람은 타성에 젖어 들게 되고 점차 나약해진다. 좋은 입지의 신축 아파트에 장기전세 당첨은 비극의 시작이라고 생각한다. 같은 30대라고 하더라도 누구는 자력으로 작지만 내 집 마련을 하고 누구는 신축 대단지의 20년 장기전세로 들어가서 살게 된다면 20년 뒤 운명은 여기서 갈라지는 것이다. 시장에 있는 그대로 나를 내던져야 한다. 높은 집값에 육두문자가 절로 나오며 좌절을 겪어야 하며, 높은 월세에 허덕이거나 전세로 들어간 임대인의 갑질에 무주택자의 설움을 겪어 봐야 내 집 마련이라는 목표가 생기고 기필코 내 소유의 집을 가지겠다는 열망과 동기가 생긴다. 결국 착한 집주인과 임대주택을 제공해 주는 국가는 은인이 아니라 악마이다. 거지 같은 집주인과 차갑디차가운 시장이야말로 혹독하지만 참된 스승이며 성장의 은인이다.

내 분수에 넘치는 좋은 아파트의 임대주택에 들어가는 순간 이게 자신의 수준이라고 착각하게 되며 집 걱정 없이 오랜 기간 살 수 있기 때문에 내 집이 아님에도 마치 내 것이라고 착각하게 된다. 일단 집에 대한 걱정이 사라지므로 자동차 등 소비 수준 역시 그 동네 수준에 맞게 지출하게 된다. 같은 단지라고 하더라도 자가 소유자와 전세·임대주택 세입자는 본질적으로 다르지만 말이다. 사람이 그런 환경에 놓이게 되면 게을러지며, 기간이 끝나 진짜 세상으로 나오게 된다면 직면한 현실에 좌절하며 아무것도 할 수 없는 상태가 된다. 그동안 경각심을 가지며 악착같이 돈을 모아야 하지만 사람은 그런 환경에 익숙해지기 마련이기 때문에 마음처럼 쉽지가 않다. 임대주택 기간이 끝나고 직면한 현실은 훨씬 냉혹할 것이다. 그동안 내 집인 양 단지와 단지 주변 인프라를 누리며 살고 난 뒤 나오게 되면 그동안 집값은 몇 곱절로 올라 있어 서울 중심부에 살다가 갑자기 경기도 외곽의 구축 반전세로 밀려나게 된다. 향후 시세의 80%로 매수할 수 있는 조건이라고? 20년 뒤에 지금 집값에 4~5배는 되어 있을 것인데, 3억 전세로 들어온 사람이 훗날 50억짜리 시세를 40억에 매수할 수 있게 해 준다고 매수할 수 있을 것 같은가? 먼저 집을 매수해 상급지로 갈아타기를 해 나간다면 가능하겠지만 20년 동안 임대주택에 살며 월급을 모아 시세가 곱절로 오른 집을 사는 것은 불가능하다. 또한 그런 혜택을 받으려면 자산이 3.25억 이하가 되어야 하는데, 부자가 되겠다면서 약간의 정부 정책의 도움을 받겠다면서 자산을 높이지 못한다면 경제적으로 발목에 쇳덩이가 달린 족쇄를 스스로 채우는 것과 무엇이 다른가?

나의 경우에 시장에 온몸을 내던지며 모든 문제를 직면하고, 불가능해 보이는 어려운 그 어떤 상황에서도 기필코 이겨 낼 수 있었던 것은 나라가 사회적 약자에게 제공해 주는 마음씨 따뜻한 정책을 일절 이용하지 않았기 때문이다. 학창 시절 기초생활수급대상자 자격이 되었음에도 고집을 부려 절대로 하지 않았고 돈이 없어 밥을 굶는 한이 있더라도 나라의 도움 없이 주말과 공휴일, 방학 할 것 없이 내내 아르바이트를 해서라도 스스로 헤쳐 나갔다. 군대에서도 A급 관심병사로 분류되어 훈련소에서부터 자대에서도 나를 현부심 판정으로 전역시키려는 것 역시 기를 쓰고 반대하며 끝까지 이겨 내고 만기전역 하겠다고 고집을 부렸고 현부심 판정을 받은 병사들 중 유일하게 끝까지 군생활을 마쳤다. 관심병사라고 해서 주어지는 차별적인 혜택도 일절 받지 않고 거절하였다. 대대장님께서 나를 대대장실로 따로 불러 힘든 군생활을 달래라고 휴가를 4박 5일 주겠다고 했지만 이는 부당한 차별적 특혜라고 거절하며 휴가는 내가 진짜 잘해서 받겠다고 말하며, 최근 총기를 소지해야 하는 야간경계근무에서 제외되고 불침번 근무만 서는 것 같고 사격 훈련도 안 되는 것 같으니 다시 야간경계근무에 투입과 사격 훈련도 할 수 있게 하여 다른 병사와 차별 없이 똑같이 대해 달라고 하였다. 이후 다른 병사와 같이 경계근무를 서고 훈련을 받으면서 특급전사를 따서 받은 4박 5일 휴가와 매달 나 혼자 독후감을 꾸준하게 제출해 휴가를 받고 관심병사들이 가는 그린캠프 수료자들에게 주어지는 4박 5일 휴가를 거절한 부분까지 총 10일 이상 휴가를 얻어 스스로 성과를 내서 쟁취해 냈다.

나는 지옥으로 가는 길은 선의로 포장되어 있다는 말을 참 좋아한다. 겉으로 보기에는 나를 도와주고 사회적 약자를 돕는 정의로운 것으로 보일지 모르겠지만 나의 눈에 그런 혜택들은 대부분 신세를 조질 것들로밖에 보이지 않는다. 남들보다 조금 가난하게 출발한 것이 어째서 사회적 약자인가? 일을 더 이상 할 수 없는 노인이나 장애를 가진 것 등의 이유라면 사회적 약자가 맞으며, 국가의 지원을 받는 것이 마땅하지만 팔다리가 멀쩡한 신체 건강한 젊은이는 장차 모든 것을 이룰 위대한 사람으로 성장할 잠재력을 가진 청년인데, 왜 사회적 약자라고 규정지으며 온갖 청년복지 정책이라는 이름으로 스스로 자립하고 성장할 수 있는 기회를 박탈하며 나약하게 만들어 한평생을 진짜 약자로서 살아갈 수밖에 없는 인간으로 전락시키는가? 기본적으로 모든 문제는 내가 해결하며, 전부 해결할 수 있다고 믿어야 한다. 남의 도움에 의존하는 수동적 사람이 아니라 독립적이고 자주적이며, 능동적인 사람이 되어야 한다. 스스로 어려운 환경을 딛고 일어선 사람이라면 그 무엇도 두려울 것이 없으며, 그 어떤 어려운 문제에 봉착한다고 해도 스스로 해결해 나갈 수 있는 강력한 자기 확신과 힘을 가지고 있다. 이것은 경험해 보지 못한 사람이라면 결코 이해할 수 없는 일이기 때문에 도움을 먼저 받으려 하기보다는 우선 스스로 주어진 환경이나 문제들을 해결해 나가기 위해 끝까지 오기와 끈기를 가지고 노력을 해야 할 것이다.

결혼식에 돈 쓰지 마라

당신이 부자도 아니면서 왜 호텔에서 호화로운 결혼식을 열어야 한다고 생각하는가? 왜 '인생에 한 번뿐인', '이번 기회가 아니면 언제 해 보겠어.'라는 공식화된 수식어를 입버릇처럼 나불거리며 돈 무서운 줄 모르고 결혼식 비용에 평소라면 절대로 하지 않을 비이성적인 판단을 하며 정신 나간 비용의 옵션들을 겁도 없이 마구 추가하고 단 하루 입을 드레스 대여에 수백만 원을 지불하고, 결혼식이 끝나면 어차피 입지도 않을 강남에서 수백만 원에 달하는 수제 정장을 맞추고, 신혼여행은 유럽으로 안 가면 죽는 것처럼 누구 하나 빠짐없이 공식처럼 유럽으로 가서 신혼여행에만 1,000~2,000만 원씩 처발라야 하는가? 집이 잘살아서 지원을 많이 받을 수 있다거나 둘이 모은 돈이 너무 많아 돈이 썩어 난다면 결혼식에만 수천만 원에서 억대로 쓰는 것은 각자 자유겠지만 왜 일반적으로 직장 생활 수년을 어렵게 하면서 악착같이 모은 돈의 상당 부분을, 일주일 뒤면 아무도 기억 못 할 결혼식에 남들이 하니까 나도 덩달아 소중한 시드 머니를 탕진하는가?

화려한 결혼식을 하지 않으면 내가 못난 사람 같아 비참감이 몰려오고 조촐한 결혼식에 사람들이 쑥덕거릴 것 같고 결혼식 단 하루라도 내가 온 세상의 주인공이 되고 싶은 것인가? 그런 본능은 누구나 있기 때문에 십분 이해하지만 사람마다 상황이 다르기 때문에 내가 하고 싶다고 해서 모두 해서 될 것은 분명히 아니다. 이 또한 이성적으로 판단하고 인내할 수 있는 사람들이야말로 부와 번영을 누릴 자격이 주어진다. 둘 다 대기업을 다니는 것도 아니고 중소기업에 고만고만한 연봉을 받으며 모은 돈도 그리 많지 않은데, 왜 그렇게 화려한 결혼식에 목을 매는가? 8년을 땅속에 처박혀 있다가 여름 한 철만 죽어라 울다 죽는 매미처럼 결혼식 하루에 내 모든 것을 불살라 태우는가? 월 300만 원의 봉급을 받으면서 딱 하루 드레스를 빌리는 데 300만 원을 쓴다고? 맞춤정장에 300만 원을 쓴다고? 어차피 하객들은 당신들이 입은 드레스와 정장이 얼마인지도 전혀 알지 못한다. 직장 생활을 하면서 1년에 1,000만 원을 겨우 모았으면서 신혼여행에만 2,000만 원을 처바른다고? 결혼을 하는 게 무슨 벼슬이냐? 미래를 생각했을 때 결혼식은 내 처지와 상황에 맞는 수준으로 해야 한다. 현재의 당신은 전혀 화려하지가 않다. 하지만 미래에는 화려해질 당신이라면 화려한 결혼식은 꿈도 꾸지 말며 현재 상황에 맞게 최대한 검소한 결혼식을 하고 어렵게 모은 시드 머니 대부분을 주식이나 부동산 등 실물 자산에 대해 하루라도 일찍 깨우치고 소유하는 데 써야만 한다. 만일 결혼식에 쓸 돈과 같은 액수의 외제차를 신차로 뽑고 오함마를 사정없이 내려쳐서 하루 만에 폐차를 시켜 보라고 하면 제정신으로 할 수 있겠는가?

주제에 맞지 않은 허영심과 자존심이 허락하지 않아 결혼식 비용으로 전부 탕진하고 다시 처음부터 돈을 모아 나간다면 엄청난 세월이 필요하다. 가뜩이나 혼인 연령이 늦어지는 요즘에 30대 중반에 결혼하여 결혼식에 돈을 다 탕진해 버렸다면 결혼식 전과 같은 경제적 여건에 도달하는 나이는 어느덧 마흔이 되어 버린다. 다시 0에서 시작하는 부부와 온갖 유혹을 뿌리치고 자신의 처지에 맞는 검소한 결혼식을 하고 실용성 있는 신혼여행과 혼수로 시드 머니 대부분을 신혼집 마련에 쓴 부부의 운명은 여기서 갈리는 것이다. 단 하루 비이성적인 욕심을 내려놓지 못하고 화려하지도 않은 사람이 단 하루 화려하게 보이겠다고 모든 것을 쏟아 넣은 사람은 나중에 비참해진다. 자신들이 화려하지도 않고 세상의 주인공이 아니라는 것을 인정하고 상황에 맞는 검소한 결혼식과 신혼집을 일찍 마련한 사람은 나중에 기필코 화려해진다.

나의 경우에도 결혼할 당시 내 처지가 좋지 못하고 이렇게 돈을 탕진하는 결혼식 문화가 도저히 납득이 가질 않아 둘이 모은 돈은 대부분 신혼집을 마련하는 데 쓰였고 결혼식에 쓴 돈 역시 매우 적었다. 아주 작게 식을 했고 불필요한 물건을 구매하거나 부가적인 절차 역시 전부 생략했다. 내 양복 역시 따로 맞추지 않았고 기성복 매장에서 예전에 특정 상황에 두루 입을 수 있도록 사 둔 20만 원짜리 양복을 입었다. 아내 역시 여자라면 누구나 화려하고 멋진 결혼식에서 자신이 주인공이 되고 싶은 마음이 굴뚝같았겠지만 나보다 더 검소하게 예산을 사용하였고 드레스 역시 매우 저렴한 것으로 입고 처지에 맞지 않는 이야기도 일절 하지 않았다. 내가 인생에서 가장 잘한 선택 중 하나가 결혼이기도 하지만 그에 못지않게 검소한 결혼식을 했던 것 역시 인생에서 가장 잘한 선택 중 하나이다. 내

젊음을 팔아 가며 힘겹게, 악착같이 모은 돈을 단 하루 만에 날리기 싫었다. 미래의 큰 자산이 되어 줄 시드 머니를 그렇게 탕진하는 것은 목에 칼이 들어와도 하기 싫었다. 그 덕에 결혼식은 가장 초라했을지 몰라도 미래를 위한 희망의 씨앗은 고스란히 남아 있었고, 현재 부유한 사람이 될 수 있었다. 결혼식에 돈을 쓰지 않은 게 너무 다행이다. 내 처지에 결혼식에 돈을 처발랐다면 지금까지의 기회는 전부 잡지 못했을 것이고, 아직까지도 한없이 오르는 자산 가격에 좌절하며 한푼 두푼 월급을 모아 가거나 자포자기하고 욜로를 외쳤을 신세였을 테니 말이다.

인맥관리 하지 마라

본인 스스로가 특정 수준을 갖추거나 사회에서 성공한 단계가 아님에도 인맥관리에 치중하는 것이야말로 가장 하지 말아야 할 것들 중 하나다. 10초만 생각해 보면 바로 답이 나오는데, 돈을 버는 방법을 알면 자신의 가족들에게만 알려 주고 혼자 벌면 될 것을 굳이 나에게 알려 주겠다고 다가오는 전형적인 사기꾼들과도 같은 원리다. 내 수준이 낮은데 훌륭한 사람들이 주변에 존재해서 본인의 시간과 에너지를 쓰며 나에게 도움을 줄지도 모른다는 것은 말도 안 되는 망상이다. 사람은 자신의 수준과 비슷한 사람들끼리 만나며, 설령 나보다 나은 사람이 나를 만나 주는 일은 딱 이 경우들뿐이다. 그저 술자리에서만 친구로 지내는 알코올 중독자, 사람이 그리운 외로운 사람, 허구한 날 허무맹랑한 뜬구름 잡는 소리만 나불대며 허세 부리는 놈, 나를 등쳐 먹으려고 호시탐탐 노리는 사기꾼들이시겠다.

잘난 사람과 인맥을 만들면 나중에 도와줄지도 모른다는 생각은 삶을 자기주도적으로 살아 내지 못하고 남에게 기대고 운과 요행을 바라는 일이다. 특히 20~30대라면 인맥관리라는 미명 아래 시간과 돈, 에너지를 쓰지 말고 철저히 고립되어 스스로 성장을 해야 할 시기이다. 인생을 발전시킬 중요한 시기에 실리는 없고 모래성처럼 쉽게 바스러질 인맥을 만든다고 시간을 허투루 쓰지 말아야 한다. 아니 어쩌면 당신의 속마음은 인맥관리라는 핑계로 사람들과 어울리며 외로움을 달래고 술을 처먹고 다니고 싶은 것일지도 모르겠다. 스스로 노력하고 성장하는 것은 너무나도 힘들고 외롭고 고독하고 사람들을 만나는 일은 인맥관리라고 스스로 합리화가 가능하며 일단 사람들과 어울리면 즐겁기 때문에 말이다. 성공하고 싶다면 철저하게 혼자가 되어야 하고 고독해져야 한다. 물론 어느 정도 궤도에 오른 사람들이라면 주변에 나와 비슷한 성과를 거두고 비슷한 가치관을 가지고 있거나 또는 내가 부족한 분야에 있어서 도움을 줄 수 있는 사람들을 곁에 두고 실질적인 도움을 서로 주고받는다면 더할 나위 없이 좋은 관계겠지만 그 전에는 지독하게 혼자가 되어 올라가야만 한다.

성공하기 전에 좋은 인맥을 두고 싶다면 남들과는 다른 모습을 보여 줘야 한다. 당신이 하고 있는 일에 미쳐라. 성과를 내고 가능성을 보여라. 그 가능성을 누군가는 알아봐 줄 것이고 당신을 키우려고 할 것이다. 그 방법 말고는 당신이 아직 성공하지 않았는데도 주변에 훌륭한 인맥을 둘 수 있는 방법은 도저히 떠오르지가 않는다. 당신 업계에서 훌륭한 사람에게 붙어먹고 노하우를 빼먹고 싶어 알량한, 얕은 수로 고의적 접근을 한다고 해도 그들은 전부 알아채고 당신을 돕지 않을 것이다. 그들의 눈에 들고자 한다면 진정성이 있어야 한다. 성공한 사람들의 공통점은 하나같이 남들을 도와주고 싶어 한다는 성향이 있지만 소중한 자신의 시간과 그동안 쌓아 올린 귀중한 인사이트를 이 분야에 관심이 있는 척 열심히 할 것처럼 잘 보이려고 다가오는, 알려 줘 봐야 기껏 1~2주일 뒤면 바로 포기해 버릴 뜨내기들에게 쓰고 싶지 않아 한다. 하물며 노가다 밥을 먹는다고 가정해도 웬 젊은 놈들이 열심히 최선을 다해서 배우겠다고 기술 좀 알려 달라고 질척거리며 달라붙어 놓을 때는 언제고 10명 중 9명은 3일이면 생각했던 것보다 힘들다고 전부 도망을 가는데, 기공들 말 잘 따르고 6개월, 1년 묵묵하게 현장에 나가다 보면 어느 순간 사수가 "덕배야, 기술 한번 안 배워 볼래?"라면서 당신에게 기회를 줄 것이다. 어느 업에 있건 그들이 생각하는 까다로운 기준에 통과되어야 당신을 도울 것이다. 그러니 제발 인맥관리나 훌륭한 스승을 찾아보겠다고 시간을 낭비하지 말아라. 진짜 당신을 도와줄 은사를 찾을 수 있는 방법은 당신이 진정으로 그 분야에 미쳐서 꾸준히 하여 그들 눈에 들게 하는 방법밖에는 없다.

또 최근 러닝 크루, 임장 크루, 스터디 모임 등 다양한 자기개발 모임들이 존재한다. 운동을 하더라도 공부를 하더라도 재테크 공부를 하더라도 철저하게 혼자 해야 한다. 진짜 해당 분야에 도전하고 싶고, 깊이 있는 공부와 성과를 내고 싶다면 모두 혼자 해야 한다. 혼자 한강을 뛰어야 하며, 혼자 임장을 하고 혼자 독서실에 하루 종일 처박혀서 엉덩이를 붙이고 공부를 해야 한다. 대중들과 함께하면 온전히 내가 하고자 하는 분야에 집중을 할 수 없다. 러닝이 하고 싶으면 바로 추리닝으로 갈아입고 집 앞 공원이나 길을 뛰고 오면 그만인데, 러닝 크루에 나갈 경우 이성을 만날 수 있는 가능성이 있으므로 외출할 준비를 하며 모임 장소로 나가는 시간,

사람들을 기다리고 어울리며 떠드는 시간, 모임 끝에 있는 술자리나 각종 사교 활동을 더하면 단 30분을 뛰기 위해 5시간의 시간을 더 소모한다. 30분을 뛴 시간조차 내 페이스가 아닌, 남들의 페이스를 맞추기 위해 뛰었기 때문에 제대로 된 러닝을 하지 못했을 것이다. 임장이건 스터디건 다른 여타 자기개발 모임이건 대부분 자기개발이라는 멋진 탈을 쓴 서커스에 불과하다. 대중들 속 무리에 속하는 순간 내 IQ는 30이 감소한다. 철저하게 혼자가 되고 사색을 하는 순간 IQ는 30이 높아진다. 무리와 사색하는 개인의 IQ 차이는 무려 60이다. 성장하려거든 무조건 혼자 해야 한다. 자신의 의지력을 논하지 말고 혼자서도 할 수 있는 의지력을 키워라. 어차피 같이하는 건 죽도 밥도 되지 않으며, 실제 성과라고는 전혀 내지 못하는 자기개발 정신승리에 불과하다.

진짜 본성은 성공 이후에 나온다

현재 나의 상황에서 강자들에 대한, 또는 세상에 대한 선악판단, 배려, 도덕, 선택에 대해서 쉽사리 재단하지 말아야 한다. 약자가 세상의 옳고 그름, 도덕을 강요하는 것을 니체는 노예의 도덕이라고 했다. 물론 학교 폭력이 정당화되어서도 안 되지만, 군대에서의 부조리 역시 정당화되어서도 안 되지만 이 두 개의 현상은 인간 세상에서 가장 쉽게 관찰할 수 있는 사례이다. 나는 전부 선택권의 차이라고 생각한다. 학교 폭력을 당하는 학생이 자신을 괴롭히는 일진 무리들과 동일한 힘을 가졌으면 나보다 약한 친구들을 괴롭히지 않았을 것인가? 대부분 똑같이 괴롭혔을 것이라고 생각한다. 그 반증이 바로 군대이다. 일·이등병 때는 계급이 낮기 때문에 후임들을 괴롭히거나 계급이 높다는 것을 티 내는 행위를 말하는 '짬티'를 부릴 수 없다. 일·이등병은 상병장들의 부조리와 짬티에 대해서 욕을 하고 나는 절대로 짬 먹으면 후임들에게 잘해 주겠다, 이런 문화를 바꾸겠다 다짐하지만 세월이 지나 그들이 상병장을 달게 되면 후임들에게 자신이 당했던 부조리를 판박이를 붙여 놓은 것과 같이 똑같이 행한다. 이제 그들에게 그럴 수 있는 '힘과 선택권'이 주어졌기 때문이다. 약자인 상태에서는 강자들을 비난하고 노예 도덕을 가졌고 그것을 강요하지만 이는 그저 자기 자신을 보호하고 자신이 약자인 상황을 최대한 이용하여 이득을 챙기기 위한 이기적인 생존 본능일 뿐이다. 결국 자신이 그토록 비난하던 기득권이 되고, 힘과 선택권을 가졌을 때 비로소 깊은 내면 속에 잠들어 있던 본성이 나온다.

따라서 모든 행위들을 판단할 때에는 내가 그런 힘과 위치에 올랐지만 '안' 하는 것인지, 그럴 힘을 가지지 못했기 때문에 '못' 하는 것인지 명확히 판단해야 한다. 내가 약자이면서 내 입장에서 세상을 재단하고 그것이 틀렸고 잘못됨을 열심히 부르짖어도 니체가 말하는 노예의 도덕에 지나지 않는다는 말이다. 나는 군대에서 상병장이 되고 나서도 부조리를 청산하고자 후임들에게 잘해 주는 선임을 본 적이 거의 없다. 군대에서 단순히 세월이 흘러 얻은 알량한 계급장에 불과하지만, 그들이 20여 년간 살아오면서 자신이 얻은 가장 큰 권력과 힘이기 때문에 어린 나이에 이를 주체하기가 어려운 듯하다. 성공 역시 마찬가지이다. 남자의 경우에는 내가 어떤 분야에 있어서 큰 성과를 거두고 사회적으로 성공했을 때 진짜 본성이 나온다. 대부분 경솔해지고 거만해지며 자신의 생각이 전부 다 옳고 내 방식만이 유일한 길이라는 생각을 가진다. 물론 자신이 거쳐 온 길과 경험, 성공이라는 결과를 놓고 봤을 때 그 사람에게 그 방법은 정답이었다. 다만 그 방식은 모든 사람들에게 동일하게 통하는 방식은 아닐 수 있다는 것을 알아야 한다. 남자는 가졌을 때, 여자는 잃었을 때 그 사람의 본성이 진짜 나온다고 한다. 대부분 자신의 성공에 취해 옳지 못한 행동을 할 가능성이 매우 높다.

특히 젊었을 때의 성공은 더욱더 조심해야 한다. '소년등과' 젊은 나이에 성공하는 것이 크나큰 불행이라는 뜻을 가진 사자성어가 있다. 인격이 성숙하기도 전에 출사하게 되면 자칫 오만과 편견에 빠져 폭주하다가 스스로 제어하지 못하고 패가망신하는 경우가 많기 때문이다. 자기가 거둔 성공이 얼마나 값진 것인지 모르고 실패와 좌절을 거듭하는 사람들을 이해하지 못하고 더 큰 성공에 욕심을 내며 출세 지향적인 사람이 되거나, 성취감에 분수를 잃어 남에게 함부로 굴고 득의양양하다 미움을 받고 나락으로 떨어지면 그제야 자신을 돌아보게 되니 불행이 아닐 수 없다는 것이다. 자신을 성찰하지 않고 말과 행동을 계속하면 바깥 세계는 넓어지지만, 내면세계는 줄어들게 된다. 결국 교만하게 되고 사리 판단에서 무리수를 둔다. 따라서 한 사람의 진정한 인격은 성공 후에 나타나게 되며, 그 전의 철학과 도덕심은 나에게 전혀 선택권이 없을 때 말하는 노예의 도덕에 지나지 않으니 그렇게 말하는 상대방이나 나 자신을 너무 믿어서는 안 된다. 성공을 하고 나면 그것을 유지하고 지키고 주변 사람들에게 상처를 주지 않기 위해 엄청난 노력이 필요하다.

좋은 애인과 배우자를 만나고 싶으면 너부터 변해라

연애를 하지 않는 불같이 사랑을 해야 할 20대들이나 결혼을 하지 않은 결혼 적령기에 접어든 30대들을 보면 하나같이 하는 말이 있다. "괜찮은 사람이 없어요." 음… 내가 해 주고 싶은 딱 한마디는 이것이다. "네가 괜찮은 사람이 아니라 그래." 내가 괜찮은 사람이 아닌데 왜 좋은 사람과 연애를 하고 결혼을 할 수 있다고 생각하는지 나는 도통 모르겠으며, 단지 상대방이 좋은 사람이 아니라는 당신의 말은 당신에게는 그 어떤 문제가 없다는 뜻인가? 당신이 원하는 잘난 사람이 왜 당신과 연애를 하고 결혼을 하겠는가? 당신의 모습이 어떻든 멋진 이성이 나타나 조건 없이 당신을 사랑해 주고 평생을 함께하는 드라마를 꿈꾸고 있는 것일까? 당신 주변 다섯 사람의 평균이 당신이며, 당신이 현재 만나고 있는 이성의 수준, 당신이 결혼한 배우자의 수준이 바로 당신의 수준이다. 가족이든 친구든 애인이든 배우자든 나의 자식이든 전부 '끼리끼리 사이언스'인 것이다.

좋은 이성을 만나고 싶은데 괜찮은 사람이 없다는 소리는 집어치워라.

그냥 네가 별로인 것이다. 괜찮은 이성을 만나고 싶으면 먼저 당신이 괜찮은 사람이 되어라. 당신이 훌륭하고 멋진 이성이라면 그 가치를 알아보는 훌륭한 이성들이 주변에 엮일 것이고, 당신이 개차반이라면 보면 한숨이 나고 만나면서도 짜증이 나고 자존심 상할 것 같은 이성만 주변에 꼬이게 된다. 아직 결혼을 하지 않은 상태라면 멋진 이성도 나에게 반할 만큼 멋지고 괜찮은 사람이 되려고 피나는 노력을 해야 한다. 내가 결혼을 했고 배우자의 이런저런 부분이 마음에 들지 않고 답답하다면 상대 배우자 역시 나에게 똑같은 마음을 가지고 있을 것이다. 애인이나 배우자를 바꾸고 싶다면 나는 변하지 않으면서 그 변화를 상대에게만 강요하지 말고, 당신부터 변해야 한다. 당신이 변하면 따라서 일부분은 변할 것이다. 그럼에도 상대가 전혀 변하지 않는다면 당신은 그 사람보다 더 멋진 사람이 되었으므로 더 멋진 사람을 만나러 떠나면 될 것이다.

나의 문제를 환경이나 남 탓으로 돌리는 것은 지독하게 나쁜 버릇이다. 항상 문제를 외부에서 찾지 말고 내부에서 찾아야 한다. 인정하고 싶지는 않지만 대부분 발생하는 불만족스러운 환경이나 상황, 재수 없는 일, 마음에 들지 않는 상대 이성 등 90% 이상의 일들은 고스란히 나의 문제이다. 내가 멋진 사람도 아니면서 수준에 맞지도 않는, 현실성 없는 높은 수준의 이상형을 그리며 "주변에 좋은 남자가 없어. 요즘 여자들 왜 저러냐?"라는 말을 하기 전에 당장 너부터 훌륭한 사람이 되어야 멋진 애인과 배우자를 만날 수 있을 것이다.

내 주변의 Taker를 걸러 내라

 세상에는 3가지 부류의 인간들이 있다. 바로 Giver, Taker, Matcher이다. 간단히 설명하면 Giver는 말 그대로 남들에게 퍼주는 사람이고 가장 부유한 부류와 가장 가난한 부류로 양분되는 유형이다. Matcher는 자신이 받은 만큼 돌려주는 사람이며, 대부분의 비중을 차지한다. Taker는 끊임없이 자신의 목표와 이익을 위해 남들을 착취하는 사람이다. 성공하기 위해서는 세상에 큰 가치를 제공하는 Giver가 되어 정당한 대가를 받는 것이 좋고 그 가치를 만들기 위해 노력을 해야겠지만 가장 먼저 해야 할 것은 주변의 Taker를 걸러 내기 위해 부단히 노력을 해야 한다. 특히 내가 마음이 여리고 사람 보는 눈이 없거나 정에 호소하고, 교묘하게 나를 이용해 먹으려는 사람들을 분간해 내기 어려운 Giver일 때는 더더욱 Taker들을 조심해야 한다. 그들은 이기적 이기심을 가지고 있으며, 받으려고만 하는 자들이다. 여기서 진화해 자신의 목적을 위해서라면 남들을 자신의 성공을 위한 하나의 '도구', '리소스' 정도로만 여기며 끝없이 상대방을 교묘하게 가스라이팅하고 착취하는 나르시시스트, 소시오패스, 사이코패스 들이 있다. 그들의 비율은 생각보다 높으며, 학교, 직장, 동아리, 교회, 친구, 가족 등 어디에나 존재하고 먹잇감을 찾아 나선다.

그들은 대부분 깔끔하고 매력적인 외모와 능숙한 언변을 가지고 남들을 홀린다. 상대방이 일방적이고 지속적으로 자신들에게 리소스를 제공해 줄 수 있는 사람들인지 빠르게 간파하여 좋은 이미지와 신뢰를 얻고 당신을 착취한다. 그들의 말은 너무 그럴싸하고 교묘해서 특히 자존감이 낮은 사람이나 직장 경험이 부족하고 아직 자신의 생각이 확고해지기 전인 사회 초년생들이 당하기 쉽다. 반대로 똑똑하고 성공 경험이 많은 사람들도 당하기 쉽다. 그들의 타고난 Taker 기질로 내가 가장 믿었던 연인이나 친구, 직장동기들 속에도 상당히 많으며 자신의 이익을 위해 당신을 교묘하게 조종할 것이다. 나 역시 Taker나 Matcher보다는 마음이 약한 Giver에 속했기 때문에 이들에게 무수히 착취를 당해 오면서 배신감을 느끼고 손해 역시 많이 겪을 수밖에 없었다. 나는 아직까지도 이들을 100% 걸러 낼 감각 레이더를 가지고 있지 않지만 딱 한 가지 기술을 암기해 항상 의식하며 기계적으로 적용하고 있다. 바로 팃포탯(Tit-For-Tat) 전략이다.

팃포탯(Tit-for-Tat)은 게임 이론의 죄수의 딜레마 게임에서 쓰이는 협력을 유지하는 상호작용 전략 중 하나이자 최선의 전략이다. 기본적으로는 협력 상태로 시작하며, 상대가 협력하면 자신도 협력하여 윈-윈 관계를 만들어 내고, 상대가 배반하면 자신도 배반하여 상대가 더 이상 이득을 취하지 못하게 한다. 그리고 상대가 다시 협력하면 흔쾌히 협력하고, 다시 배반하면 마찬가지로 보복하여 결과적으로 윈-윈 상태를 유도한다.

쉽게 말하면 처음에는 상대방에게 무조건 호의를 베풀고, 상대방이 나에게 호의를 갚아 주면 서로 호의를 주고받으며 윈-윈 관계를 유지하면 되고, 호의를 갚아 주지 않으면 다음번에 내가 상대방에게 호의를 보이지 말라는 것이다. 호의를 주지 않던 상대가 다시 나에게 호의를 베풀면 나도 즉각 상대에게 다시 호의를 베풀어라. 무조건 처음에는 상대에게 호의를 보여 주고 상대방이 어떻게 나오는지에 따라 동일하게 하면 된다. 너무나도 간단한 전략이지만 이 생존 전략이 진화생물학적으로도, AI를 활용한 수학 시뮬레이션으로도 가장 간단하면서도 가장 높은 생존 능력을 보여 준 전략이다.

이와 관련해서 무수히 많은 다른 전략과 기존의 팃포탯 전략의 수정·보완 버전이 있지만, 쉽게 인지하여 즉각적으로 대응해 내기 어렵기 때문에 가장 쉽고 단순한 팃포탯의 기본 버전만 활용하더라도 내 주변의 Taker를 걸러 내고 Giver, Matcher들과 긍정적인 기브 앤 테이크 관계를 유지할 수 있다. 이 전략은 인간관계에 있어서 아직 능숙하지 않고 성향적으로도 잘 감지해 내지 못하거나 상대방이 너무 능숙해 교묘하여 나도 모르게 당할 가능성이 낮다는 것이다. 누가 되었건, 상대방이 해당 조직 내에서 상당한 호감도나 위치를 가지고 있다고 해도 첫 번째 나의 호의에 어떻게 반응했는지 결과로만 놓고 판단하기 때문에 복잡할 수 있는 감정, 분위기, 상대의 다양한 심리적 기법 등에서 자유로울 수 있다. 매우 간단한 로직이기 때문에 내가 도와주었을 때 상대가 나를 도와주면 나도 또 도와주면 되고 도와주지 않았다면 나도 다음부터 안 도와주면 그만이다. 팃포탯을 활용하여 내 주변의 Taker만 걸러 내도 마음이 약한 Giver들이 착취만 당하다가 저성과자, 또는 가난한 사람으로 전락할 가능성을 방지해 준다.

틋포탯은 가장 친한 친구, 동료, 가족까지도 마찬가지이다. 친구끼리, 가족끼리, 우리가 어떤 사이인데, 우리는 피를 나눈 가족인데 같은 감정에 호소하는 말들로 나의 심리적 방어막을 쉽게 무너트리며 나의 호의만을 가져간다. 정 문화가 있는 한국에서 특히 친한 친구나 가족들에게도 이런 전략을 쓰라고 하면 어떻게 그래, 그래도 친구, 가족인데 같은 마음이 약해지는 반응이 나올 것이다. 물론 정상적인 인간관계나 가정일 경우에는 굳이 틋포탯 전략을 사용하지 않아도 되지만 일부 비상식적인 상황이거나 사회적 약자인 경우에는 피를 나눈 가족이라고 하여도 틋포탯 전략을 사용해야 한다. 그렇지 않다면 가족이라는 이름 아래 당신은 인생을 송두리째 허비하며 그들에게 평생 빨아먹히고 말 것이다. 갑자기 마음이 약해지는가? 정상적이지 않은 환경에서는 그 비정상적인 환경을 벗어나기 위해서 더욱더 정신을 바짝 차리고 냉정해질 필요가 있다. 내 인생과 내 한 몸 바쳐서 그들을 위해 살아가는 게 괜찮은 것이 아니고 나도 어쩌면 한 번쯤은 사람답게 살아 보고 싶다는 생각이 있다면 말이다.

술은 입에도 대지 마라

술에 대한 지나치게 관대한 우리나라의 사법 체계와 사람들의 태도가 개인적으로 너무나도 이해가 가질 않는다. 술에 취해 범죄를 저지르면 형량을 깎아 주고, 주변 사람들도 술에 취해서 한 실수에 대해서도 너무나도 관대하다. 나는 술이야말로 나와 사회를 죽이는 자살 독극물이라고 생각하며, 술이 입에 들어가는 순간 정상적인 사고를 하기 힘들어지고, 술에 취했을 때 진정한 자신의 본모습이 나온다고 생각한다. 나는 허구한 날 술을 처마시는 것들을 바라보면 안타깝고 한심하기가 그지없다. 세상에 술 처먹는 일 외 다른 할 일이 얼마나 많은데 자신과 비슷한 멍청이들과 둘러앉아 소중한 내 몸속에 독을 들이부으며 지난번에 술을 처마시며 했던 멍청한 이야기를 오늘 또 하고 또 한다. 진솔한 이야기를 하려면 술이 한잔 들어가 줘야 한다는 병신 같은 소리를 당당하게 하고 다니는 사람들이 있는데 이것은 헛소리다. 맨정신으로 할 수 없는 이야기가 어떻게 진솔한가? 의지력이 약해 맨정신으로는 도저히 입 밖으로 꺼내기 어려운 말을 취기 뒤에 숨겨 비겁하게 도망간 것이 아닌가? 또 술을 처먹고 서로 취할 대로 취한 상태에서 하는 이야기들이 얼마나 의미가 있고 또 지켜진다고 생각하는가? 술을 진탕 먹고 다음 날 생각해 보면 상대와 내가 무슨 말을 씨불였는지도 기억이 잘 나지도 않는다. 술자리에서 나온 진솔한 이야기들과 여러 약속들은 그냥 그 자리에서만 흘러갈 뿐이고 숙취와 함께 잊힐 뿐이다.

술에 대해 이야기하면 발작버튼을 눌린 것처럼 게거품을 물고 발작을 하거나 각종 정신승리를 하고, 술을 안 마시면 무슨 재미로 사냐와 같은 자기 자신이 얼마나 멍청한가를 앞다투어 스스로 고백하는 자들이 참 많던데 이런 사람들은 한심한 인생을 살고 있는 자들이니 내 곁에는 절대 두지 말아라. 내 소중한 젊은 시절을, 술 처먹는 데 돈과 시간을 허비하기에는 인생이 너무 아깝지도 않은가? 아니, 할 일이 없기 때문에 결국 술을 입에 대는 것이 아닌가? 특히나 퇴근 후나 주말에 혼자 방구석에 처박혀서 혼술을 하는 인간들이 있다면 네 인생은 천천히 망해 가고 있다는 것을 깨우쳐야 한다. 나는 술이 극도로 싫다. 몸에서 잘 받지도 않을뿐더러 여러 술자리를 해 본 결과 아무런 쓰잘데기 없는 시간들이었다. 거기서 나오는 멍청한 이야기들이나 사람들이 스스로의 이성의 끈을 지켜 내지 못하고 몸 역시 제대로 가누지 못해 고삐 풀린 망아지처럼 하고 다니는 모습들이 너무나도 꼴보기가 싫었다. 무엇보다 신성한 내 몸과 두뇌에 알코올 같은 독을 주입하고 싶지는 않았으며, 맨정신으로 정신 바짝 차리고 살아도 살아남기 어려운 세상에서 술을 처먹고 내 몸과 정신을 해치고, 다음 날까지도 하루 종일 숙취로 하루를 통째로 날려 보내게 만들며, 중요한 일에서 오판을 하여 일을 그르치게 만드는 술이야말로 인간이 절대 해서는 안 되는 것으로밖에 보이지가 않는다.

　술을 먹지 말라는 말에 기분이 나쁘다면 나를 욕할 게 아니라 그냥 스스로를 뒤돌아보는 것은 어떨까? 할 일 없이 술을 처먹는 데 보내 온 세월들과 거기에 처박은 돈을 생각해 보면서 말이다. 사회생활을 하고 인간관계를 하면서 술을 전혀 입에 대지 않을 수는 없겠지만 적어도 온전한 정신 상태를 유지할 수 있을 만큼 적당히 마시며, 빈도 역시 한 달에 2~3회 이상 넘어가서는 안 된다. 또는 내가 언제까지 꼭 끝내야 할 일이 있거나 목표가 있는 경우에는 그것을 달성할 때까지는 절대 술을 마시지 마라. 주 1~2회 이상 꾸준히 술을 처마시고 있거나 퇴근시간이 다가오고 주말이 다가올 때면 술 처마실 생각부터 하는 인간들은 이런저런 이유로 포장하지도 말고 정신승리도 하지 마라. 그냥 당신은 알코올 중독자다. 술 곁에는 좋은 사람들보다는 나쁜 사람들이 꼬인다. 술 곁에는 좋은 일보다는 나쁜 일들이 꼬인다. 일이 잘 풀리더라도, 잘 풀리지 않아도 술을 처먹지 마라. 술을 처먹으면 좋은 일은 그르치기 쉽고 나쁜 것은 더 나빠진다. 취기로써 도피하지 말고 당신이 처한 문제를 맨정신으로 똑바로 바라보고 어떻게 이 문제를 해결할지에 대해서 맨정신으로 고민하고 맨정신으로 이겨 나가야 한다. 이는 마취 없이 큰 수술을 받는 것과도 같다.

　술을 처먹는 게 습관인 인간들도 결국 자신의 명확한 목표가 생기니 자연스럽게 줄어들게 되고, 그 일에 집중을 하고 건강한 신체를 위해 운동을 하는 경우가 상당히 많았다. 당신이 지금 술독에 빠져 사는 것은 당신이 열망하는 목표와 비전이 없기 때문에 술이라는 쉬운 길로 계속해서 빠겨들며 현실을 도피하고 합리화를 하는 행동이다. 나는 술을 마시는 게 자기 자신에게 죄를 짓는 행동이라고 생각한다. 자기 스스로와 세상에 대해 맨정신으로는 도저히 직면할 수가 없어 회피하는 행동이기 때문이다. 술을 처먹을 시간에 운동을 하거나 자기개발을 하고, 책을 읽는다면 당신의 삶은 얼마나 더 풍요로워지겠는가? 술을 같이 처먹는 인간들과 어울릴 것이 아니라 독서토론회나 재테크, 운동 동호회에 가입하여 그 사람들과 어울린다면 당신의 삶과 주변인들은 얼마나 더 풍요로워지겠는가? 술을 처마실 돈과 시간으로 퇴근 후 학원에 가거나 당신이 하는 일에 도움이 되는 물건과 서비스를 구매한다면 당신의 삶은 얼마나 더 발전하겠는가? 그토록 술을 처마시고 싶다면 당신이 스스로 열망하던 당신의 모습이 되고 난 후에 적당히 취할 정도로만 마셔라.

주변에 병신들을 걸러 내는 법

근묵자흑(近墨者黑), 먹을 가까이하다 보면 자신도 모르게 검어진다는 말이다. 주5평, 주변 사람 5명의 평균이 내 자신이다. 지금 당장 당신의 주변 사람 5명을 떠올려 보라. 그 사람들과 가까이 지낼 수밖에 없었던 이런저런 스토리나 그럴 수밖에 없었던 핑계는 대지 말고 있는 그대로 그것이 당신 그 자체이며 수준이다. 성장하기 위해 내 주변에서 걸러 내야 할 병신들만 걸러 내도 최소한 내 인생이 더 깊은 바닥으로 추락을 하는 것을 방지할 수 있다. 그들은 당신을 지옥불로 끌어들이는 존재들이다. 환경이라는 것이 참 무섭다. 나도 인지하지 못한 채 천천히 물이 들어가기 때문이고 언젠가는 첫인상에 상대하기 껄끄러웠던 그 사람들에 대한 거부감이 사라지고 그들과 동화되어 비슷한 생각을 하며, 비슷한 말과 행동을 하게 되어 결국 비슷한 인생을 살아갈 것이기 때문이다. 당신은 진짜로 강남 8학군 학생들이 머리가 좋아서 명문대에 진학하고, 가난한 자와 양아치가 많은 특정 지역 친구들은 머리가 나빠서 공부에는 담을 쌓는다고 생각하는가? 인간은 철저하게 환경에 지배되는 동물이다. 당장 북한을 생각해 봐도 그렇지 않은가? 아무리 내가 강한 정신력과 목표를 가지고 노력한다고 해도 나를 지옥불로 끄집어 내리는 존재들을 내 곁에서 걸러 내지 못한다면 그들과 필히 같아질 것이다.

그렇다면 어떤 사람들을 걸러 내야 하는가? 가장 먼저 걸러 내야 하는 사람들은 바로 패배주의에 찌든 비관론자이다. 이 사람들을 한마디로 정의하자면 이들은 한평생 아무것도 이룰 수 없는 자들이다. 당신을 천천히 패배주의자로 만든다. 이들은 세상에 대해 불평불만이 많으며, 자신이 이렇게 된 것은 전부 자기 자신이 아닌 남이나 불공평한 세상 때문이라고 말한다. 어떤 노력을 해도 안 된다고 말하며 의미 없는 것이라고 말한다. 이 비관론자들은 자신이 효율적이고 똑똑하다고 생각하며, 굉장히 시니컬하게 어차피 해도 안 될 것이기 때문에 처음부터 안 하는 게 헛고생 역시 줄일 수 있기 때문에 도전하지 않는 것이 좋다는 식으로 당신을 설득할 것이다. 굉장히 쿨하고 시니컬한 태도로 인해 자칫 똑똑해 보일 수 있고 그 말에 설득력이 있어 속아 넘어가기 쉽다. 도전하려던 당신의 내면에 자리 잡고 있던 실패에 대한 두려움, 게으름과 같은 부정적 본능을 끄집어내 자기 자신을 합리화하며 결국 시도하지 않고 제자리에 머무는 선택을 하게 될 것이다. 주변 사람들에게 절대 당신의 야망과 꿈, 목표를 말하지 마라. 이런 놈들은 세상에 통달한 것처럼 당신에게 그럴싸한 비관론을 전염시킬 것이며, 혹여나 당신이 성장해서 곁을 떠나는 것이 배가 아프고 두렵기 때문에 끊임없이 당신이 그 자리에 평생 머물도록 당신의 삶을 끄집어 내릴 것이다.

지나치게 낙관적인 이들도 피하는 것이 좋다. 긍정적인 것은 좋은 것이 아닌가요? 단순하게 부정적인 것은 나쁘고, 낙관적인 것은 긍정적인 것이니 좋다는 인식을 갖고 있을 수 있다. 하지만 부정적인 것과 비판적인 것, 긍정적인 것과 낙관적인 것은 엄연히 다르다. 비판적인 사고를 하는 것은 삶에 있어서 대단히 중요하며, 항시 비판적인 사고를 장착하며 살아야 한다. 하지만 부정적이게 되는 것은 안 된다. 항상 긍정적인 자세로 밝게 살아가는 것은 매우 중요하지만 지나치게 낙관적인 것은 안 된다. 그냥 다 잘될 것이라는 생각은 매우 위험하다. 현실을 무시하거나 왜곡할 수도 있다. 또한 실패할 가능성이나 부정적인 결과를 인지하지 못하고 위험한 결정을 내릴 수 있다. 지나치게 낙관적인 사람들은 때로는 큰 실망을 경험할 수도 있기 때문이다. 결국 지나치게 낙관적인 이들을 관찰해 보면 아무런 생각 없이 뛰어들어 실패하거나 문제가 지속적으로 발생할 가능성이 높다. 이들이 당신에게 사업을 제안하거나 당신이 생각하고 있던 도전에 대해 객관적인 평가 없이 무작정 부추겨 좋지 않은 결과를 만들 수 있기 때문이다.

그다음으로는 자신이 필요할 때만 당신을 찾는 사람들이다. 이들은 기본적으로 매우 이기적이며, 테이커(Taker)이기 때문에 당신을 그저 자신의 도구나 리소스로만 여기기 때문에 자신이 필요하거나 부탁을 할 때만 연락을 하고 나에게 듣기 좋은 말을 해 주는 사람들이 있다면 무조건 걸러 내야 한다. 그들에게 호의를 베풀어도 당신에게 돌아오는 것은 없다. 주지 않으면서 받기만 하는 자들은 쳐내기 어려운 관계에 있어서 마음이 좋지 않더라도 끊어 내야 한다. 이들은 영악하기 때문에 당신과의 관계나 자신에게 해 줄 수밖에 없는 입장임을 누구보다 잘 알고 그 상황을 철저하게 이용하고 있는 것이다. 10년 지기 친구라든지 연인, 가족 등 우리가 남이가를 외치며 정이나 관계에 대해 호소하며 당신을 빨아먹을 것이다. 그들은 당신에게 우리가 남이가를 외치지만 정작 당사자는 당신을 친구로, 소중한 지인으로 여기지 않는다. 당신과 같이 그냥 자기 주변에 널려 있는 하나의 도구, 리소스로 여길 뿐이다.

그다음으로 당신을 그저 감정 쓰레기통으로 여기는 에너지 뱀파이어들을 무조건 걸러 내라. 다른 사람들의 긍정적인 에너지를 빨아먹고 상대를 지치게 만드는 사람들을 에너지 뱀파이어라고 한다. 그들은 나르시시스트형, 피해자형, 통제자형, 끊임없는 수다꾼형, 엄살대장형 등이 있다. 다양한 유형이 있지만 어찌 되었건 핵심은 당신은 그저 그들의 이야기 속 관객일 뿐이라는 것이다. 자랑이건 나쁜 이야기건 자신의 이야기만 주구장창 하며 당신의 소중한 시간과 정신 에너지를 갉아먹을 것이다. 그들 역시 자신과의 관계를 이야기하며 고민거리를 들어 달라는 식으로 접근하여 이야기를 쏟아 내며 이야기를 들어 주고 나면 벌써 2~3시간이 훌쩍 지나가 있고 공감해 주느라 진이 다 빠져 정작 당신이 해야 할 중요한 일에는 손을 대기가 쉽지 않아진다. 애초에 자랑을 할 목적으로 그들의 이야기를 듣는다면 질투와 시기의 감정을 느낄 것이고, 부정적이거나 슬픈 이야기를 들어도 내 감정이 함께 부정적이고 우울해질 것이다. 이들이 에너지 뱀파이어이고 당신을 그저 하나의 감정 쓰레기통으로 여긴다는 생각이 들면 만나자고 해도 핑계를 둘러대며 만나지 말고 점점 멀어져야 한다. 매일 만나야 하는 사람이 당신을 감정 쓰레기통으로 대한다면 그들의 이야기에 반응해 주지 말아야 한다. 공감해 주지 않고 건성으로 대답하면 당신을 교묘하게 가스라이팅하여 자신의 이야기를 들어 주지 않은 대가로 죄책감이나 손해를 입힌다는 식으로 협박하겠지만 그럼에도 쳐내야 한다. 반응해 주지 않는다면 그들은 당신에게 흥미를 잃고 다른 희생양(감정 쓰레기통)을 찾아 떠날 것이다. 감정 쓰레기통과 유사하게 남을 깎아내리면서 자신의 위치를 드러내거나 부족한 자존감을 채우는 사람들도 멀리해야 한다.

본능에만 충실한 자들도 멀리해야 한다. 돈을 모으기는커녕 월급을 받는 족족 자신이 사고 싶은 물건을 사거나 여행을 떠나고 자신이 먹고 싶은 음식을 비싼 배달비를 내 가며 배달로 시켜 먹는다. 그렇기 때문에 살이 찌기가 쉬우며, 하기 싫은 일을 인내하며 하지 않는다. 그저 본능이 시키는 대로 움직이기 때문에 바람을 피우기도 쉽다. 여러모로 걱정이 되어 미래를 준비해야 되지 않겠냐는 당신의 진심 어린 조언도 듣지 않으며, "내일 죽을지도 모르는데 즐기면서 살아야지~"와 같은 확률이 0.0001%도 되지 않는 저능아나 할 법한 말을 한 치의 부끄러움도 없이 지껄인다. 이들은 세포 수가 가장 적은 동물인 예쁜꼬마선충과 다를 바 없이 그저 본능대로만 오늘 하루를 살아가기 때문에 미래가 없다. 20대나 30대 초반까지만 해도 인생을 즐기는 이들이 부럽고 멋있어 보이고 선망의 대상이었을지 몰라도 결코 지속 가능하지 않은 모델이다. 30대로 접어들고 10대와 20대에 뿌려 놓은 씨앗이 어느 정도 작은 나무 크기로 자랄 나이가 되었을 때 다시 이들을 본다면 나아진 점이 하나 없고 여전히 같은 모습으로 살아가고 있다. 이젠 정말 본능이 아니라 미래를 준비해야 할 것처럼 보이지만 내일 죽을지도 모르기 때문에 오늘 하루도 불살라 살아간다. 이들이 30대 중반을 넘어 40이 되었을 때 모습을 바라보면 말 그대로 '개털'이다. 어린 마음에 이들이 멋있어 보여 그들의 라이프 스타일을 모방하며 오늘 하루만 살아갔다면 내 미래도 끔찍했을 것이다.

허세가 가득한 자들도 멀리해라. 이들은 자존심이나 승리욕은 높은데 자존감은 낮은 유형의 성격을 보유한 사람들이다. 자기 자신에 대해 불안감을 느끼고 자기 확신이 낮은 '약하고 모자란 자신'을 숨기기 위한 방어기제로서 자신을 강해 보이게 만드는 허세를 부리는 것이다. 그러니 허세를 부리는 자들은 속 빈 강정이며 사실은 나약한 자들이다. 자신의 소득이나 재력을 부풀려 말하며, 유명한 누구를 안다든지 전문직이나 사회적 지위가 높은 사람과 술자리를 가졌다, 함께 무엇을 한다는 등의 허세나 거짓말을 많이 하는 리플리 증후군에 빠진 자들이다. 겉으로는 그럴싸해 보이기 때문에 그들이 사기를 치려고 당신에게 다가갔을 경우도 무시할 수 없는데, 사실 허세가 많은 사람들을 피하라고 하는 이유는 사기꾼들이 보이는 공통적인 특징이 바로 허세를 심하게 부린다는 것이다. 원래부터 알던 사이고 가까운 사이라면 어느 정도의 허세는 왜 허세를 부리는지 심리를 알기 때문에 귀엽게 넘어가 줄 수 있지만, 나와 인간관계가 오래되지 않은 잘 모르는 사람이 허세를 부리고 지나치게 자신감이 높아 보인다면 일단 경계를 해야 한다. 얼마를 벌었다, 무슨 투자를 한다, 무슨 사업을 한다, 자기가 이렇다 저렇다 등의 검증되지 않고 실체가 전혀 없는 이야기를 늘어놓으며 사람들을 혹하게 만든다. 그다음 사기를 친다. 젊은 시절 사기를 수천만 원 이상 당하게 되면 엄청나게 뒤처지는 것이다. 초년생들은 2,000~3,000만 원 모으는 것도 고통과 긴 세월이 필요하기 때문에 회복이 어려울 정도로 뒤처진다. 중장년들 역시 수억 원에 달하는 큰 사기를 당하는 경우가 많은데, 자신의 가족의 생활과 노후까지 망하는 경우가 많다. 잘 모르는 사람이 허세를 부리고 나에게 이유도 없이 잘해 준다면 무조건 피해라.

워라밸을 외치는(부제: 받는 만큼 일해야지) 사람들도 조심해라. 이들은 단순히 9to6를 칼같이 지키며 저녁이 있는 삶을 추구한다고 생각하는 평범한 MZ세대라고 보일 수 있겠지만, 워라밸은 단순히 수많은 가치관들이 잘못되어 겉으로 드러나는 한 가지의 '증상'일 뿐이다. 너무나도 복합적이기 때문에 위에 설명한 지나치게 낙관적이고 본능에만 충실한 욜로족일 수도 있고 패배주의와 비관론에 찌든 루저일 수도 있다. 자신이 목표한 커리어나 꿈이 있다면, 향후 멋진 어른이 되어 있을 것 같은 사람이라면 묵묵히 자신의 길을 걸어가지 워라밸을 외치지 않는다. 이들은 정시에 퇴근해서 워라밸을 추구하는 것처럼 보일지 몰라도 뒤에서 몰래 자기계발이나 사이드잡을 하는 데 시간을 쓰고 있을 것이다. 워라밸을 외치는 이들은 학습된 무기력증을 앓고 있거나 꿈이 없기 때문이다. 20~30대의 워라밸은 경제적, 정신적 자살 행위와도 같다. 향후 누릴 수 있는 경제적인 풍요와 자유를 포기한 대가일 것이며, 자아실현을 하기도 어렵다. 시간과 관계없이 자기가 맡은 일에 몰입하여 최선을 다하지 않는데 어떻게 일을 잘하고 성과를 내게 될 것이며, 잘하지 못하고 성과를 내지 못하는데 어떻게 재미를 붙일 수 있고 그 일을 사랑할 수 있겠는가? 일은 받는 만큼 하는 것이 아니라 받고 싶은 만큼 해야 하는 것이다.

추가적으로 특정한 직업이 없거나 남들 앞에서 떳떳하지 못하는 일을 하는 사람들도 피해야 한다. 직업에 귀천이 어디 있냐고? 있다. 직업에 귀천이 없다는 말, 판사의 망치와 목수의 망치의 가치는 같다고 말하는 것은 정치인들이나 연예인들이 그들의 고객인 대중들에게 듣기 좋으라고 하는 뜬구름 잡는 소리라는 것을 아직도 모르는 피터팬 증후군에 걸린 미성숙한 인간이 있나? 희소한 일이 귀한 일이고 남들에게 좋은 영향력을 주는 일이 귀한 일이다. 반대로 아무나 할 수 있는 일이거나 남들에게 나쁜 영향력을 주는 일은 천한 일이다. 의사나 변호사, 대기업 임원은 누가 봐도 귀한 직업이다. 그렇다고 해서 낮은 급여를 받는 경비원, 청소부 등이 천한 일이라는 것은 아니다. 모두 자신의 위치에서 최선을 다하며 남들에게 좋은 영향력을 주는 직업이지 않은가? 내가 말하는 천한 직업은 그 직업을 오랫동안 유지하기 어렵고 사회에 악영향을 주는 것으로, 이런 직업을 가진 사람들을 피하라고 하는 것이다. 불법적인 일을 하거나, 유흥업계 종사자 등 떳떳하지 않은 직업을 가졌거나 주기적으로 직업이 바뀌는 사람들을 멀리해야 한다. 이들은 양지에서 정상적으로 커리어를 쌓아 나가면서 일을 하는 사람들이 아니다. 만약 삼촌이 불법 토토 총판을 하는 사람이고 명절이나 가족 모임에서 나에게 불법 토토 시스템에 대한 이야기를 하고, 삼촌이 몰고 다니는 차나 평소 씀씀이 등을 보게 된다면 나도 모르게 그런 불법적인 일에 관심을 가지게 되고 그런 일에 뛰어들 수 있다. 내가 그 일을 하겠다고 하면 삼촌이 처음에는 거절하다 끝내 노하우를 알려 주며 도와주지 않겠는가? 친구가 유흥업에 종사하여 내부에서 벌어지는 성적인 스토리를 계속 듣는다면 나도 유흥에 호기심이 생기지 않겠는가? 이런 유의 좋지 않은 직업을 가진 사람이 내 가족이라고 하여도 절대 그들의 말을 귀담아듣지 말고 물어보지도 말아야 한다.

　이 밖에도 다양한 유형의 해로운 사람들이 주변에 있다면 그것이 비록 10년 지기 친구이거나 연인, 가족이라도 과감하게 끊어 내야 한다. 나도 모르게 정신이 병폐해지기 때문에 희망을 가지고 긍정적으로 나아갈 수 없게 만든다. 내 인생에 족쇄를 달아 줄 인간들이 주변에 있다면 설령 아무도 남지 않게 된다고 하더라도 전부 끊어 내라. 대부분 외로움이나 감정 등의 이유로 끊어 내지 못한다. 어쩔 수 없다. 아무도 남기지 않고 철저하게 혼자가 되어 성장한 후에 다시 멋진 사람들로 내 주변을 채우면 된다. 환경이 좋지 않아 내 의지와는 상관없이 주변 사람들이 별로인 경우에는 최대한 그들과 상호작용을 줄이고, 내가 가고자 하는 길의 정점에 서 있는 위대한 거인들의 책을 읽거나 강의를 듣고 삶의 멘토가 되어 줄 수 있는 블로그, 유튜브 채널 등을 찾아 그 사람들의 이야기와 인사이트를 듣는다면, 매일 술에 취해 비관적인 하소연을 하는 인간들이 내 주변 사람이 아니라, 그 훌륭한 사람들을 내 곁에 두게 되는 것이다. 꼭 주변 사람과 서로 알고 상호작용을 할 필요가 있을까? 투자를 위해 워런 버핏이 쓴 책이나 영상을 본다면 워런 버핏이 내 주변인이 되는 것이다.

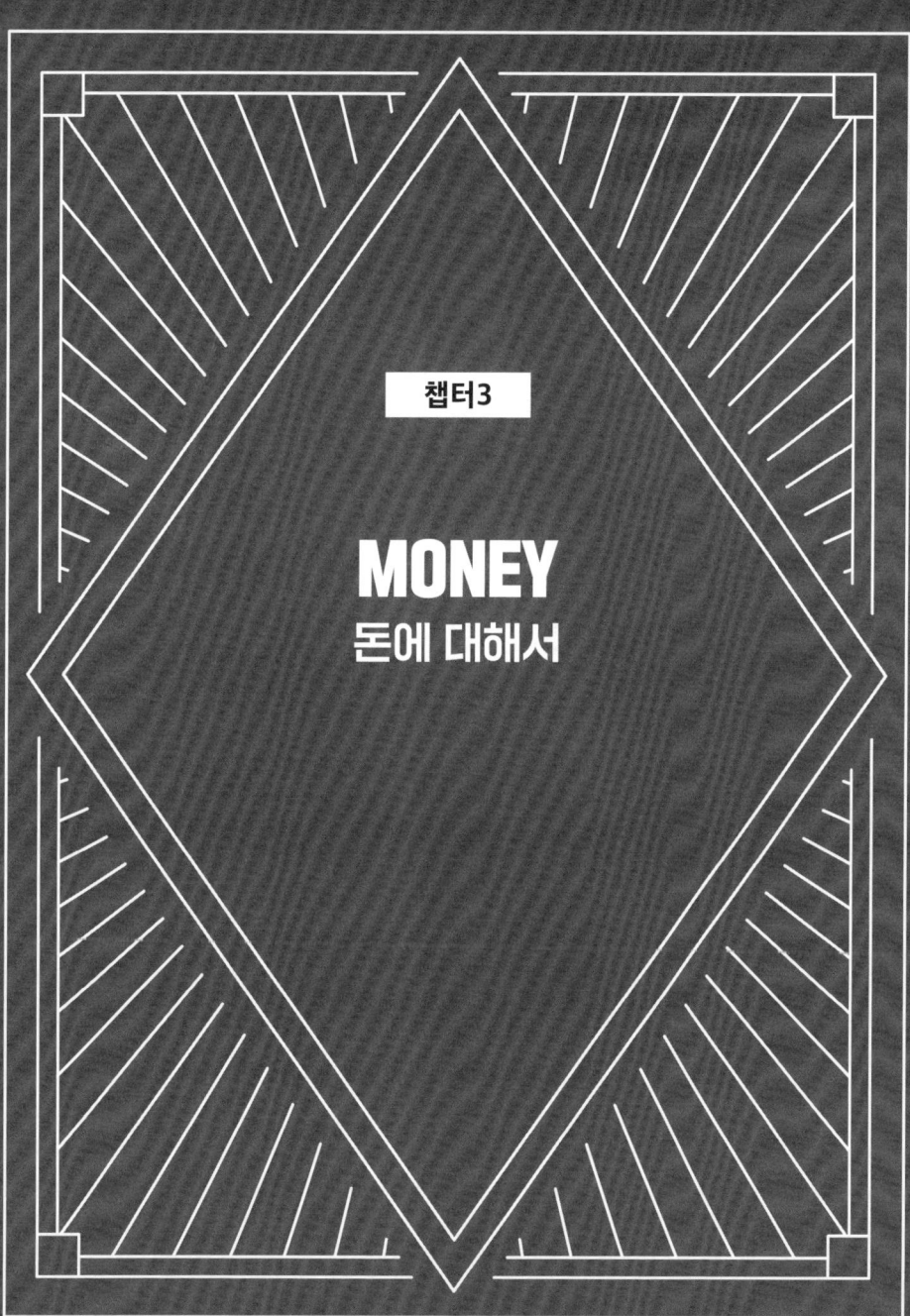

수단이 목적을 정당화할 수 없다

　부를 쌓는 것은 인생에 있어서 매우 중요하다. 그러나 돈에만 매몰되어 세상에 존재하는 다른 모든 가치를 폄하하거나 우선순위에서 밀려나게 해서는 안 된다. 돈은 자유를 가져다주고, 과거와 비교할 수 없을 만큼 큰 편리함을 제공한다. 하지만 돈의 괴물이 되어 버리거나 오로지 돈만을 위해 인생을 사는 것은 지나친 목적주의에 불과하며, 돈이 모든 가치를 뛰어넘는다고 여기는 천민자본주의자가 되어서는 안 된다. 부는 반드시 사람들에게 혜택을 제공하고 더 나은 세상을 만들기 위한 행위로 축적되어야 한다. 부자가 되는 여정은 나의 목표와 자아실현을 달성하기 위한 즐겁고 보람찬 과정이어야 한다.

　남의 것을 빼앗거나 남들에게 슬픔과 상처를 주면서 벌어들인 돈은 아무런 가치가 없다. 돈은 단지 도구일 뿐이다. 돈 자체가 목적이 되어 버린다면, 그 돈은 더 이상 도구로서의 가치를 잃는다. 도구는 그것을 사용하는 사람과 그 사용 방식에 따라 의미가 180도 달라지며, 돈은 긍정적인 목적을 이루기 위한 수단으로 사용될 때 진정한 힘을 발휘한다. 따라서 우리는 돈을 벌고자 할 때, 그것이 어떤 가치와 목표를 향해 쓰일 것인지 명확히 해야 한다. 돈은 사람들을 돕고 세상을 더 나은 방향으로 변화시키는 데 쓰일 수 있다. 부는 우리가 더 큰 영향력을 발휘할 수 있게 해 주는 힘이다. 가난을 극복하고, 가족을 부양하며, 사회에 공헌하는 과정에서 부의 가치는 극대화된다. 이 과정에서 잊지 말아야 할 점은, 돈이 사람을 지배하는 순간 우리는 스스로를 잃게 된다는 사실이다. 돈의 노예가 되는 대신, 돈을 자유를 이루기 위한 도구로 사용해야 한다.

부를 쌓는 과정에서도 중요한 원칙은 정직과 윤리다. 남을 속이거나 희생시키는 부는 결코 오래가지 않는다. 그런 돈은 언젠가 반드시 자신의 발목을 잡는다. 반면, 정직하게 벌고 올바르게 사용하는 돈은 신뢰를 낳고 지속적인 성공을 가져온다. 세상을 바라보는 관점과 내면의 성장을 바탕으로 한 부의 축적은 단순히 물질적인 풍요를 넘어, 삶의 본질적인 행복을 발견하는 열쇠가 될 수 있다.

절대로 돈에 지배당하지 마라. 돈을 지배하라. 당신이 자영업자라면 돈을 벌기 위해 음식을 만들지 마라. 대신 고객을 최대한 행복하게 만드는 요리를 만들어야 한다. 고객이 느끼는 가치와 행복에 따라 당신은 돈을 받게 되는 것이다.

기회는 위기의 얼굴로 찾아온다

오르는 주식과 부동산을 보며 "우리 부모님은 IMF 때 강남에 집 안 사고 뭐 했나? 서브프라임 모기지 때 거길 샀어야 했는데… 그때 샀어야 했는데, 그때가 엄청난 기회였는데…" 하며 '살걸, 할걸' 걸무새가 된다. 지금은 모든 기회가 사라지고 부의 계급이 더더욱 공고해진 것 같은 느낌을 받는다. 앞으로는 영영 기회가 찾아올 것 같지가 않다는 느낌을 받는다. 과연 그럴까? 50년 전 여의도 시범아파트는 평당 8,500원에 분양하였고 압구정 현대아파트는 평당 15만 원에 분양하여 현재 시범아파트 32평의 시세는 35억 원으로 1만 3,000배가 상승하였다. 압구정 현대아파트 50평의 시세는 현재 70억 원으로 933배 상승하였다. 당시 두 아파트는 모두 미분양이었다. 강남구 대치동의 한보미도아파트는 평당 1,200만 원에 분양하여 미분양이 났고, 현재 34평의 시세는 33억 원으로 8배가 상승하였다.

고급 주상복합 아파트의 시대를 연 강남의 타워팰리스는 평당 2,000만 원에 분양하여 고분양 논란에 휩싸이며 초기 분양률이 30% 미만에 그쳤지만 현재 40~50평대의 시세는 40~50억 원으로 5배가 상승하였다. 송파구 잠실 엘스아파트는 평당 1,200만 원으로 당시 부동산 시장 상황이 좋지 않아 미분양이 났지만, 현재 34평 기준 27억 원으로 약 7배가 상승하였다. 서초구 반포 자이아파트 역시 평당 3,000만 원으로 미친 고분양가라고 하며 미분양이 났지만 현재 34평 기준 40억 원으로 4배가 상승하였다. 도곡동 렉슬아파트 역시 평당 1,300만 원에 미분양이 났으며 현재 40억으로 9배가 상승하였다. 송파구 위례신도시 역시 당시 고분양가 논란으로 평당 1,000~1,800만 원에 분양했지만 현재는 12~15억 원으로 3~5배가량 상승하였다. 마포구의 상징 마포 래미안 푸르지오는 당시 평당 1,500만 원에 분양하여 고분양가 논란이 일며 미분양이 났고 현재 34평 19억 원으로 4배가 올랐다. 강동구 고덕지구는 평당 2,000만 원에 분양하여 고분양 논란에 휩싸이며 할인분양까지 하였고 현재 34평 기준 20억 원으로 3배가 상승하였다.

2022년 장위 뉴타운에 위치한 장위 자이 레디언트는 평당 2,700만 원으로 고분양가 논란과 당시 시장 상황이 좋지 않아 미분양이 일어났지만 현재 34평 입주권은 14~15억 원으로 분양가 대비 5억 원 이상 프리미엄이 형성되었다. 2022년 광명시 철산동에 위치한 철산 자이 헤리티지 역시 장위 자이 레디언트와 유사한 시기에 유사한 분양가로 분양하였지만 미분양이 생겼고 34평 입주권은 14~15억 원으로 분양가 대비 5억 원 이상 프리미엄이 형성되었다. 2022년 분양한 둔촌주공 재건축 올림픽파크 포레온은 분양가 상한제로 평당 3,800만 원에 분양하였지만 고분양가 논란과 당시 시장 상황이 좋지 않아 1,400호에 달하는 미분양이 발생하였고, 현재 평단가는 7,000만 원을 넘어 34평 기준 25억 원으로 분양가 대비 약 2배가 상승하였다.

S&P500 지수는 1974년 오일쇼크로 인해 -48%가 하락하였다. 1987년 블랙먼데이에 -33%가 하락하였다. 2000년 닷컴버블 붕괴로 -49%가 하락하였다. 2008년 서브프라임 모기지 사태로 인해 -57%가 하락하였다. 2020년 코로나 팬데믹으로 인해 -34% 하락하였다. 무수히 많은 폭락장 속에서도 S&P500 지수는 지난 50년간 62포인트에서 현재 6,200포인트로 100배가 상승하였다. 부동산과 주식 모두 폭락장은 평균적으로 1년 내외로 금방 지나가며, 회복은 미처 대응할 수도 없을 만큼 빠른 속도로 V자로 반등하며 하락 기간보다 훨씬 빠른 속도로 전고점을 뚫거나 전고점의 대부분을 회복한다. 인생을 바꿀 수 있는 기회는 항상 위기의 얼굴로 찾아온다. 그 위기는 인류가 단 한 번도 겪어 보지 못한 충격적인 위기이며 일반적인 대중들은 그 공포 속에 몸을 떨며 자산을 매수할 절체절명의 기회를 놓쳐 버리고 만다. 그렇기 때문에 항상 위기가 오면 반드시 잡을 수 있는 실력을 갖추기 위해 꾸준한 노력을 하고 있어야 한다. 기회는 준비된 자만이 누릴 수 있는 달콤한 과실이다. 평소에 아무것도 하지 않다가 갑자기 찾아온 기회를 당신이 잡을 수 있으리라 생각하나? 단언컨대 당신은 그 기회를 잡을 수 없다. 기회를 잡고자 한다면 지금부터 기회를 잡을 자격을 갖추어 나가라.

수면의 중요성

부자가 되는 데 있어서 적절한 수면시간과 수면을 위한 환경을 마련하는 것이 가장 중요하다. 한국인들의 평균 수면시간은 굉장히 짧은 편에 속하며, 자는 시간을 아깝게 여기는 사람들이 많은데, 수면시간을 줄여 가면서 일을 더 하거나 공부를 하는 습관은 내 영혼과 생명을 갉아먹는 행위이다. 잠을 줄이면서 무엇을 하라는 말은 미친 소리다. 정주영도 하루에 7~8시간 숙면을 취했으며, "잠 조금만 자고 일한다는 놈이 있으면 그놈은 병자 아니면 사기꾼"이라고 말했다. 잠을 줄이라는 말에 나는 절대 동의할 수 없으며 그런 말은 듣지 마라. 자는 시간을 어제 하루 1시간만 줄이더라도 신체와 뇌, 정서적으로 굉장히 부정적인 영향을 받기 때문에 잠을 줄여 가며 무엇을 하는 행동은 사실 효율성이 매우 낮아지기 때문에 오히려 충분한 수면시간을 확보하고 일과 공부를 하는 시간을 줄이는 것이 더 낫다. 농경 사회를 지나 현재 정보화 디지털 사회에서는 단순히 육체 노동의 투입 시간이 중요해진 것이 아니라 보다 '더 나은 의사결정'이 훨씬 중요해졌고 의사결정 하나가 인생을 크게 좌지우지할 수 있다. 훌륭한 의사결정을 하기 위해서는 평소에 코어(뇌)의 효율성을 극도로 높인 상태를 유지해야만 한다. 코어의 효율성을 높이기 위한 방법으로 첫 번째는 알코올을 먹지 않고 충분한 수면시간을 확보하는 것이며, 두 번째는 평소에 지속적인 학습을 통해 뇌 신경 가소성을 일으키는 것이다. 우리의 상식으로는 뇌세포가 계속해서 파괴되고 재생되지 않아 점점 두뇌의 기능이 저하된다고 알고 있지만 신경 가소성은 뇌를 계속해서 사용하고 학습을 한다면 뇌의 신경 회로가 바뀌어 더 똑똑해질 수 있다는 증명된 사실이다.

하루에 수면시간이 1시간 줄어들면 주의력과 반응시간이 30% 이상 감소한다. 업무 생산성 역시 15% 감소한다. 수에 대한 감각이 조금만 있어도 7시간을 자고 9시간 일하는 것보다 8시간 자고 상쾌한 상태로 8시간 일하는 게 더 낫다는 결과를 짐작할 수 있을 것이다. 심리적으로도 부정적인 감정 반응이 약 60% 증가하며 우울증 발생 위험이 무려 2배나 증가한다. 의사결정을 통해 복잡한 문제를 해결하는 능력이 20% 감소한다. 수면이 부족해지면 리스크를 과소평가하거나 과대평가하는 경향이 있기 때문에 30% 더 많은 위험한 결정을 할 수 있다. 앞서 말했다시피 현대사회는 누가 '더 현명한 의사결정'을 하느냐에 따라 인생이 좌지우지된다. 중요한 시험을 보거나 투자 행위를 한다고 했을 때 전날 1~2시간 부족한 수면시간이 우리의 인생에 크리티컬한 대미지를 줄 수 있다는 것이다. 그 결과로 수면시간이 적은 사람은 그렇지 않은 사람에 비해 소득이 약 11% 적고 감기에 걸릴 확률이 4배 증가한다. 암 역시 종류에 따라 적게는 20%, 많게는 62%까지 발생한다. WHO에서는 야간 교대근무를 2급 발암물질로 지정하였다. 수명 역시 줄어들게 되며 심혈관 질환, 비만, 고혈압, 당뇨 등 인생의 모든 것에 악영향을 미친다. 일찍 자는 게 아쉽고 손해 보는 것 같은 기분이 들어도 일찍 잠자리에 들며 충분한 수면시간을 확보하는 것은 손해 보는 것이 아니라 '온전한 나의 내일을 위한 현명한 투자'로 생각하길 바란다.

나 역시 삶에 있어서 가장 중요하게 생각하는 것이 바로 수면시간이다. 내가 항상 맑은 정신을 유지하고 학습 능력이 좋으며, 불안함과 본능을 잘 억제하고 현명한 선택을 잘하는 비결이 바로 수면시간이다. 나는 수면 역시 투자 활동으로 보기 때문에 수면환경을 세팅하기 위해 다른 영역에 비해 상당한 노력과 금전적인 투자가 이루어지고 있다. 나는 1년에 몇 번 되지 않는 이례적인 날을 제외하면 항상 10시에서 11시 사이에 잠자리를 들고 6시에서 7시에 기상한다. 주말이나 공휴일, 연차를 사용한 날도 마찬가지이다. 지금 이 책도 토요일 아침 6시에 기상하여 쓰고 있다. 한국인들의 수면시간은 하루 평균 6시간 41분으로 OECD에서 최하위권에 속하고 OECD 평균 및 적정 수면시간보다 1시간 20분 짧은 수치이다. 앞서 말한 대로 수면시간이 1시간 부족하게 되면 집중력과 판단력이 매우 감소하기 때문에 충분한 수면시간을 확보하여 맑은 정신 상태로 임하는 나를 상대로 이기기란 불가능하다. 지능과 지식이 같다는 전제하에서도 나보다 의사결정 능력과 효율이 30% 이상 적은 상태로 싸우는 것이기 때문에 구조적으로 이길 수 없다. 만약 내가 선천적으로도 지능이 높고 후천적으로도 학습을 많이 거친 상태로 수면시간까지 잘 관리하여 고효율로 두뇌를 사용한다고 하면 이런 상대로 어떻게 경쟁우위를 점하고 더 나은 의사결정을 할 수 있겠는가? 충분한 수면시간을 확보하지 못하는 것은 인생필패 전략인 것이다.

아마존의 창립자인 제프 베조스는 하루 8시간의 수면을 매우 중요시하며, "충분한 수면시간을 통해 최상의 컨디션을 유지한다"고 밝혔다. 일론 머스크는 과거 하루 4~5시간을 수면하며 일에 몰두했지만 결국 과로와 스트레스에 시달렸고 수면의 중요성을 재평가하여 "충분한 수면은 내 최적의 상태를 유지하는 데 필요하다"고 하였다. 아인슈타인은 하루 평균 10시간 수면을 취했고 "충분한 수면은 뇌가 최상의 상태를 유지하는 비결이다."라는 말을 남겼다. 애플을 탄생시킨 스티브 잡스는 수면시간이 짧기로 유명한데 개인적인 추측으로 그의 괴팍한 성격과 암 발생, 수명은 아마도 하루 3~4시간의 짧은 수면시간이 깊게 연관되어 있지 않을까 한다. 하루에 5시간, 즉 한국인보다 하루에 1시간 40분을 적게 자는 사람의 수명은 6년이나 감소한다. 결국 내가 총 깨어 있는 시간의 합이 사실상 내 수명인 것이다. 충분한 수면시간을 확보하면 하루에 쓸 수 있는 시간은 짧지만 건강하고 오래 살 수 있고 적게 잔다면 하루에 쓸 수 있는 시간이 길고 일찍 죽는다. 그렇기 때문에 그냥 충분한 잠을 자고 오래 살아서 월급 한 번 더 받고 투자 수익률이 더 오랜 기간 복리로 굴러가는 편이 낫지 않겠는가?

로또 사지 마라

로또는 "확률을 모르는 바보들에게 걷는 세금"이라는 명언이 있다. 확률적으로 로또 한 장을 사게 되면 -50% 수익이 확정된 채권이다. 왜냐하면 로또는 판매 금액의 전체를 당첨금으로 분할하여 나눠 주는 것이 아니라 절반은 공익사업의 기금으로 사용되기 때문에 당첨금으로 분배되는 금액은 판매 금액의 절반밖에 되지 않는다. 따라서 로또 1만 원을 구매할 때마다 나는 5,000원씩 손해 보는 투자를 한 셈이 된다. 구매하는 즉시 -50% 수익률을 기록하는 주식 종목을 당신은 사겠는가? 로또는 부유한 동네에서는 잘 팔리지 않고 빈민가나 소득 수준이 낮은 집단에서 많이 판매된다는 것은 이미 통계적으로 밝혀진 진실이다. 가장 가난한 계층이 로또를 평균보다 4배 이상 많이 구매하며, 구매 비중은 20%에 달한다. 소득이 높은 최상위 그룹은 로또를 구매하는 비중이 1~3%로 거의 구매하지 않는다. 가난한 자들은 확률적 사고를 하지 못하고, 그렇기 때문에 또 가난하다는 반증이다. 로또에 당첨되어도 곧 패가망신한다는 말 역시 대부분 로또를 구매하는 소비층이 가난하여 그들이 부자의 그릇이 없기 때문이다. 나는 확신할 수 있다. 나는 로또를 평생 동안 단 한 장도 구매해 본 적도 없고 앞으로도 구매하지 않을 것이지만, 만약 내가 로또에 당첨된다면 그 누구보다 충동성을 잘 억제하고 당첨금을 현명하게 굴릴 것이라고. 따라서 로또에 당첨되면 전부 망하는 것이 아니라 누가 되느냐에 따라 다른 것이다. 그릇이 되지 않는데 로또에 당첨되면 무엇 하나? 먼저 부자의 그릇을 키우는 게 중요하며, 부자의 그릇을 키운 사람은 로또가 아니더라도 반드시 부자가 된다.

나는 로또를 사는 인간들에게서 가장 싫은 점이 무엇인 줄 아나? 바로 실질적인 노력과 행동을 통해 인생을 더 나은 방향으로 개척해 나가는 것이 아니라 단순한 확률, 운, 요행에 따라 아무 노력도 하지 않고 자신의 인생이 180도 바뀌기만을 간절히 바란다는 점에 있어서이다. 솔직히 말하면 로또로 인생역전을 꿈꾸는 사람들을 보면 나는 역겨움이 올라온다. 800만분의 1의 극도로 낮은 확률에 기대하며 -50%가 확정된 투자 행위를 하는 이유는 무엇인가? 평범한 직장인의 1주일의 희망 같은 소리는 하지 마라. 로또를 사고 1주일을 기다리느라 허비하지를 말고 그 시간에 책 한 권을 읽거나 영어 단어 200개를 외워라. 이게 진짜로 인생을 바꾸는 방법이 아닌가? 왜 몇 개의 숫자가 쓰여 있는 멍청한 종이 쪼가리 한 장에 자신의 인생이 전부 바뀌길 바라며 아무것도 하지 않는다는 것인가? 로또가 당첨되면 무엇을 할지 망상에 빠져 허우적대는 동안 그 사람의 인생이 점점 망가지고 있다는 사실을 왜 모르는가? 그런 썩은 마인드, 공짜를 바라며 운에 자신의 인생을 맡기는 사람들의 미래는 이미 정해진 것이다. 뭐? 로또 하나 사는 게 무슨 잘못이며 이것은 사소한 것이며 소액으로 누릴 수 있는 최고의 희망을 주는 사치라고? 이런 것도 안 하면 무슨 재미로 사냐고? 원래 싹수가 노란 사람들은 사소한 싹수들이 조금씩 모여서 그 사람의 전체적인 생각과 인생을 만드는 것이다. 부자가 되고 싶다면 그 어떤 일도 사소한 것이라고 간과하지 말아라.

"코끼리를 생각하지 말라"는 역설처럼 사람은 부정적인 생각을 억제하려 할수록 그 생각에 사로잡힌다. '로또로 인생 한 방!'이라는 태도는 현실적인 성취를 무의미하게 만들고 로또가 당첨된 상상을 하기 때문에 이미 내 머릿속은 로또에 당첨되어 부자가 된 사람이어서 부에 대한 만족이 채워져 실제 부자가 되려는 노력은 하지 않을 것이다. 마치 게임 속에서 사냥 본능을 다 채워 현실에서 목표달성에는 관심이 떨어진 것과도 같다. 로또를 사는 사람들은 일말의 희박한 가능성, 확률에만 기대어 하루하루의 삶을 건설적으로 살아가지 않을 것이다. 운 따위에 기대지 말고 현실적으로 나아갈 방향성과 목표를 설정하고 그것을 달성하기 위해 실제적인 노력을 해라.

Not To Do List를 만들어라

내가 20년 이상 빈민가에 살면서 배운 것이 무엇이냐고 하면 인생을 현명하게 사는 방법도, 아이를 잘 양육하는 방법도, 공부를 잘하는 방법도, 올바른 사고를 하는 방법도 아닌 '어떻게 하면 인생이 망가지는지'에 대해서 사무치게 배우고 또 배웠다. 단언컨대 빈민가는 인생이 망가지는 법을 배우기에는 가장 좋은 교과서이자 현장학습센터가 아닐까 싶다. 내가 가난한 환경에서 자라면서도 부유하게 된 것은 가난한 사람들을 보고 진절머리가 날 만큼이나 그들의 특성에 대해서 배우고 또 배워서 '철저하게 반면교사'로 삼았기 때문이다. 그렇기 때문에 나는 To Do List보다는 'NOT TO DO LIST'가 내 인생에는 훨씬 많다. 왜냐하면 매일매일 어떤 생각을 하고 행동을 하면 인생이 나락으로 떨어지고, 비참하게 사는 방법을 누구보다 잘 알기 때문이다. 배움은 선생님이나 교수님, 성공한 스타트업 CEO, 사회운동가 등 사회적으로 영향력을 미치는 훌륭한 사람들에게서만 있는 것이 아니라 가난한 자들에게서도 큰 배움과 교훈을 얻을 수 있다.

인터넷 커뮤니티에 떠도는 흙수저 집구석 특징이라며 올라오는 게시글 내용에는 반찬 덜어 먹지 않고 통째로 먹음, 낳아 준 것만으로 낳아 준 값 입에 달고 삶, 먹여 주고 재워 줬다 말만 반복함, 에미는 뚱뚱하고 애비는 말랐음, 밖에서 자식을 까내림, 목소리만 큼, 공부하라고 말만 하고 방향성이라든가 공부 방법은 못 알려 줌, 성적은 금수저 아들과 비교하고 의식주는 아프리카와 비교함, 나는 열심히 살았다는 말만 반복함, 이상한 거 가져와서 기도함, 신토불이 좋아함, 한평생 가 보지도 않은 미국 운운하며 미국은 자식이 알아서 독립한다 이런 소리 함, 불로소득은 나쁜 거라며 노동으로 인한 소득만이 정당한 거라고 함, 정치성향이 극도로 한쪽으로 기울어짐, 뉴스에서 자녀 한 명 키우는 데 5~6억 든다고 하니 자기도 그만큼 들은 줄 앎 등과 같은 특징들이 있다. 인터넷에서 검색하면 나오는 다양한 흙수저 집 특징들에 대해 나 역시 상당히 공감하며, 비슷한 환경에 있는 사람들 역시 매우 공감을 하였다. 유머 글이지만 나는 마냥 웃을 수만은 없었다. 웃기면서도 동시에 나의 이야기였기 때문에 너무나도 슬펐다. 가난한 자들은 공통된 특징이 있다. 그들의 특징을 당신의 성공한 롤 모델만큼이나 보고 배우고 학습하여 그들이 도대체 어떤 행동들을 하며 어떠한 삶의 태도를 가지고 살아가는지 보고 외워라. 그리고 그것을 당신의 인생에서는 절대 닮지 말아라.

나는 주어진 환경과 가난한 부모들의 특징 모든 것을 반대로 했다. TV 소리를 집 안의 BGM처럼 틀어 놓지 않기, 집에 곰팡이가 생기지 않게 하기, 냉장고와 서랍장은 다양한 먹을 것으로 꽉 채워 놓기, 공부는 잘했지만 집에서 지원을 해 주지 못해 대학에 못 갔다는 핑계를 대지 않고 공부는 못했지만 돈이 필요 없는 대학교에 들어가기, 남 탓과 세상 탓 하지 않기, 밥 먹으면서 술 먹는 반주 하지 않기, 취할 때까지 술 마시지 않기, 취하더라도 술주정 부리지 않기, 반찬 덜어 먹기, 밤에 활동하지 않기, 집을 지저분하게 하지 않기, 일을 금방 그만두거나 쉬지 않고 계속하기, 가정에 책임을 다하기, 인생에 책임감을 가지기, 하류 인생들과 어울리지 않고 인생에 악영향을 주는 인간관계는 칼같이 정리하기, 대출받기, 집 사기, 주식에 투자하기, 여름에 집을 시원하게 유지하고 겨울에는 따듯하게 유지하기, 사기당한 것을 부정하면서 희망고문 하지 않기, 보증 서 주지 않기, 남에게 푼돈이라도 빌리지 않기, 식사 메뉴에 신경 쓰기, 신용등급 관리하기, 로또 사지 않기 등이다. 나는 내가 환경적으로 물려받은 콤플렉스가 여러 가지 있었고 내 인생에서 다시는 재현되지 않도록 목숨을 걸고 이 Not To Do List들을 지켰다. 가난한 자들의 특성을 닮는다면 언제든지 가난한 삶을 살게 될 것이라는 불안함이 마음속에 항상 내재되어 있었기 때문이었다.

직장인으로 부자 되는 법

집안 사정이 여유롭지 못하고 대기업이나 전문직에 종사하고 있지 않은 대다수의 사회 초년생들이나 임금 수준이 높지 않은 대부분의 직장인들은 내가 한 달 월급이 세금을 떼면 206만 원인데 어떻게 부자가 되냐, 서울에 아파트 사려면 월급 200만 원을 꼬박 120년을 모아야지 살 수 있는데, 우리 집에서는 나를 도와줄 여유가 없기 때문에 불가능하다는 생각들을 자연스럽게 할 것이다. 이런 생각은 나만의 생각이 아니라 주변 사람들 모두가 하고 있으며, 하늘처럼 높아만 보이는 회사의 관리직이나 임원들도 다를 바 없이 동일한 생각을 가지고 있다. 월급은 오르지 않는데 물가와 집값은 천정부지로 오르고 누구는 부동산으로, 누구는 코인으로 많은 돈을 벌었다는데 내가 손대는 투자 종목은 전부 하락하여 계좌는 왜 온통 파란 불이고 코인 계좌는 열어 보기가 무서울 만큼 마이너스가 찍혀 있어 내 인생 마지막 희망의 보루마저 사라져 버린 좌절을 겪어 본 일이 있을 것이다. 순탄하지만 않은 직장 생활과 재테크 성적이 점점 현실을 받아들이고 이 상황에 순응하게 만든다. 그럼 이렇게 평생 쥐꼬리만

한 월급을 받으면서 남 밑에서 노예 생활을 해야 할 것인가? 이렇게 30년 40년 일해도 서울에 아파트 한 채 못 사고 노후준비는커녕 연애조차도 못 하고 있는데 결혼과 출산을 할 수나 있을지 고민일 것이다.

직장인으로 부자 되기 위해서는 먼저 냉혹하고 불평등으로 가득 찬 차가운 자본주의 현실과 나 스스로에 대해 있는 그대로 인지해야 한다. 받아들이기 어렵고 냉정하게 들릴지 몰라도 내가 받는 월급은 노동 시장에서의 객관적인 나의 가치이다. 내가 회사에, 시장에 기여하는 만큼 대가로 그 액수를 지급하는 것이라는 사실 말이다. 이 말을 들은 당신은 '내가 겨우 200만 원짜리 가치를 가진 사람이라고…? 나는 열심히 살았고, 학창 시절 하라는 공부도 했고 나름대로 4년제 대학까지 나왔다고! 나는 소중한 사람이고 이런 일을 하며 이런 대우를 받을 사람이 아니야!' 이런 생각을 하게 될 것이다. 당연히 당신은 소중한 사람이고 열심히 살아왔다는 것에 대해서 부정하지는 않겠지만 자본주의 사회는 기여한 만큼 대가로 금전을 받는 시스템이기 때문에 내가 한 개인으로서 책무를 다하며 나름대로 열심히 살아온 것과 회사에서 받는 봉급 수준은 별개로 생각하는 것이 좋다. 우리는 평생 회사에 취직해서 정해진 시스템 내에서 톱니바퀴 역할을 할 노동자가 되기 위해 교육을 받았지 자본주의에 대한 교육을 받고 부자가 되기 위한 목표를 가지고 살아온 것이 아니기 때문이다. 부자가 되기 위해서 지금 다니고 있는 낮은 봉급의 회사를 선택했다면 당신 스스로 이미 시작부터 틀렸다는 것을 누구보다 잘 알고 있지 않은가? 그럼 도대체 어떻게 변변치 않은 월급을 받는 직장인으로 부자가 된다는 말인가? 나는 여기서 4가지 핵심을 강조하고 싶다. 절약하기, 몸값 올리기,

재테크, 결혼이다. 당연한 말처럼 들리겠지만 이 4가지는 당연하게 자본주의에서 유리한 포지션을 취하기 위한 기본적인 조건들이다.

절약하기의 경우 내가 월급을 200만 원 받는 직장인이라면 150만 원을 쓰고 50만 원을 저축하는 것과 소비에서 3분의 1을 줄여 100만 원을 쓰고 100만 원을 저축하는 경우 소비 감소의 폭은 상대적으로 작지만 내가 저축할 수 있는 금액의 양은 2배가 된다. 퇴근 후에 친구들을 만나 술자리도 하고 취미생활도 가지며 워라밸을 누리고, 여름휴가는 해외 1번 정도는 나가 줘야 한다고? 사회생활 하면 꾸미는 게 중요해서 품위유지비가 어느 정도 든다고? 나는 과연 당신의 현재 수준에서 그것을 누릴 '자격'과 지킬 '품위'가 있는지 물어보고 싶다. 직장에서 겨우 200만 원을 받는다는 것은 아까도 말했듯이 당신이 살아가고 있는 자본주의 사회에서 책정한 당신의 가치가 200만 원밖에 되지 않는데 무슨 워라밸이 있으며, 해외여행이며 품위유지인가? 애초에 유지할 품위가 없다. 이런 말을 들으면 나를 나쁜 사람으로 생각할지도 모르겠지만 어쨌든 절대적인 사실은 당신은 자본주의 세상에서 200만 원 가치를 가진 사람이 아닌가? 당신이 화나는 이유는 이 말이 사실이고 스스로도 발전 없이 평생 200만 원만 받을 인생이라고 생각하고 있기 때문이 아닌가?

하지만 당신이 현재 낮은 봉급생활자이지만 몸값을 올리고 부자가 되겠다고 마음먹은 사람이라면 당신의 사사로운 소비생활보다는 우선 절대적으로 아껴야 한다. 한평생 아끼며 구질구질하게 살라는 말도 아니다. 사회에 진출한 초기 몇 년이 바로 당신이 직장인으로서 부자가 될 수 있게 만드는 가장 골든타임이다. 애석하게도 이 시기에 많은 사람들이 자기가 돈을 벌기 시작하여 돈 쓰는 재미에 들려 지난 십수 년의 고된 학업 생활과 취업난 속에서도 취업준비를 하기 위해 들였던 노력들에 대한 보상심리이자 자극되어 돈을 여기저기 흩뿌리고 다니고 있을 것이다. 평생 노력했는데 취업도 했겠다 2년만 쓰며 즐기자라는 생각을 가지고 있다면 부자가 될 수 있는 황금 같은 시기에 시드 머니를 모으지 못한다. 당연히 당신은 여기까지 오기 위해 엄청난 노력을 했고 보상받아야 마땅하다고 생각한다. 마음으로는 그렇지만 우선 당신이 부자를 목표로 한다면 스스로에게 내릴 보상을 조금 더 미래로 이연하는 것이 중요하다. 명심하라. 직장 생활 초기 3~5년이야말로 향후 차부장급이 되었을 때 당신의 입사 동기와 자산 격차를 벌리고 안정적인 노후준비의 발판이다.

나의 경우에는 주거비와 생활비를 모두 스스로 해결해야 하는 상황이었음에도 낮은 월급을 받아서 최소한 절반 이상 저축하려고 노력하였으며, 남들이 오마카세와 호캉스, 해외여행을 즐기며 돈을 여기저기 뿌리고 다닐 때 아끼고 아껴 시드 머니를 모았다. 옷은 한 벌에 2만 원이 채 되지 않는 SPA 브랜드 옷을 주로 입었으며, 커피도 밖에서 절대로 사 마시지 않았다. 구질구질하다고? 이렇게 살고 싶지 않다고? 요즘 시대에는 이게 구질구질한 게 맞다. 그런데 나는 선택권이 없었고 부자가 되고 싶었다. 어차피 낮은 월급을 받아 다 쓴다고 한들 그 액수가 100만 원이 채 되지 않는데 이 돈으로 도대체 어떻게 남들 하는 거 다 하면서 사치를 즐긴다는 말인가? 누리고 산다고 말하기에도 애초에 너무 낮은 액수이다. 주변으로부터 항상 왜 그렇게 악착같이 사냐, 좀 즐기고 살라는 말을 자주 들었지만 깡그리 무시했다. 그런 말을 하는 사람과 목표의 크기가 다르고 '나는 부자가 되기로 선택'했으니까 말이다. 사람들이 말하는 "좀 쓰면서 즐기며 살아"는 내가 향후에 부자가 되고 나서 그런 말을 하는 사람들보다는 훨씬 많이 쓰며 즐기며 살면 되는 것이 아닌가? 그 정도 자신은 있었다.

사람마다 다르겠지만 부유해진 지금은 그렇게나 가지고 싶고 참아 왔던 소비 욕구가 전혀 들지 않고 오히려 이전보다 더 검소한 생활을 유지하고 있다. 수많은 성공 경험이 나에게 자존감과 성취감을 주었기 때문에 소비로 인한 자존감 채우기나 즐거움 같은 욕구가 대부분 사라졌다. 소비가 주는 즐거움은 가장 쉽고 빠르게 만족감을 줄 수 있지만 자아실현이라는 수준에서 바라보면 상당히 낮은 수준의 일시적 만족감이라는 것을 뒤늦게 깨닫고야 말았다. 당신 역시 수많은 성공 경험으로 내면이 단단해진다면 상대방이 무슨 차를 타고 무슨 옷을 걸치고 있든지 위축되지 않는다. 그리고 상대방 역시 당신이 저렴한 옷을 입고 있다고 해도 대부분 관심조차 없을 것이며, 안다고 하여도 자존감 높은 당신의 애티튜드로 인하여 무시 같은 것은 절대 하지 않는다. 고작 그런 것으로 당신을 무시한다면 굳이 그런 사람과 함께할 필요도 없다.

그다음 해야 할 것은 몸값 올리기이다. 저축이라는 것이 매우 훌륭한 습관이고, 최소한 가난을 탈출하는 방법이긴 하지만 '부자'가 되기에는 아직 부족하다. 저축을 하는 비율도 중요하지만 저축을 하는 '절대적인 금액'을 높여야 한다. 만약 당신이 이런저런 상황으로 인해 대학교는 문턱에도 들어가 보지 못하고 고졸 신분으로 취업하게 된 사람이라면 대졸들에 비해 낮은 임금의 단순노동을 할 확률이 높으며, 임금의 상승폭도 여전히 제한되어 있을 것이다. 대졸들은 연차가 쌓이며 더 중요한 일을 하게 될 가능성이 높지만 고졸의 경우 평생 같거나 비슷한 일을 하게 되는 경우가 많다. 냉정하게 말하면 애초에 당신이 하는 일은 그렇게 수준이 높은 일이 아니며, 언제든 대체가 가능한 단순업무일 가능성이 높다. 당신이 고졸이라면 반드시 대학교에 진학해야 한다. 야간대학이든 방송통신대든 사이버대든 당신이 일하고 있는 상급 직무의 길이 열리는 학교와 학과를 선택하라. 애매한 지방의 대학을 졸업을 한 경우에도 상위권 대학원에 진학하거나 직무 관련 교육을 듣고 자격증을 계속해서 따야 한다. 자신의 전문성과 업계에서 필요한 지식, 학력을 갖추게 되면 직장 내에서 더 높은 직무로 배정을 받거나 이직을 통하여 몸값을 올릴 수 있다. 공부를 죽어도 하기 싫다는 사람도 죽기 싫어하며 참고 견디며 해야만 한다. 이것은 부자가 되기 위한 기본적인 4가지 축 중 하나에 불과하다.

학업과 자격증, 직무교육에 이어 퇴근 후나 주말의 경우에는 워라밸을 외치며 먹고 마시기보다는 직무를 살린 부업이나 집 근처에서 투잡을 뛰어야 한다. 200만 원 봉급자가 150만 원 쓰고 50만 원을 저축하다가 100만 원을 쓰고 100만 원을 저축하면 2배가 되지만 월급 외 아르바이트 등의 부업을 통해 추가 수입을 50만 원이라도 만든다면 한 달에 당신이 저축할 수 있는 돈은 150만 원이 된다. 벌써 소비를 조금 줄이고 일주일에 하루이틀 추가적인 일을 했을 뿐이지만 과거에 당신이 한 달에 저축하던 돈에 비해 무려 3배가 상승하였다. 한 달에 50만 원을 모아도 1년이면 600만 원에 불과하고 10년을 기껏 모아도 6,000만 원밖에 되지 않는다. 이것으로 무엇을 할 수 있다고 생각하나? 어차피 그런 돈은 10년간 인플레이션으로 인해 구매력이 반토막이 되어 있을 것이므로 유의미하게 활용할 수 있는 시드 머니가 될 수 없다. 하지만 150만 원을 저축하게 된다면 1년에 1,800만 원이고 5년간 적금을 통해 약 1억 원이라는 유의미한 시드 머니로 만들 수 있어 수도권에 대출이나 전세를 끼고 소형 아파트도 충분히 투자할 수 있는 돈이다. 입사 5년 차 당신의 동기는 수중에 이제 겨우 2,000~3,000만 원밖에 없지만 당신은 벌써 1억 원이라는 돈을 모아 30대 초반에 수도권 아파트를 자가로 보유하게 된다. 30대 초반에 수억 원에 달하는 자산을 취득한 당신은 또래에 비해 엄청난 부의 추월 차선을 타게 된 것이다. 5억짜리 아파트가 1년에 6%만 올라도 3,000만 원으로 당신의 연봉과 비슷하게 되고 계속해서 복리로 오르게 되어 10년 후에는 당신이 사회 초년생에 샀던 아파트는 2배가 상승하여 10억 자산가가 되어 있을 것이다.

지금까지 설명을 들었을 때 40대 초반에 10억 자산가가 되는 것이 어렵다고 생각한 사람이 있을까? 4가지 축 중에 저축과 부업만 설명했을 뿐이다. 소비를 조금 줄이고, 일주일에 2일 정도만 할애하여 추가적인 수입을 통해 저축량을 50만 원에서 150만 원으로 올렸을 뿐인데 이런 차이가 5년 10년 누적되어 격차가 벌어지기 시작하였고 40대 초반에 10억 자산가가 되었다. 심지어 그간의 연봉 상승으로 인한 추가적인 수입이나 그 수입을 저금하여 한 다른 재테크 활동 등은 포함하지도 않은 수치이다.

나 역시 고졸 신분으로 20살에 취업 전선에 뛰어들어 한 달에 90만 원의 봉급을 받고 시작했지만 내가 선택할 수 있는 회사와 직무의 폭이 상당히 제한되어 있고 제대로 된 대우를 받지 못한다는 것을 몸으로 깨닫게 되어 24살에 한국방송통신대학교 경영학과에 진학하여 직장 생활과 병행하면서 힘들었지만 휴학 없이 4년 만에 졸업하게 되었다. 강의가 없는 방학에는 직무와 관련된 자격증을 땄고 주말에는 직무를 살린 관련된 부업이나 편의점, 서빙 등 다양한 아르바이트를 했다. 명문대도 아닌 방통대만 졸업했음에도 불구하고 고졸과 대졸의 차이는 하늘과 땅 차이라는 것을 바로 깨달았다. 학사 학위를 취득하고 여의도에 있는 금융권 중견기업으로 이직을 했기 때문이다. 처음으로 내 연봉이 20대 중반에 4,000만 원을 넘어서는 순간이었다. 평생 선망의 대상이었던 여의도 증권가에서 양복을 입고 일하게 될 줄은 꿈에도 몰랐다. 여의도역에서 내려 빌딩 숲 속에서 다른 양복쟁이들과 함께 출근을 할 때 감격스러워 몇 번이나 눈물을 흘리기도 하였다.

　2년 계약직이었기 때문에 직원들 사이에서도 공채나 정규직 직원들과는 보이지 않는 차별과 약간씩 무시하는 사람들도 있었지만 나는 개의치 않았다. 그들은 10대 때 나처럼 놀지 않고 성실하게 공부하여 명문대에 진학하여 바늘구멍과도 같은 경쟁률을 뚫고 나보다 훨씬 머리 아프고 책임이 무거운 업무를 하고 있기 때문이다. 또 나는 중견기업을 다니면서 금융권 중견기업이라는 타이틀을 이용하여 서울 최상위 명문대 MBA에 입학하여 석사 과정을 밟았고, 2년간 계약직 기간이 만료될 즈음 '금융권 중견기업'과 '석사'라는 타이틀을 가지고 대한민국 굴지의 4대 대기업인 S사의 계열사로 이직에 성공하였다. 불과 몇 년 전 2,200만 원의 연봉을 받으며 중소기업에 다니던 고졸에서 명문대 석사와 대기업 타이틀을 달고 괜찮은 연봉을 받는 직장인으로 성장할 수 있었다. 장장 6년이 걸린 여정이었고 직장 생활을 하면서 동시에 학업을 병행하는 것은 물론 쉽지 않았다. 직장과 학업과는 별개로 10년 이상 30가지가 넘는 투잡과 자격증 공부, 재테크 공부도 동시에 병행하였으니 말 그대로 6년을 통째로 갈아 넣은 것이다. 그동안 친구도 만나지 않았고 술도 마시지 않았다. 출퇴근 시간에도 쪼개서 수업 강의 자료를 보고 새벽까지 공부를 하였다. 주말에도 부업이나 공부 외 다른 것들은 일절 하지 않았다. 고졸, 중소기업에서 세후 167만 원의 봉급을 받는 가망이 없는 흙수저 인생에서 누구나 부러워할 만한 지위를 갖게 된 것이니 이 정도면 해 볼 만한 시도이며 요즘 말하는 '가성비'가 높은 선택이지 않은가?

세 번째로 당신이 해야 할 일은 재테크이다. 내가 말하는 재테크는 남들이 좋다고 이야기하면 사고 종목 분석 없이 시류에 편승하여 매수하는 얕은 수준의 재테크를 말하는 것이 아니다. 말 그대로 '목숨을 건 재테크'여야 한다. 특히 주식 투자는 개미들의 손실 비율이 90%가 넘는다. 투자라는 것은 인간의 본능을 정확히 반대로 거스르는 일이며, 휴대폰 속 MTS 상대는 SKY 경제학과를 나와 여의도 증권가에서 근무하며 하루 종일 투자에 관한 일을 하는 전문가이거나 아이비리그 경제학 석박들이 뉴욕 맨해튼의 골드만삭스, JP모건, 버크셔 해서웨이, 블랙록과 같은 글로벌 일류 투자회사에서 근무하는 전문가이거나 그 회사에서 운영하는 모든 경제 변수가 고도로 학습된 인공지능 트레이딩 시스템이다. 학창 시절 공부도 그냥저냥에 어느 한 곳 특출나거나 성과를 거두어 본 경험도 없는데 어디서 조금 주워들은 얕은 지식으로 침대에 편하게 누워서 MTS를 주물럭거리면 인류 최고의 엘리트 집단을 이기고 큰 수익을 낼 수 있다는 생각은 당장 폐기처분을 하는 것이 좋을 것이다.

그렇다면 재테크 지식이 전무한 일반 직장인들이 리스크가 낮고 확실하게 수익률을 보장받을 수 있는 방법은 없는 것일까? 주식은 포기하는 것이 좋을까? 나는 여러분들에게 S&P500 ETF를 사라고 말해 주고 싶다. 그것도 사회 초년생 시절부터 은행 예적금이 아닌 주식 계좌에 차곡차곡 쌓아 나가길 말이다. S&P500은 미국 주식시장에 상장된 기업들 중 상위 500개를 추린 종목이다. 여기에 소속되어 있는 종목들은 누구나 알고 있는 구글, 마이크로소프트, 애플, 아마존, 메타, 테슬라, 엔비디아, JP모건 등과 같은 전 세계에서도 각 분야 1~2위를 다투는 시가총액 수백, 수천조를 상회하는 굴지의 글로벌 대기업들이다. S&P500은 지난 수십 년간 연평균 10%가량의 수익을 냈다. 주식 초보자들은 1달에 10%, 1년에 몇 배를 이야기하며 주식시장에 뛰어들지만 사실상 이는 불가능한 수치다. 워런 버핏이 주식시장에 70년 이상 머무르면서 냈던 연평균 수익률이 20%가 되지 않는 19%이기 때문이다. 현존 80억 인류 중에 가장 투자를 잘하는 사람도 S&P500이 가져다주는 시장 수익률 10%를 2배 이상 상회하지 못하는데 어떻게 일반인이 이를 아득히 뛰어넘는 말도 안 되는 목표 수익률을 달성할 수 있겠는가? 심지어 아까 말한 아이비리그 출신 석박들이 굴지의 투자회사에서 운용하는 펀드의 90% 이상이 10년 이상 장기 수익률에서 S&P500 지수를 이기지 못했다. 아까 말한 월 150만 원을 5년간 S&P500에 투자하면 1억 2,000만 원에 가까운 시드 머니가 될 것이고 30년간 투자한다면 30억 원이 넘는 엄청난 금액이 된다. 미국에 상장된 VOO나 IVV와 같은 종목들이 있지만 1주의 가격이 높고 밤에 거래해야 하기 때문에 한국에 상장된 TIGER, KODEX, ACE, RISE S&P500 등의 1주당 가격이 낮고 운용 수수료가 낮은 ETF를 절세 계좌를 이용하여 투자하길 바란다.

아니, 그럼 S&P500만 평생 해도 장기적으로 높은 수익률을 거두고 개나 소나 부자가 되는데 왜 대부분 그런 수익을 올리지 못하고 가난할까? 빨리 부자가 되고 싶은 인간의 탐욕과 본능 때문이다. 인덱스 펀드 장기 투자는 매우 높은 인내심과 욕구를 절제하고 시장에서 끊임없이 오는 위기들과 각종 매체에서 매일같이 쏟아져 나오는 비관적인 노이즈와 두려움, 주변 사람이 코인이나 레버리지를 통해 큰 수익을 거두었다고 하였을 때 느끼는 FOMO, 소비 욕구를 견뎌 내는 등의 아주 강력한 자기통제력이 필요하기 때문이다. 이론적으로 S&P500과 같은 인덱스 펀드에 장기 투자하면 누구나 부자가 되는데 이것을 꾸준하게 유지하기가 거의 불가능할 정도로 어렵다. 그래서 목숨을 걸고 목이 날라갈지언정 절대 매도 버튼을 누르지 않고 시장이 폭락을 해도 특정 종목이 폭등을 해도, 누가 큰돈을 벌었다는 등 온갖 탐욕과 유혹, 공포가 엄습해도 나는 같은 금액을 매월 적립식으로 최소 10년 이상은 투자할 수 있어야 한다. 또 한 가지로 당부하고 싶은 말은 주식시장에 대한 '공부'를 했으면 좋겠다. 특정 종목이 아닌 경제와 자본주의, 주식이라는 개념, 전체 역사와 같은 근간이 되는 지식을 습득하고 주식을 바라보는 본질적인 이해도와 시각이 형성되어야만 장기간 꾸준한 투자를 이어 나갈 수 있다. 인간은 모르는 것에 대한 심리적 공포가 있기 때문에 주식시장은 계속 오르락내리락하면서 결국은 장기적으로 우상향하며, 오래 투자해야 복리 수익을 제대로 누릴 수 있다는 개념 형성이 필요하다.

또 사회 초년생이라면 S&P500 인덱스 펀드는 연금저축펀드와 IRP와 같은 절세 계좌를 무조건 활용하여 해야 한다. 이 연금저축펀드와 IRP 계좌의 경우 내가 투자한 금액의 16.5%를 세액공제를 해 주기 때문에 세액공제가 되는 최대 금액인 900만 원을 투자할 경우 최대 148만 원의 환급금이 생긴다. 시장 수익률 10%와 세액공제 16.5%를 더하면 26.5%가 되는데 월가의 전설이라고 불리는 피터 린치가 달성한 연평균 수익률이 29%라고 하니 S&P500 ETF를 연금저축계좌에 적립식 투자만 해도 전설적인 투자자 피터 린치와 맞먹는 수익률을 거둘 수 있다는 것이다. 연 900만 원이 초과되는 금액은 연간 2,000만 원까지 투자가 가능한 ISA 절세 계좌를 만들어 여기서 투자를 한다면 실질 수익률을 높이는 데 큰 도움이 될 것이다. 해당 계좌들은 미국에 상장된 VOO, IVV와 같은 종목을 매수할 수가 없어 국내에 S&P500 지수를 추종하는 ETF를 매수해야 하며 배당금 역시 꾸준히 재투자해야 한다. 배당금이 1~2%라고 하여도 30년이 지나면 원금의 차이는 2배 가까이도 벌어질 수 있기 때문에 배당금을 받아 사용하거나 추가로 매수하지 않는다면 장기적으로 높은 수익률을 거두기 어렵다.

마지막으로 결혼에 대한 부분을 말해 주고 싶다. 많은 사람들이 경제적인 이유로 결혼을 하지 못하고 40대가 넘어서도 혼자 지내는 경우가 요즘에는 상당히 흔해졌다. 물론 개개인마다 가치관이 다르기 때문에 무조건 결혼을 강요할 수는 없지만 결혼에 대한 생각이 열려 있고, 부자가 되고 싶다면 돈이 없어서 결혼을 못하는 것이 아니라 부자가 되기 위해 결혼을 해야 한다. 여기서 말하는 결혼은 단순히 부자만 되기 위해서 사랑하지도 않는 사람과 하라는 것이 아니라 현재는 돈이 조금 부족하여 작게 시작하더라도 오히려 부자가 더 빨리 된다는 말이다. 물론 두 명 모두 경제적인 가치관이 잘 맞고 위의 3가지 기초를 했을 때 이야기다. 결혼을 하게 되어 합치면 수입은 2배로 늘어나고 혼자일 때보다 기본적으로 나가는 비용이 줄어들기 때문에 1.5배는 더 모을 수 있다. 각자 150만 원을 저축하던 사람을 만나면 450만 원을 모을 수 있다. 매달 450만 원씩 S&P500에 5년간 투자하면 약 3억 5,000만 원이라는 시드 머니가 생기고 이 정도면 서울의 중급지에 해당하는 아파트를 레버리지를 끼고 매수할 수 있는 충분한 시드 머니가 된다. 운이 좋게 시드 머니가 마련되어 있을 때 부동산 폭락장이 온다면 과천이나 고덕과 같은 상급지 20평대 아파트를 한 방에 입성할 수도 있다.

나의 경우에도 위에 말한 4가지 방법을 20대 내내 꾸준히 실행하였으며, 20대 중반에 1,000만 원을 가지고 결혼을 했지만 6년이 지난 현재 20억 원에 가까운 자산을 보유하게 되었다. 내가 남들보다 훨씬 독하게 살았으며, 여러 가지 시기적으로 위기를 기회로 바꿀 만한 시장의 큰 변화가 많았던 것은 사실이지만 방금도 언급했듯이 부부가 월 450만 원씩 S&P500 ETF를 5년간 매수하면 0원으로 출발해도 3.5억 원이라는 시드 머니가 생겨 서울 중급지 20평대 아파트를 70%까지 대출받아서 매수하면

10억대 자산가가 된다. 또 10년 실거주를 하면서 살다 보면 집값은 20억이 되어 초기 대출 비중이 집값의 70%에 달했지만 대출은 인플레이션으로 인해 시간이 대신 갚아 주기 때문에 레버리지 비율은 30%대로 줄어들며 40대에 부채를 뺀 순자산이 13억이 넘는 작은 부자가 되어 노후 걱정은 사실상 여기서 끝난 것이라고 볼 수 있다.

돈, 절대로 쓰지 마라

우리나라 가계의 월평균 수입은 월 550만 원 정도이며, 이 중 상당수를 소비로 지출하고, 세금이나 이자 등을 납부하는 비소비지출을 제외하면 한 달에 순수하게 모을 수 있는 금액은 100만 원이 채 되지 않는 것이 보통의 현실이다. 주변에 몇몇 사람들은 번 돈의 대부분을 악착같이 모으는 독한 사람들도 있지만 이는 전체 비중에서 극소수에 불과하며, 일반적으로 평범한 사람들 중에서는 번 돈을 다 써 버려 소위 하루 벌어 하루 먹고 사는 사람들도 상당히 많다. 월급은 적지만 돈이 매달 나가고 써야 하는 곳은 너무나도 많은 것이다. 하지만 내가 부자가 되기로 결심을 했다면 가장 기본 중에 기본은 소비를 통제하는 것이다. 소득을 단기간에 유의미한 수준으로 상승시키는 것은 어렵고 소비는 마음만 먹으면 당장 실천할 수 있어 순수하게 한 달에 모을 수 있는 돈을 바로 2~3배까지도 높이는 것이 가능하다.

많은 젊은이들이 부자가 되고 싶다고 말은 하지만 실제 미래에 부자가 되기 위해서 오늘을 인내해 가며 골든타임 내에 유의미한 종잣돈을 모으는 데 등한시하는 모습을 자주 볼 수 있다. 욜로라는 말이 어느 순간 등장하여 월급을 다 쓰고 앞다투어 SNS에 그 모습을 자랑하는 것을 미덕으로 여기는 경제적 동반자살을 하는 아주 쓰레기 같은 문화가 자리 잡았다. 내가 매일 흥청망청 돈을 다 써 버릴 수 있도록 해 주는 이 직장에서 다닐 수 있는 기간은 영원하지 않고 매우 한정적이다. 인간이 태어나서 30살 전후로 취업을 하고 40대에 회사에서 타의적으로 물러나게 된다면 고작 20년을 일한 돈으로 80대까지 써야 하며, 자식을 양육하고 부모님을 부양해야 하며, 늙어서 자식들에게 누를 끼치지 않도록 병원비나 물려줄 유산까지 마련해야 하는 것이다. 지금의 소비 습관으로 계산기를 두드려 보면 도저히 답이 나오지 않는 암담한 현실에 직면할 것이다. 그렇다고 평생 구질구질하게 노후를 위해 내 젊은 날을 모두 희생하며 궁상맞게 살아야 하는 것도 아니며, 사회 초년생부터 5년까지 내가 얼마만큼의 유의미한 종잣돈을 모으냐에 따라 남아 있는 나의 전체 삶의 질을 좌지우지하기 때문에 딱 5년만 꾹 참고 노력하면 된다. 젊었을 때 긴 시간을 먹고 자라나는 자산 스노볼을 구축해 놓지 못한 사람들은 은퇴 이후에 매우 고단한 현실과 마주하게 될 것이다.

한 달간 나의 소중한 시간을 팔아서 번 월급을 계획 없이 다 써 버리고 자산을 보유하지 못한 자들의 말로는 비참하다. 준비 없이 갑작스럽게 찾아온 은퇴로 마음의 상처와 함께 이제서야 직면한 자신의 노후에 대한 불안을 안고 퇴직금을 평소 잘 알지도, 관심사도 아니었던 프랜차이즈 가게나 무인점포를 차리는 데 쓰거나 회사에서 일했던 경험을 살려 개인사업장을 자신 있게 차리지만 현실은 녹록지 않아 어렵게 모은 피 같은 퇴직금만 날리게 되고 남은 30년간의 노후에 큰 문제가 생기고 만다. 사업을 하지 않고 내 경력을 살려 보겠다고 한들 나를 불러 주는 회사는 없다. 불과 작년까지만 해도 직장에서 나를 부장님 또는 임원으로 사람들이 떠받들어 줬지만 사회에 나오고 나서는 회사 생활과 정반대의 현실과 마주한다. 결국 저임금 육체노동 베이스의 비정규직 일자리로 내몰리며 아파트 경비원과 같은 선호하는 중장년층의 일자리는 희소하며 그 경쟁률 또한 수백 대 1을 자랑하며 지원자의 현업 시절의 경험과 스펙 또한 어마어마하다. 이렇게 60~70대까지 몸 상태는 점점 악화되지만 최저임금을 받으며 먹고살기 위해 하루하루 고통스럽게 살아간다. 70대 이후에는 몸이 성한 곳이 없어 병원을 자주 다니게 되며, 큰 병이라도 걸려 수술이나 입원을 할 경우 저임금 일자리에서 버는 수입조차 뚝 끊기게 되어 단칸방에서 적자의 삶을 살아가게 된다. 거동이 어려워지는 80대부터는 나를 보살펴 줄 사람과 보금자리가 필요하지만 한두 푼이 아니다.

이 이야기는 부모님 세대 또는 우리 선배 세대의 이야기이며 현재 2030 세대들의 현실은 더욱더 비참해질 수 있다. 인공지능의 개발과 자동화로 우리의 일자리는 더욱 빠른 속도로 사라질 것이며, AI가 당장 나를 대체하지 않더라도 노동 소득보다 더 빠르게 팽창하는 자본주의 본연적 특성과 사회가 더욱더 고도화되면서 오는 사회 전반적 경쟁들은 더욱더 고착화되어 자본을 구매하는 데 있어서 더 높은 비용을 지불해야 하고, 커리어에 있어서도 연공서열과 같은 구시대적인 시스템은 몰락하고 개인의 실력 위주의 유연성 있는 고용이 보편화될 것이다. 실력이 없는 자들은 직장에서 빠르게 도태될 것이며, 더욱더 실력 있는 소수가 대부분의 부와 기회를 독점하게 될 것이다. 지금은 나름대로 커리어적으로 성장을 하고 있더라도 이런 트렌드가 더욱 공고해질 10년 뒤 미래에 한창 소득을 올려야 하는 40대에 자영업이나 저임금 단순노동의 일자리로 전락해 버릴 수 있다. 인건비가 낮고 동작이 정형화되지 않은 저임금 일자리의 경우 늦게 자동화가 될 것이기 때문이다. 강력한 인공지능을 탑재한 AI가 무섭게 태동하는 2020년대는 30만 세대 이상을 거듭해 온 600만 년의 인류 역사상 공교롭게도 가장 특이한 특이점 앞에 서 있는 특이한 세대일 것이다.

지금 사회에 막 진출한 젊은이들은 앞으로 펼쳐질 미래에 대해서 있는 그대로 직시할 필요가 있다. 하루라도 빨리 나와 내 가족을 지킬 수 있는 나만의 성을 쌓아야 생존이 보장되며 최소한의 인간으로서 존엄성을 지키며 여생을 살아갈 수 있다는 말이다. 오늘 내가 사용하는 단 돈 1만 원의 가치는 30년간 10%의 복리로 굴려졌을 때 17만 원이다. 따라서 오늘 아침 출근길에 아무 생각 없이 탄 택시 기본요금과 아이스 아메리카노 한 잔의 가치는 17만 원이다. 그 사소한 소비가 무려 17만 원짜리 소비였으며, 시계열을 조금 더 장기적으로 놓고 40년 복리로 계산했을 때의 1만 원의 가치는 45만 원이므로 커피 한 잔에 내 미래의 20만 원을 현재 당겨서 쓴 것이다. 모든 측면에서 불필요한 지출을 줄여야 한다. 택시는 절대로 타서는 안 되며, 대중교통을 이용해야 하고 가까운 거리는 운동 삼아 걸어 다녀야 한다. 카페에서 커피를 사 먹지 말고 사무실에 있는 스틱 커피나 캡슐 커피를 마셔야 한다. 옷 역시 꾸미고 싶은 나이에도 절제하며 SPA 브랜드의 옷을 사 입어야 한다. 기분을 낸다고 네일 아트를 받거나 미용

실에서 10만 원 이상의 지출도 하지 말아야 한다. 휴대폰 요금제 또한 알뜰폰으로 사용하고 게임과 취미, 술자리에 수십만 원 이상 돈을 쓰는 멍청한 짓도 해서는 안 된다.

남자들은 피규어나 게임 아이템 따위도 절대 모으지 마라. 유일한 취미 생활이라고? 무슨 엄청난 역린을 건드린 것처럼 부들부들 떨면서 날 째려보며 내가 유흥을 즐기는 것도 아니고 건전한 취미 생활인데 건들지 말라고? 발전을 해야 할 골든타임에 피규어 따위를 모으고 게임으로 소중한 시간을 축내고 남들 앞에서 떳떳하게 밝히지도 못하는, 스스로도 부끄러운 줄 아는 애니메이션 피규어 따위를 사 모으는 것이 정말로 당신 인생에서 가치 있는 일이라고 생각하나? 애초 남자들이 게임을 하는 것이 4만 년 전 DNA에 박혀 있는 집단 사냥 본능이고 그것을 현실에서 무엇을 도전하여 이루는 데 쓰지 않고 그저 데이터 쪼가리에다가 한정된 리소스를 쓰는 것인데, 자신에게 돌아올 수도 있었던 자원이 게임으로 허비되기 때문에 여자들이 그토록 게임에 빠진 남자를 한심하게 바라보는 것이다. 대부분 남성들은 사냥, 협동, 쟁취, 통치, 성장 등 남성적 본능과 연관된 카테고리와 요소가 있는 게임을 즐기며, 게임 속에서 도파민과 본능을 해소해 버리니 피하고 싶은 현실에서 이룰 욕구와 동기가 떨어지는 것은 당연하다. 게임을 하면서 쉬는 거라고? 사냥 본능과 유사한 게임을 하는 것인데 당신 조상들은 사냥을 하는 게 쉬는 활동이었다는 말인가? 게임을 하는 동안 엄청난 양의 아드레날린과 스트레스 호르몬인 코르티솔이 분비되고 도파민에 절여졌을 것인데, 이것은 휴식과는 거리가 멀지 않은가? 무엇을 모으고 싶다면 게임 속 레벨과 아이템이 아니라 S&P500 ETF를 사 모으고, 부동산 등기부등본을 모아 나가라. 이성도 당신이 여가 시간에 게임을 하거나 피규어 따위를 사 모으는 사람이기보다 그 시간에 자기개발을 하고, 철저한 미래 계획을 세우며 미국 인덱스 펀드나 등기부등본을 사 모으는 사람이길 바랄 것이다.

친구나 직장동료 등 주변 사람이 월급을 자유롭게 사용하며 해외여행도 다니고 명품백을 사서 SNS에 자랑하는 걸 보고 부러워서 미치겠다고? 한도 끝도 없는 소비경쟁에 참전하는 순간 유행에 민감한 스스로 생각할 능력이 없는 NPC들과 겨루는 '누가 더 멍청한가'의 타이틀을 건 죽음의 레이스이다. 입으로는 부자가 되겠다며 나불대면서도 매일같이 아무런 생각 없이 관성적으로 하는 의미 없는 소비로 남은 소중한 인생을 담보로 아무 생각 없이 돈을 쓰는 게 부럽다는 생각은 쓰레기통에 당장 처박아라. 그들은 지금 자신의 미래와 생존 가능성을 고스란히 갈아 넣으며 하는 소비인 것이다. 소비 욕구는 기업과 정부에서 소비지출을 장려하도록 각종 미디어를 이용해 당신의 뇌를 세뇌하여 돈을 쓰게 한다. 돈을 쓰지 않으면 뭔가 뒤처지는 것 같고 내가 후진 사람인 것 같은 불안한 기분을 느낀다고? 그런 기분을 느끼는 것은 주변 분위기에 쉽사리 마음이 요동칠 만큼 당신 스스로가 중심이 똑바로 서 있는 사람이 아니기 때문이다. 소비 욕구는 식욕과 성욕과 마찬가지로 가장 낮은 차원의 동물적 욕구이며, 유물론자가 아닌 관념론자가 되어야 한다. 소비 따위로 절대로 인생의 만족감을 얻을 수 없다. 소비는 바닷물과도 같아서 하면 할수록 더 하고 싶고 더 갈망하게 되며 인생은 당신이 인지하지도 못하는 만큼 천천히, 그리고 서서히 망가지게 될 뿐이다. 소비라는 것은 끝이 없는 구렁텅이에 빠지게 되는 것이기에 삶에서 꼭 필요한 돈이 아니면 절대로 쓰지 말고 악착같이 모아 미래의 나에게 현재의 내가 선물을 보내야 한다. 오늘 인내한 아이스 아메리카노와 택시가 은퇴 이후 경제적으로 절망에 빠져 있는 나에게 45만 원을 매일 보내 준다고 생각하면 과거의 내가 얼마나 기특할까?

요즘 사람들은 택시를 안 타고 대중교통을 타는 게, 출근길에 아이스 아메리카노 한 잔 안 사 먹는 것을, 1년에 몇 번씩 해외여행 안 나가는 것을, 명품백을 안 드는 것을 비참하고 구질구질하다고 표현할지 모르겠지만 백번 양보해서 그걸 못하는 게 비참하며 구질구질한 인생이라고 쳐도 한평생 구질구질하게 아끼며 안 살아도 된다. 딱 5년이다. 5년만 참고 견디고 악착같이 돈을 아끼는 내가 비참하다고 스스로 깎아내릴 것이 아니라 남들의 시선과 기준을 무시하고 나만의 인생을, 미래에 대한 명확한 비전을 가지고 한 걸음 나아가는 숭고한 과정인 것이다. 내가 가진 종잣돈과 시장 상황 속에서 최대한 합리적인 의사결정을 통해 가장 우량한 부동산 자산을 소유하게 된다면 한 달 월급과 비교할 수 없는 큰 규모의 자본 시스템을 갖춘 것이기 때문에 매년 복리로 불어나는 자본소득이 어느새 당신의 연봉을 아득히 추월하게 될 것이며, 그 시점부터는 조금씩 여유를 누리며 살면 된다.

그렇다면 이 상황을 5년 전 돈을 펑펑 쓰고 다니던 또래 친구들과 비교해 보자. 그들은 5년 뒤에도 아무런 자산이 없기 때문에 순전히 노동소득만으로 월 300만 원을 벌어 기본적인 생활비를 제외하고 남은 돈을 다 써야 고작 월 100만 원으로 무슨 사치를 부릴 수 있는지 나는 잘 모르겠지만 여하튼 100만 원의 사치를 부릴 수 있고, 당신은 초년생 시절 악착같이 모아 구매한 5억짜리 부동산이 연평균 5~7% 상승하기 때문에 월급 300만 원과 자본상승액 월 300만 원이 더해져 약 600만 원의 소득이 되는데, 사치를 부리고자 하면 누가 더 진짜 사치를 부릴 수 있겠는가? 5년이라는 시간이 더 흘러 당신은 10억짜리 집으로 갈아타기를 했다고 가정해 보자. 10년 전 그렇게 부러워하던 SNS 속의 친구들은 어느 순간 하나둘 소리 소문 없이 사라지고 연락도 되지 않기 시작할 것이다. 잉여를 남기지 않는 소비생활은 지속가능성이 없고 뒤늦은 후회와 창피함을 느끼기 마련이기 때문이다.

그들은 아직까지도 어떠한 자산을 소유하지 못했으며, 한 달에 400만 원을 벌며 생활비 200만 원을 제외하고 사치를 할 수 있는 돈은 200만 원이다. 당신은 월급 400만 원과 자본이 가져다주는 월 583만 원의 수익을 더하면 약 1,000만 원이 된다. 사치를 부리자면 누가 더 큰 사치를 누릴 수 있겠는가? 또 여기서 10년, 총 20년이 지나서 은퇴 시기에 바라봤을 때는 어떨까? 젊은 날 소비하기 바빴던 사람들은 아직도 어떠한 자산을 소유하지 못하고 다니던 직장에서 잘리고 앞으로 먹고살 길이 막막할 것이지만 당신은 20년간 건강한 소비생활을 하며 꾸준하게 우량한 자산으로 갈아타기를 거듭한 결과 20억짜리 수도권 핵심지 아파트에서 거주하며 높은 수준의 생활 인프라를 누리며, 은퇴 후 직장이 없어도 매년 평균적으로 1억 4,000만 원에 달하는 자본소득을 복리로 누리고 있을 것이다.

사회 초년생 시절 아무렇지 않게 1~2만 원을 소비하던 습관의 차이는 나이를 먹을수록 더 기하급수적으로 벌어지게 되며 어느 순간에 도달하면 호화스러운 생활은 하지 못하더라도 일상적인 평범한 라이프 스타일을 유지하는데도 나의 자산이 전혀 줄어들지 않는다. 쓰는 돈보다 내가 구축한 자본 시스템이 자동적으로 벌어다 주는 돈이 더 커졌기 때문이다. 여기서부터는 세상이 공짜로 변한다. 밥을 사 먹고 옷을 사고 여행을 가서 돈을 써도 돈을 지불하는 느낌이 전혀 없으며, 말 그대로 세상이 공짜로 느껴진다. 한 사람의 인생은 영원하지는 않지만 생각보다는 길기 때문에 장기적인 관점으로 무엇이 합리적인 선택인지 끊임없이 고민하여 하고 싶은 것이 많은 젊은 때에도 참고 견디고 인내하는 시기를 필수적으로 가져서 미래에 대한 대비를 먼저 해 놓는 것이 오히려 전체 인생에 있어서 더 풍요롭고 사치를 부릴 수 있는 비결인 것이다. 그러니 사치를 부리고 싶으면 5년간 돈은 절대로 쓰지 말고 우량한 자산을 보유하는 데 먼저 총력을 기울여라. 이제는 알 것이다. 나는 당신에게 평생 구질구질하게 아끼며 살라고, 돈을 쓰지 말면서 살라는 것이 아니라 반대로 돈이라는 족쇄에서 완전히 벗어나 어떠한 걱정도 없이 돈을 자유롭게 쓰며 여유로운 삶을 즐기길 바라는 것임을.

한 사람의 인생은 평생 인플레이션과의 전쟁이다

매년 물가가 상승하고 자산 가격이 오르는 원리에 대해 알고 있는가? 식당에서 평소에 먹던 삼겹살 가격이 계속 오르고 강남 아파트는 천정부지로 올라가는 모습을 보면서 매년 허리띠를 졸라매고 한숨을 내쉬는 게 일반적인 서민들의 모습일 것이다. 물가는 왜 오르는 것일까? 최저임금이 올라서? 최저임금은 왜 오르는 것일까? 왜 물가가 오르는지에 대해서 아는 사람도 있을 것이며, 모르는 사람도 있을 것이다. 물가와 자산 가격이 오르는 이유는 바로 '인플레이션' 때문이다. 인플레이션은 단순히 물가가 오른다고 알고 있겠지만 깊이 들어가면 우리가 평소에 즐겨 먹던 삼겹살 가치와 강남 아파트의 가치는 가격에 비례하여 올랐을까? 그렇지 않다. 항상 강남 아파트의 가치는 지난 수십 년간 동일했다. 다만 매년 통화량이 팽창하면서 명목적인 가격이 올랐을 뿐이며, 실질적인 가치는 그대로 보존하고 있다. 부동산은 대표적인 가치저장수단이기 때문이다.

물가가 오르는 이유는 대한민국과 미국 등을 비롯하여 선진국을 기준으로 전 세계 중앙은행에서 매년 8~10%에 달하는 새로운 화폐를 찍어 내기 때문이다. 물론 물가가 수백만 배가 오르는 하이퍼 인플레이션이 발생하고 있는 베네수엘라와 같은 나라들은 화폐 발행량 8% 뒤에 0을 몇 개나 더해야 할 것이다. 우리가 사용하는 원화나 달러는 그 자체로 가치를 지니고 있지 않고 물건이나 자산으로 교환해 주는 증서일 뿐이다. 만약 아파트가 10채가 있고 시중 통화량이 10억 원이면 아파트 1채의 가격은 1억 원이다. 하지만 중앙은행이 1억 원이라는 화폐를 더 발행하게 되면 아파트의 가치는 그대로이지만 교환 수단인 화폐의 양은 10%가 더 증가하여 덜 희소해지게 되면서 가치가 하락하여 1억 원이면 사던 아파트를 내년에는 1억 1,000만 원을 줘야 구매할 수 있게 되는 것이다. 이런 식으로 정부와 중앙은행에서는 매년 막대한 양의 화폐를 찍어 내게 되고 이로 인해서 통화팽창 인플레이션이 발생하여 물가와 아파트값이 계속 오르며 서민들은 계속해서 가난해지는 것이다. 정부가 가지고 있는 부채를 화폐를 찍어 내어 통화의 가치를 떨어트려 세금 인상 정책 한 번 수정하지 않고도 국가의 부채를 서민들에게 아무런 반발 없이 고스란히 전가하고 있었던 것이다. 이것이 바로 자본주의의 보이지 않는 세금인 인플레이션이고 매년 화폐의 가치는 빠르게 하락하기 때문에 한 사람의 인생은 평생 인플레이션과의 전쟁이라는 말을 하고 싶다.

1989년 대한민국의 총통화량은 겨우 100조 원에 불과했지만 2024년 현재 4,200조 원을 돌파하여 35년 만에 무려 40배 이상 팽창하였다. 1980년대 말 당시 부동산 분위기는 미친 듯이 폭등하여 서민들이 내 집 마련을 포기할 만큼 엄청나게 올라 있었던 상황임에도 불구하고 압구정 현대아파트는 평당 900만 원대에 거래가 되었지만 2024년 현재 압구정 현대아파트의 평당 가격은 2억 원을 앞두고 있다. 1970년대 지어진 여의도 시범아파트는 지난 50여 년간 수백 배 이상 올랐다. 과연 여의도 시범아파트의 가치가 수백 배나 증가한 것일까? 여의도 시범아파트가 분양했던 1970년대 초 당시 대한민국의 총통화량은 10조 원을 갓 넘긴 상태였다. 따라서 400만 원대에 분양했던 여의도 시범아파트 30평형대가 현재 26억 원으로 600배가 오른 것은 그동안 통화량이 400배 이상 증가했기 때문이다. 물론 강남과 여의도의 경우 1970년대 영동개발을 본격적으로 진행하면서 입지의 가치가 훨씬 좋아지며 통화량을 웃도는 수익률을 안겨 주었지만 현재 서울 및 수도권 주요 입지는 빈 땅이 없이 거의 개발이 완료되어 당시처럼 제2의 강남과 여의도가 탄생하기 어렵다는 점을 미루어 본다면 더욱더 통화량 상승폭과 비례하여 가격이 오를 것이다.

주식과 부동산 등 자산가격의 상승은 통화량의 팽창과 비례하여 올라가지만 임금 상승률의 경우 통화량의 증가폭보다 훨씬 적게 산술적으로만 오르기 때문에 자산을 소유하지 못한 직장인이라면 평생을 일해도 자산 인플레이션으로 인해 내 집 마련의 꿈은 점점 더 멀어지게 되는 것이다. 레이 달리오가 "현금은 쓰레기"라고 말했을 정도로 현금의 가치는 매년 빠르게 하락한다. 실제로 미국의 닉슨 대통령이 1971년 금본위제를 폐지하면서 더 이상 달러는 가치저장수단인 금으로 바꿔 주는 증서가 아닌 종이 쪼가리에 불과하게 되었다. 금본위제가 유지되던 시절 35달러를 가져오면 금 1온스로 교환해 준다는 말이 달러에 적혀 있었지만 이제는 "우리는 신을 믿는다."라는 문구 따위로 대체되었다. 말 그대로 종이 화폐는 그 어떤 것도 보장해 주는 교환 증서가 아니라 사람들의 추상적인 '믿음'으로 돌아가는 신용 시스템인 것이다.

금본위제가 폐지되고 지난 50여 년간 달러의 가치는 96%가 손실되었다. 1970년대 콜라 1병을 사는 데 0.1달러를 지불했다면, 지금은 그의 25배인 2.5달러를 지불해야 한다는 소리다. 통화팽창 인플레이션은 국가 성장이 정체되면 정체될수록 산업과 수출의 성장으로 오는 인플레이션이 아니라 경기를 강제로 부양하기 위해 펼치는 각종 확대재정정책과 포퓰리즘으로 오는 막대한 통화량 증가로 인해 더욱 가속화될 것이다. 각국은 자국의 통화의 가치를 절하시켜 수출 시장에서 우위를 점하기 위해 앞다투어 화폐를 찍어 내고 통화량은 엄청나게 증가해 전 세계적인 인플레이션이 닥칠 것이다. 따라서 우리는 이러한 거대 인플레이션으로부터 내 가족과 재산을 보호하기 위해 강제적으로 우량한 자산을 꾸준히 사 모아야 하는 필연적인 운명에 처해 있다. 내가 어렵게 모은 1억이 내년에도 명목인 숫자는 1억 원이 계좌에 그대로 찍혀 있을 것이지만 실질적인 구매력은 1억 원의 8%인 800만 원이 깎여 나간 9,200만 원만이 남아 있을 것이며, 내후년에는 8,000만 원대로 실질 구매력이 가파르게 감소하게 될 것이다.

계란을 가장 좋은 바구니에 전부 담아라

투자의 격언 중에는 "계란을 한 바구니에 담지 말라"는 말이 있다. 다양한 종목이나 투자자산에 분산 투자 하여 리스크를 줄이라는 말인데, 상당히 동의하는 바이다. 앞서 말한 대로 평범한 직장인도 S&P500 인덱스 펀드에 30년간 투자하고 은퇴해도 수십억 원에 달하는 자산가가 되어 있을 터이니 말이다. 하지만 조금 더 은퇴 시기를 앞당기고 싶다거나 공격적인 투자를 하고 싶은 사람이라면 계란을 가장 좋은 바구니 하나에 모두 담아야 한다. 인덱스 펀드만 해서 30~40대에 파이어를 할 수 있는 사람은 소득이 굉장히 높은 전문직이나 사업가, 최상위권 대기업 직원이 아니면 내가 한 달에 투자할 수 있는 절대적인 금액이 작기 때문에 조기 은퇴는 사실상 어렵다. 그래서 위 두 사례처럼 기회가 왔을 때 소위 몰빵 투자를 해야만 은퇴 시기를 조금 더 앞당겨 하루라도 빨리 내가 원하는 삶을 살 수 있다.

나는 6년간 주식 투자 수익률이 300% 이상, 부동산 수익률은 순 투자금액 기준 400% 이상으로 누적 수익률이 700%가 넘는다. 이런 기회를 잡으려면 당연히 평소에 실력을 갈고닦아야 한다. 부동산이 바닥을 찍고 올라가면서 서울 상급지 위주로 매일같이 신고가 소식이 들려오며 벼락거지 시즌2가 시작되었다고 하지만 역사는 반복된다. 시장의 운율은 똑같다. 이번에는 다르다는 말이 재테크 시장에서 가장 비싼 대가를 치르는 말이다. 코로나 때도 이번에는 정말 다르다며 자본주의의 역사는 끝에 다다랐고 전부 바이러스에 걸려 죽어 인류는 몰락한다고 하였다. 부동산 역시 온갖 비관론적인 말들이 미디어와 사람들 입에서 나왔다. 이번에도 자산 상승의 기차를 놓쳤다고 자포자기하고 있을 것이 아니라 분명히 언젠가는 다가올 자산시장 폭락기를 대비하여 오늘도 내일을 향해 준비해야 한다. 시드 머니와 자신만의 투자 기준을 형성해 나간다면 다음번엔 기필코 용기 내어 기회를 잡을 것이다.

계란을 한 바구니에 담으라는 말이 코스닥에 상장된 바이오 주식이나 알트코인, 레버리지 또는 인버스, 신용대출을 받아 투자하라는 말이 아니다. 이런 투자 방식은 투기이지 투자가 아니다. 내가 담아야 하는 바구니는 '우량 자산'에 한해서 말하는 것이다. 예를 들어 나는 S&P500 인덱스 펀드 외 반도체 기업들도 투자를 많이 하는데, 여의도의 애널리스트들도 자신이 속한 산업만 분석하는데 일반 직장인이 전체 섹터를 전문적으로 분석하여 높은 수익률을 거두는 것은 말이 안 되기 때문에 내가 관심 있는 분야인 반도체 섹터만 별도로 지속적인 공부를 통하여 반도체 사이클을 이용한 개별종목 투자를 했다. 반도체 중에서도 파운드리 분야는 IT 혁명으로 인해 늘어나는 반도체 수요에 비해 공급이 따라가지를 못해 마진이 올라가고 매출이 올라가다가 공급량을 늘리기 위해 생산시설을 확대하면 수요보다 공급이 많아져 매출이 줄어드는 사이클이 존재한다. 주식시장은 미래를 선반영하기 때문에 삼성전자와 SK하이닉스에 주로 투자했는데, 투자하기 적합한 시기는 이 회사의 매출이 적자로 돌아섰고 이런저런 이유로 망할 것이라는 전망이 나왔을 때다. SK하이닉스의 경우에도 2023년 1월 적자로 진입하며 회사가 부채를 감당하지 못해 파산할 것이라는 전망이 나왔을 때 7만 원대에 매수를 하였고, 2024년 SK하이닉스의 주당 가격은 23만 원까지 약 3배가 상승하였다. 8월에 접어들면서 SK하이닉스의 주가는 현재 16만 원까지 단기간에 폭락하였지만 나는 고점의 직전에서 7월에 전부 매도하였는데 바로 '매출 사상 최대치 달성'이라는 뉴스가 매스컴을 타고 흘러나왔기 때문이다. 파운드리 반도체 주가는 매출 사상 최대치라는 기사가 나오면 매출이 다시 감소하게 될 것이라는 전망을 선반영하게 되면서 그때부터 주가가 빠지기 시작한다. 그래서 나는 주식을 시작한 이후부터 삼성전자와 SK하이닉스의 메모리 반도체 사이클을 이용하여 시장지수보다 월등히 높은 500% 이상의 투자 수익률을 달성할 수 있었다.

꼭 반도체 주식만 투자하라는 것이 아니라, 미래에는 유망하나 현재는 저렴한 주식이라든지 산업주기 흐름을 타서 턴어라운드하는 산업, 주식시장 폭락 등 거시적인 경제 흐름을 이용하여 투자하면 평균보다 높은 수익을 거둘 가능성이 높다. 물론 높은 리스크와 엄청난 양의 공부가 병행되어야 한다. 둔촌주공을 분양했던 2022년 12월 비슷한 시기 철산 자이와 장위 자이도 함께 저렴한 분양가로 분양했고, 고덕이 -40% 하락, 과천 래미안 슈르 25평이 9억 원대까지 내려와 거래가 이루어지고 있었지만 나는 둔촌주공 청약을 선택하였다. 같은 폭락기를 거치더라도 둔촌주공이 입지 대비해서 저렴한 분양가였기 때문이며 상품성 역시 가장 좋았다. 철산 자이나 장위 자이, 고덕, 과천을 선택했더라도 단기간에 수십 % 이상 상승하여 수억 원의 수익을 거두었겠지만 둔촌주공이 지난 하락장에서 가장 높은 수익률을 기록했다. 따라서 시장 평균보다 높은 수익률을 거두고 싶다면 레버리지 종목을 사거나 리스크가 높은 바이오나 중소형 종목보다는 내가 잘 아는 분야의 우량한 자산을 매수해야 한다. 그래야 투자에 실패할 가능성이 낮아지며, 매수 후에도 불안함을 줄일 수 있다. 당연히 시장보다 높은 수익률을 거두고 싶다면 남들이 투자에 쏟는 양보다 훨씬 많은 노력이 필요할 것이다. 더 높은 수익을 추구하거든 세상은 자격도 없는 사람에게 상을 줄 만큼 호락호락하지 않다는 점을 명심해야 한다.

주식은 스캠(사기)이다

주식은 왜 오를까에 대한 이유를 생각해 본 적이 있는가? 위의 챕터에서 말했던 '인플레이션'과 연관이 있다. 배당금을 제외한 S&P500 지수는 연평균 8%가량 오른다. 통화량도 연평균 8%가량 풀린다. 통화량이 늘어난 만큼 화폐의 가치는 상대적으로 낮아지기 때문에 인건비, 원자재 가격, 제품 가격에 모두 녹아나 가격 인상을 시장에 전가할 수 있는 경쟁력 있는 기업의 제품이라면 가격이 오른다. 가격이 통화팽창 인플레이션에 의해 8% 오르면 EPS라고 하는 주당 순이익이 8%가량 오를 것이고 늘어난 순이익을 주식시장에서 반영하여 주가가 8%가 오르는 것이다.

모든 기업이 가격을 시장에 전가할 수 없기 때문에 경쟁력이 없는 기업들은 비용이 인상되어도 시장에 가격을 전가할 수 없기 때문에 영업 이익이 계속 깎여 나가게 되고 주가도 우하향하지만 경쟁력이 있는 기업들은 이야기가 전혀 다르다고 볼 수 있다. 그런 기업들이 똘똘 뭉쳐 있는 것이 바로 S&P500 지수이고 S&P500에 투자하는 것은 뭔가 엄청난 리스크를 가지고 큰 결심이 필요한 앞서 나가기 위한 방법이 아니라 이 8% 룰(매년 8%의 통화 팽창과 8%의 주가 상승률)을 헷징하기 위한 최소한의 방법이다. 그렇기 때문에 당신은 S&P500에 투자하지 않을 이유가 없는 것이고 최소한 여기에 투자하지 않는 것은 인플레이션으로 인해 당신의 구매력이 매년 -8%씩 복리로 깎여 나가는 것과도 같다.

돈과 화폐는 다르다

돈(Money)은 무엇이고 화폐(Currency)는 무엇일까? 우리는 일상생활에서 화폐, 돈, 만 원, 10달러, 금, 땅 등 세상에 존재하는 다양한 재화들의 명칭을 구분하지 않고 뭉뚱그려서 뭔가 가치가 있고 가격이 있는 것 같은 의미로 '돈'이라는 명칭을 사용한다. 하지만 돈(Money)은 '가치저장수단'을 이야기하고 화폐(Currency)는 '교환수단'을 의미한다. 가치저장수단이란 해당 재화의 수량이 극히 제한되어 있어 가격이 인플레이션과 비례하여 움직이는 것을 의미한다. 돈이라고 부를 수 있는 대표적인 가치저장수단으로는 금이나 부동산, 주식, 비트코인 등이 있다. 이런 재화들은 더 이상 복제될 수 없으며 제한된 수량을 보유하고 있어 실질가치를 계속 유지한다. 금을 예로 들면 과거부터 금은 화폐로서 기능을 했으며, 금을 인위적으로 만들기 위한 연금술사라는 직업이 있었지만 연금술은 단 한 번도 성공한 적이 없다. 금은 1제곱센티미터당 수억 톤에 달하는 중성자별 두 개가 우주공간에서 부딪쳐야 생성되는 초거대 이벤트가 발생해야 만들어지는 중금속이다. 태양과 같은 일반적인 항성(별)에서는 철(Fe)까지 생성이 가능하지만 이보다 더 무거운 원소가 탄생하기 위해서는 중성자별 충돌과 같은 우주적 스케일의 이벤트가 필요하다.

강남의 압구정과 서초의 반포는 어떠한가? 서울에서도 가장 중심이 되는 강남에서도 한강을 끼고 동 전체가 아파트로 구성되어 균질성이 높고 가장 가치가 높은 땅이다. 압구정은 복제될 수 있는가? 대체될 수 있는가? 인천의 강남이라고 불리는 바다를 매립해서 만든 송도는 강남의 압구정을 대체할 수 있는가? 그린벨트를 풀고, 논밭을 밀어 버려 찍어 낸 2기 신도시와 3기 신도시는 희소하며 압구정보다 높은 가치를 지니고 있는가? 대한민국 어디를 개발해도 현재 압구정과 반포만이 누릴 수 있는 강남 인프라와 원주민들의 높은 민도, 낮은 임대비율, 3대 업무지구 직주근접, 학군, 주변 인프라 수준, 생활 만족도는 어느 지역도 따라갈 수 없다. 그렇기 때문에 압구정과 반포의 땅이 대한민국에서 가장 비싸며, 대체될 수 없는 '가치저장수단'인 돈(Money)의 개념에 속한다. 비트코인 역시 2,100만 개로 더 이상 생성되지 않는 개수가 한정적인 가치저장수단인 돈(Money)에 속한다. 삼성전자의 주식도 개수가 정해져 있는 한정된 가치저장수단이다. 화폐는 가치저장수단을 더욱더 편리하게 거래할 수 있도록 만든 '발명품'과도 같다. 금과 땅은 '발견'이며 원화나 달러와 같은 화폐(Currency)는 '발명'이다. 나는 화폐야말로 인류가 만들어 낸 가장 위대한 '발명품'이라고 생각하며, 진정한 돈의 개념을 알아야 자본주의에서 살아남으며 부를 쌓을 수 있다.

화폐는 돈과 다르게 가치저장수단이 아니다. 마음만 먹으면 얼마든지 복제되어 수량이 무제한으로 늘어난다. 50년 전 대한민국의 총통화량은 100조였지만 현재는 4,000조가 넘어섰다. 압구정의 땅이 50년간 40배가 늘어날 수 있을까? 불가능하다. '부동'산은 말 그대로 움직이지 않으며 더 이상 증가할 수 없는 부증성의 원리가 존재하기 때문이다. 48억 년간 지구상에 존재하는 금의 양도 단 1g도 변화가 없었다. 하지만 화폐는 끊임없이 늘어나며 흔해지면 싸지고 귀해지면 비싸진다는 원리를 가지고 늘어난 양만큼 가치가 하락해 왔다.

2008년 서브프라임 모기지 사태를 벗어나기 위해 미국은 엄청난 양의 화폐를 시중에 풀었다. 당시 미연준 의장이었던 벤 버냉키의 별명은 하늘에서 돈을 뿌리는 '헬리콥터'였을 정도로 미친 듯이 화폐를 풀었다. 2020년 발생한 코로나 팬데믹 역시 미국을 비롯하여 각국 정부는 팬데믹 경제 침체를 벗어나기 위해 미친 듯이 윤전기를 돌려 화폐를 찍어 냈다. 코로나19 팬데믹 이후 미국, 유럽, 영국, 일본의 4대 중앙은행은 자산 매입 등을 통해 약 11조 3천억 달러(1경 4,464조 원)를 풀었다. 구글에 미국 M2 통화량을 검색해 본다면 2020년 이후 통화량이 급격한 상승을 하였고 미국 전체 역사상 존재한 모든 달러의 30%에 달하는 막대한 양의 화폐를 풀었다. 코로나 팬데믹 이후 엄청난 물가 상승을 경험하지 않았나? 한국은 상대적으로 통화량을 적게 풀었기 때문에 인플레이션의 영향에서 비교적 자유로웠음에도 엄청난 물가 상승을 경험했다. 미국이나 영국 등의 국가에서는 1년에 10%가 넘는 두 자릿수에 달하는 극단적인 물가 상승으로 인해 많은 국민들이 고통받았다. 이것이 급격한 화폐량의 증가로 인한 '통화팽창 인플레이션'이다. 시카고 학파의 거장 밀턴 프리드먼은 인플레이션은 언제, 어디서나 '화폐적 현상'이라고 말했다.

　미국 여행을 하는 유튜브 영상을 보라. 코로나 이전과 이후 물가를 보면 간접적으로나마 체감이 된다. 코로나 팬데믹 이후 엄청나게 풀린 통화량으로 인해 렌트비나 식료품, 인건비 등은 미친 듯이 상승하였다. 뉴욕에서 라멘 1그릇의 가격은 5만 원이 넘는다고 한다. 높아진 원달러환율과 미국의 물가 상승으로 인해 최선진국에 사는 대한민국 국민들조차 이젠 미국 여행은 꿈도 못 꾸게 되지 않았는가? 이것이 돈(Money)과 화폐(Currency)의 차이인 것이다. 코로나 이후에 가치저장수단인 금이나 부동산, 주식, 비트코인을 가지고 있던 사람들은 거대한 통화팽창 인플레이션으로 인해 자신의 자산을 보유했고, 현금(Currency)을 가지고 있던 사람들은 불과 2~3년 만에 평생에 걸쳐 일궈 온 자신이 가진 구매력의 상당 부분을 비가역적으로 잃어버리고 말았다. 한번 풀린 화폐는 절대로 줄어들지 않으며 한번 올라간 짜장면 가격이 내려오지 않듯이 올라간 물가는 다시 떨어지지 않는다. 이것이 바로 우리가 가치저장수단인 진짜 돈(Money)을 보유해야 하는 이유이다.

인구 감소요?

　인구가 감소하니 앞으로 부동산 가격은 폭락할 거라고요? 지난 30년 동안 서울의 인구는 약 1,100만여 명에서 900만 명대로 200만 명이 넘게 감소했는데 그동안 어떻게 수십 배가 올랐냐고 물어보면 인구론을 펼치는 그들은 벌써 꿀 먹은 벙어리가 된다. 어떻게 서울의 인구는 지속적으로 감소했는데 1990년대 3억 원에 불과하던 압구정 현대아파트가 현재 50억 원이 넘을 수 있냐는 말이다. 인구 감소론자의 말에 따르면 인구가 20% 넘게 하락했으니 압구정 현대아파트의 가격도 2억 4,000만 원이 되어야 그들이 말하는 정상이 아닌가? 이미 인구 감소가 오래전부터 시작된 폴란드 등의 나라에서도 지속적으로 부동산 가격 상승이 일어났다. 도쿄를 보라며 30년간 집값이 하나도 오르지 않았으며, 빈집이 넘쳐 난다고 말하며 한국 부동산도 일본처럼 된다고 하지만 실제로 말하는 도쿄는 서울의 4배에 달할 만큼 엄청나게 넓은 크기이므로 서울과 정확하게 비교하려면 도쿄 중에서도 핵심지인 도쿄 23구를 봐야 한다.

도쿄 23구 부동산 가격의 경우에도 지난 10년간 2~3배 이상 가격이 상승하였다. 2023년 한 해만 하더라도 2022년에 비해 무려 39%가 상승하였다. 특히 일본의 강남인 미나토구의 경우에는 1,000억 원이 넘는 맨션도 등장하기 시작하였고 아직도 상승하고 있다. 이미 인구가 감소하고 있는 폴란드 역시 부동산 가격이 지속적으로 상승하였다. 이러한 사례는 무수히 많이 찾을 수 있는데 유독 한국인들은 플라자 합의로 망가진 일정 기간 동안만의 일본 사례만 보며 왜곡된 기준을 가지고 우리나라도 그렇게 될 것이라는 당위를 펼친다. 시골 지역을 포함하는 드넓은 도쿄와 마찬가지로 서울 집값과 미국 뉴욕의 집값을 언론에서 많이 비교하곤 하는데 뉴욕주는 대한민국의 국토보다 약 1.4배 크며, 이 비교 역시 합리적이지 않다. 서울 집값과 비교하려고 하면 뉴욕주의 중심지인 맨해튼을 봐야 한다. 이렇게 비교할 경우 서울 집값은 뉴욕보다 비싸다는 이야기가 정반대로 맨해튼의 집값이 훨씬 비싸며 수천억짜리 아파트가 등장할 만큼 꾸준히 우상향하고 있다. 인구가 이미 감소하고 있는 나라의 부동산 가격은 왜 올랐는가? 일본은 왜 30년간 부동산 가격이 오르지 않다가 최근에는 급등하는 추세를 보이는가?

그 비밀은 바로 '통화량'에 있다. M2 본원통화라고 불리는 화폐가 시중에 풀리면서 비례하여 명목가격이 오르는 것이다. '흔싸귀비' 흔해지면 싸지고 귀해지면 비싸진다. 부동산은 대표적인 가치저장수단이므로 실질적인 가치는 똑같이 유지되지만 통화량이 팽창함에 따라서 명목가격이라는 숫자만 변하는 것이다. 이미 서울 인구 감소와 서울 집값 상승이라는 사실에서 인과관계가 없지 않은가? 가장 크게 기여한 것은 바로 통화량이

챕터3   *223*

기 때문이다. 2000년대 이후 저성장 시대에 돌입한 대한민국은 경제성장을 위해 통화량을 지속적으로 늘릴 수밖에 없다. 인구가 감소하여 생산가능 인구나 소비 인구가 줄어들면 더더욱 경기를 부양하기 위해서 돈을 마구 찍어 내게 되며 이 돈은 결국 부동산으로 흘러들어 가게 된다. 앞으로의 대한민국 경제 흐름상 돈을 찍어 내도 돈이 돌지 않는 유동성의 함정은 더욱더 심해질 가능성이 높기 때문에 부동산 자산 가격의 상승이 가속화될 것이다.

통화량에 대해 쉽게 설명하자면 한 마을에 돈이 10억 원이 있고 사람이 10명이 있으며, 집이 10채가 있다면 집 한 채의 가격은 1억 원이 될 것이다. 그러다 마을에 돈이 10억 원이 늘어 20억 원이 되면 집 한 채의 가격은 2억 원이 될 것이다. 여기서 10명이 5명으로 줄어들게 되면 어떨까? 인당 2억 원에서 4억 원으로 통화가 증가하므로 집 한 채의 가격은 2억 원에서 4억 원이 된다. 물론 전체 집 10채 중 5채만 해당되는 이야기이다. 이 5채는 수도권 핵심지 및 지방 광역시가 되는 것이며 나머지 5채는 일자리 및 인프라 경쟁력이 없거나 소멸하는 시골 지역이 될 것이다. 일본의 시골 지역에 버려지는 집을 떠올려 보면 사람들은 인프라가 좋은 곳에 몰려 살고자 하는 본능인 '클러스터링 효과'가 있기 때문이다. 또 한 가지는 인류의 인구예측모델은 대부분 실패했다는 것이다. 따라서 현재 인구예측통계모델도 빗나갈 확률이 매우 높으며, 모든 선진국들은 다른 나라에서 노동자의 유입으로 인구를 유지하며 우리나라만 문화적 특성으로 인해 특이하게 이민 개방이 이루어지고 있지 않았던 것이다. 이미 한국에는 수백만 명의 외국 노동자들이 존재하며 앞으로 더 많이 들어오게 될 것이다.

한국인의 아이가 태어나 주택 수요가 있기까지는 30년이 넘게 걸리지만 이민 노동자들의 주택 수요는 입국하는 즉시 1이 되기 때문에 전체적인 인구보다는 실질적인 주택 수요가 있는 연령대를 보는 것이 더 좋다. 실제로 이 연령대만 따지게 되면 아직 인구는 피크를 치지 않았다. 향후에도 주택 수요가 있는 인구수가 증가할 것이기 때문이다.

나이가 어느 정도 있는 사람들은 알겠지만 최근에 등장한 개념처럼 보이는 부동산이 인구 감소로 인해 우하향할 것이라는 논리는 사실 이번에 나온 개념이 아니다. 다양한 부동산 하락론 중 하나인 인구 감소론은 십수 년 전부터 반복되고 있었던 개념이다. 부동산 시장에 새롭게 진입하고 있는 사람들은 이미 이전부터 거짓으로 판명된 똑같은 개념을 또다시 마주하며 그런 논리에 속아 자산증식의 기회를 잃어버리고 만다. 충격적이고 전혀 새로워 보이는 다양한 하락론들이 이전부터 존재해 왔고 몇 년의 주기를 거쳐 새롭게 시장에 진입하려는 당신에게 왔을 뿐이다. 명성을 얻고자 한다면 비관론자가 되어라. 하지만 부를 얻고자 하면 긍정론자가 되어야 한다.

주택담보대출 절대 갚지 마라

"가난하거나 무주택인 집안에서는 대출받으면 인생 망한다, 대출은 위험한 것이다, 대출받으면 패가망신"이라는 말을 우리는 평생 귀에 딱지가 앉을 정도로 듣고 살았고 실제로 성인이 되어 사회생활을 하며 경제활동을 하면서도 그런 인식에서 쉽게 벗어나지 않았다. 정말로 대출은 위험한 것인가? 정말 집을 언론에서 떠드는 것마냥 30년간 월급을 한 푼도 안 쓰고 고스란히 모아서 현금으로 사야 한다고 믿는가? 현대사회는 신용사회다. 자본주의 체제의 꽃은 '신용'이다. 신용사회가 되면서 레버리지가 탄생하였고 이로 인하여 엄청나게 많은 돈들이 시중에 풀려 적재적소에 배치되며 빠른 경제 규모의 양적, 질적 성장을 이룩했다. 공산주의가 아닌 자본주의 체제를 선택한 국가들이 발전한 이유는 생산한 만큼 소유할 수 있는 자유가 있는 시스템인 이유도 있지만 신용(레버리지)을 이용해서 더 큰 부가가치를 만들 수 있기 때문이다.

주택을 구매하기 위해서 주택담보대출을 받을 수 있는 만큼 최대한 받는 것이 좋다. '나더러 영끌을 하라고?'라는 생각을 갖는 사람도 있겠지만 대한민국은 구조적으로 소위 '영끌'이 불가능한 나라다. 서양이나 일본만 하여도 집값의 90%나 많게는 110%까지도 주택담보대출을 해 주지만 우리나라는 일반적으로 집값의 70%를 한도로 대출해 주며, 이마저도 DSR이라고 하는 소득 대비 부채 상환율을 40%까지 보기 때문에 사실상 월급의 절반도 안 되는 40%까지만 집을 사는 데 대출이 가능하기 때문에 대한민국에서 '영끌'이라는 단어는 구조적으로 존재하지 않는다. 심지어는 2024년부터 스트레스 DSR이라는 것을 3단계에 걸쳐 도입하여 정부에서 가계부채를 강력하게 통제하겠다고 하니 점점 대출 한도가 감소되고 있는 실정이다. 소수의 현금 부자들은 대출을 받지 않고 전액 현금으로 상급지의 부동산을 매수하는 경우도 있지만 일반적으로 많은 사람들이 주택담보대출을 이용하여 주택을 구매하며, 또 일부 사람들은 빚을 지는 것을 병적으로 싫어하기 때문에 월급을 악착같이 모아 주택담보대출부터 갚는 사람들도 있다. 하지만 전액 현금으로 주택을 구매하거나 너무 적은 대출을 일으키거나 대출을 갚는 행위는 경제적인 측면에서 수익률을 스스로 갉아먹는 행위이므로 최대한 소득에서 많은 레버리지를 긴 기간 동안 일으키고, 그 대출은 갚지 말라고 말해 주고 싶다.

평생 빚쟁이가 되란 말이냐고? 결코 아니다. 당신의 빚은 당신이 꼬박꼬박 모은 월급으로 갚는 것이 아니라 '시간'이 인플레이션의 힘으로 대신 갚아 주기 때문이다. 시간이 지나면 대출 원금과 이자가 줄어든다고? 헛소리하지 말라고 생각할 수 있겠다. 당연히 숫자로 표기된 명목적인 금액은 내가 갚지 않는 이상 10원 한 장 바뀌지 않았을 것이다. 하지만 10년에

2배씩 집값이 상승한다고 가정해 보면 처음 10억짜리 집을 원금 3억과 7억의 레버리지를 일으켜 구매했을 경우 10년 뒤 처음 10억에 구매했던 집은 20억이 되어 있을 것이므로 원금 대비 수익률은 집값 상승률인 100%가 아닌, 300%가 훌쩍 넘어가고 초기 집값에 대출 비중이 70%였지만 지금은 원금을 한 푼도 갚지 않았다고 가정해 봐도 35%로 절반으로 줄어들었다. 매달 내는 이자의 부담 역시 원리금균등상환 방식으로 채택했을 때로 가정해 보면 10년간 당신의 임금이 상승했을 것이므로 대출 상환에 대한 부담 역시 상당히 줄어들었을 것이다.

10년이 아니라 20년으로 보면 폭은 훨씬 커진다. 집값은 다시 2배가 되어 40억이 되어 있을 것이므로 원금 대비 수익률은 10배가 넘어간 지 오래이며, 집값에서 대출이 차지하는 비중은 다시 반토막으로 줄어들어 원금을 전혀 갚지 않았다고 가정해도 17.5%에 불과하다. 20년간 당신의 임금은 인플레이션만큼 상승했다고 가정해도 이제 한 달 200~300만 원의 상환금은 20년 전 실질가치로 50만 원밖에 되지 않는다. 이런 원리로 주택담보대출은 당신이 구매한 아파트의 입지나 상품성이 좋다는 가정하에 최대한 많이 받는 것이 좋으며, 거치기간 역시 최대한 길게 하여 갚지 않는 것이 자산을 일구는 데 큰 도움이 된다고 말한 것이다. 또 거치기간은 원금은 갚지 않고 이자만 내기 때문에 손해가 아니냐는 사람들이 있어 대출 거치에 대한 설명을 덧붙이자면, 1년의 거치기간 동안 이자만 2,000만 원을 냈다고 하더라도 내년의 화폐가치가 떨어지기 때문에 원금 한 푼 안 내더라도 이자보다 훨씬 이득을 본다. 40년 대출에 3년 거치기간을 더한다면 내가 받은 대출의 가치하락이 40년 복리가 아닌 43년 복리로 발생되기 때문이다. 1년만 거치를 해도 내가 받은 대출 7억 원의 실질가치는 8% 감소하여 6억 4,400만 원이 되어 5,600만 원이 사라진 셈이다.

위 사례는 갈아타기를 하지 않은 시나리오이며, 만약 당신이 10억에 구매한 아파트가 10년 뒤 20억이 되었을 때 그동안 추가적으로 모은 원금 2억 원과 대출을 상환하고 남은 매도차액 13억 원인 15억 원으로 레버리지를 일으켜 30억짜리 아파트를 구매했을 경우 20년 뒤 아파트는 40억이 아닌 60억으로 상승했을 것이다. 또는 더 상급지의 주택이거나 부동산 사이클을 이용한 갈아타기였을 경우 60억이 아닌 80억, 90억으로 상승했을 것이다. 이렇게 될 경우 순자산은 75억 원이 되며, 대출 15억 원은 상대적으로 푼돈이 되게 된다. 이런 원리를 이해한다면 레버리지를 적극적으로 활용하여 기회를 잡아 10년 20년 아이도 키우며 사회생활도 열심히 하며 행복한 일상생활을 보내다 보면 어느 순간 대출 비중은 줄어들고 나는 일반 직장인에서 우량한 자산이 시간을 먹고 자라 작은 부자가 되어 있을 것이다. 명심하라. 자본주의 세상에서는 적절한 레버리지는 두려움의 대상이 아닌 나를 부자로 만들어 줄 필수적인 요소이다.

실제로 한 통계조사에 따르면 상위 2%의 자산을 보유한 가계에서의 가계부채비율은 317%로 압도적으로 높았고, 상위 2~5% 가계는 254%, 상위 5~10% 가계는 190%, 상위 10~20% 가계는 122%, 하위 30%의 가계는 72%의 가계부채를 가지고 있었는데, 전체 가구의 가계부채 평균이 126%라는 점을 감안했을 때 자산 상위 2%의 가계에서는 상대적인 가계부채비율도 압도적으로 높았으며, 절대적인 금액 역시 매우 높다. 짐작건대 상위 2~5%의 가계부채는 사업이나 투자를 위한 좋은 부채일 가능성이 높을 것이고 하위 가계의 부채는 소비나 경제적 빈곤에서 기반한 나쁜 부채일 가능성이 높을 것이다. 국가 역시 미국을 기준으로 국가부채비율이 높을 때 경제성장률이 높았으며 국가부채비율이 낮았을 때 경제성장률이 낮았다. 때문에 부동산 투자에 있어서 내 상황에서 가능한 최대한의 레버리지를 일으키는 것이 계층이동의 사다리를 올라타기 위한 훌륭한 도구이다.

무주택은 후진기어 1주택은 중립 다주택은 전진기어다

"집 한 채만 가지고 있으면 자연스럽게 부자가 되나요?"라는 질문도 할 것이다. 사실 물가 상승률과 자산 상승률의 격차가 매년 발생하기 때문에 20년 30년 시간이 흐르면 집 한 채만 가지고 있어도 가난이나 노후 걱정이 사라지는 것은 맞지만 풍족하게 살 수 있는 정도는 아닐 것이다. 과거 고도성장 시기와 강남 개발 등 특수한 이슈로 인해 반포, 분당, 압구정, 여의도에 먼저 자리 잡았던 공무원들이나 일반 서민들이 평생 그 아파트에 살면서 수백 배에 달하는 시세차액을 거둬 순자산 수십억 원의 부자가 되었을지는 몰라도 현재는 대한민국의 국토 대부분 개발이 완료되고 급지 역전이나 특정 지역이 급부상하는 경우가 현저하게 줄어들어 고착화된 상황이기 때문에 이런 일이 발생하는 경우는 이제는 어려울 것이다.

무주택인 경우 내가 보유한 현금성자산의 가치가 매년 가파르게 감소하므로 사실상 후진기어라고 볼 수 있을 것이며, 갖은 고생과 고심 끝에 내 집 마련의 꿈을 이루고 이제 모든 걱정은 끝날 것과도 같은 생각을 하고 있는 1주택자들은 적극적인 투자 활동을 하는 투자자라고 보기 어려운 상태로 인플레이션 헷지 정도만 하고 있는 중립기어 상태이다. 보다 앞으로 나아가고 싶고 부자가 되고 싶다면 위에서 서술한 레버리지와 시간을 이용한 상급지로 갈아타기를 계속해서 자산 규모를 적극적으로 키워 나가거나, 다주택자 포지션을 통해 공격적인 투자 활동을 해 나가야지 작은 부자를 넘어 큰 부자가 될 수 있다. 현재는 다주택자 규제로 인해 갭투자나 다주택 전략이 어렵지만 과거 2017년 이후 상승 사이클에서 수도권을 비롯한 지방까지도 매매가와 전세가가 거의 붙어 있는 경우가 많았고 다주택자에 대한 규제도 없었으므로 갭투자를 통해 수많은 부동산 부자들이 탄생한 시기였다. 현재 부동산 콘텐츠나 교육으로 활동하고 있는 상당수의 대형 부동산 유튜버나 전문가들의 배경을 살펴보면 대부분 이 시기에 탄생했다는 공통점을 발견할 수 있다.

지금도 유효한 전략은 아니지만 부동산 사이클은 계속 반복된다. 영원할 것 같던 상승세도 언젠간 꺾이고 이제 부동산 투자는 끝났다고 전 국민이 믿을 만큼 오래 지속되는 하락장과 횡보장도 언젠간 끝이 나서 다시 시중에 풀려 버린 M2 통화량과 비례하여 반등을 하기 때문에 시장 상황에 따라 규제 역시도 풀렸다 조였다를 반복한다. 따라서 지속적인 부동산 투자 공부와 시장에 머무르면서 기회를 포착하여 1주택 마련 또는 다주택자 포지션을 통해 부를 축적해 나갈 수 있다. 추가적으로 다주택자를 적폐로 몰고 국민들의 정서가 매우 나쁜 것이 이해하지 못할 상황이지만 다주택자야말로 시장에 주택을 공급하여 전월세라는 보금자리를 사람들에게 제공해 주며, 각종 부동산 세금도 납부하여 나라의 보탬이 된다. 앞으로도 다주택자를 악마화하여 다주택자가 시장에서 사라지게 된다면 사람들이 거주하고 있는 전월세 매물은 대부분 사라지게 될 것이며, 적은 매물을 두고 내가 들어가 살겠다며 다투며 엄청나게 높은 월세를 부담해야 할 것이다.

부동산의 3대 요소
입지(Location), 입지(Location), 입지(Location)

　최근 높아진 건축비와 저층 주공아파트의 공짜 재건축 시대의 종말 등 다양한 이유들로 인해 향후 서울 수도권의 아파트 공급량이 부족하다는 전망이 많아 신축을 선호하는 현상이 뚜렷하게 나타나고 있다. 신축이 입지를 이긴다, 얼어 죽어도 신축이라는 '얼죽신'이라는 신조어까지 탄생할 만큼 신축 아파트에 대한 인기는 대단하며, 실제 현재 회복장에서 상승을 주도하는 아파트 단지는 주요 입지의 신축 아파트들이 시세를 리딩하고 있다. 투자할 부동산을 고르면서 직주근접, 브랜드, 대단지, 학군, 신도시, 연식, 커뮤니티, 지하철 역세권 및 교통, 주변 인프라 등등 무수히 많은 요소들을 고려하여 선택한다. 위에서 언급한 요소들이 분명 '입지'에 속한 부분들도 있고 아닌 부분도 있다. 신축 대단지 커뮤니티의 경우 삶의 질을 높이는 데 굉장한 이점으로 생각되지만 같은 투자금으로 주택을 구매한다면, 이런 시멘트 덩어리에 불과한 건물이 가진 특성보다는 땅 그 자체의 가치와 입지를 따지는 것이 좋다.

만약 20억 원으로 주택을 구매한다고 가정했을 때 A 선택지는 40년이 넘은 잠실의 20평대 구축 아파트고 B 선택지는 고덕의 신축 대단지 아파트라고 해 보자. 40년이 넘은 잠실 아파트 가격에서 대부분 차지하는 것은 건물에 대한 부분이 아니라 해당 아파트가 깔고 있는 땅의 가격이다. 반면 B 아파트의 경우 고덕도 분명 상급지임에는 이견이 없을 테지만 잠실보다는 하급지일 것이다. 따라서 고덕 B 아파트 20억 원에서 상당 부분은 시간이 흐르면 감가상각으로 인해 사라지는 건물에 대한 비용을 치르는 것이다. 대지지분의 평수가 비슷하다고 해도 입지 차이로 인해 대지지분 1평당 가치도 다를 것이며, 신축 아파트의 경우 용적률이 높기 때문에 용적률이 낮은 구축 아파트에 비해 깔고 앉고 있는 대지지분의 크기도 확연하게 적다. 그러니까 같은 20억을 투자하더라도 잠실 구축을 선택했을 경우 대부분 투자금을 대한민국에서 가장 핵심지의 땅의 지분을 늘리는 데 사용한 것이며, 수도권 외곽의 신축 아파트를 선택한 경우 상당 금액이 감가상각되어 사라질 자산에 투자된 것이다.

실제로 역사적으로 살펴보면 강남 3구 집값이 다른 구나 지역보다 상승률이 가팔랐는데, 아파트를 한 채 짓는 건축비는 대부분 비슷하지만 땅값이 오르는 차이로 인해 아파트 가격이 올랐다. 지난 6년간 서울에서 땅값 상승률 1위는 강남으로 연평균 8.9%에 달했지만 구로구의 경우 4.5%에 불과했다. 따라서 같은 10억 원이지만 강남구와 구로구에 각각 투자했을 경우 강남 아파트는 땅값 상승으로 인해 아파트 가격 상승폭이 크지만 구로구의 경우 건물의 감가상각을 고려한 낮은 땅값 상승률로 인해 아파트 가격 상승률은 강남구에 비해서 제한적일 것이다. 실제로 지금으로부터

약 30여 년 전인 1997년 서초구의 반포 미도아파트는 1억 8,000만 원, 강남구 청담 삼익아파트 1억 7,500만 원, 도봉구 창동 동아아파트 1억 7,000만 원, 산본 모향 롯데 1억 6,500만 원, 노원구 상계 벽산아파트 1억 5,000만 원이었지만 2021년 기준 반포 미도아파트는 22억 5,000만 원, 청담 삼익아파트는 28억 원, 창동 동아아파트는 8억 5,000만 원, 모향 롯데아파트는 6억 5,000만 원, 상계 벽산아파트는 7억 원을 기록했다. 1기 신도시 분당 일산과 같은 곳과 강남 아파트 분양가 역시 엇비슷했지만 일산으로 간 사람과 강남으로 간 사람의 자산 격차는 한순간의 선택으로 인하여 시간이 흐르면 흐를수록 점점 더 벌어지고 말았다.

비슷한 연도에 지어진 아파트이지만 왜 이렇게 가격 차이가 발생했을까? 건물은 전부 낡아 감가상각되지만 아파트가 깔고 앉아 있는 땅값은 입지에 따라 상승률이 다르기 때문이다. 그때 당시에는 모두 신축으로 서울의 중심을 떠나 노원으로, 일산으로 갔지만 그때 떠난 사람들은 다시 강남으로 되돌아올 수가 없어졌다. 건물이 낡고 재건축 연한이 도래했지만 지역에 따른 희비교차가 또 한 번 벌어졌다. 일산이나 산본 신도시의 경우 30~40년이 지났지만 낮은 사업성으로 인해 재건축 비용을 감당하지 못해 계속 지금도 낡아 가고 있으며, 청담 삼익아파트는 청담 르엘이라는 롯데건설의 하이엔드 브랜드로 재건축되어 재탄생하게 된다. 재건축 이후에는 강남 한강 라인의 신축 대단지 아파트로서의 상품성이 더해져 가격은 더 상승할 것으로 보인다. 일산이나 산본과 같은 1기 신도시 중에서도 입지가 상대적으로 떨어지고 용적률이 높아 재건축 사업성이 떨어지는 곳들은 사업성을 위해 고용적률로 재건축을 할 수밖에 없는데, 재건축 이후 살게 되는 아파트의 평수는 동일할지 몰라도 1채당 깔고 앉는 대지 지분이 줄어들기 때문에 장기적으로 봤을 때 강남과의 격차는 더 벌어질 것이다.

나 역시 현재는 둔촌주공 아파트가 재건축되어 올림픽파크 포레온이라는 12,000세대의 대한민국에서 가장 대단지인 신축 아파트에 살게 되었지만 각종 부동산 커뮤니티에서 포레온과 함께 언급되는 송파구 가락동의 헬리오시티와 투표를 하면 나는 항상 포레온이 아니라 헬리오시티를 선택했다. 입지의 차이 때문이다. 헬리오시티와 포레온의 연식 차이는 대략 7년 정도 차이가 나지만 가격이 비슷하다는 것은 감가상각된 건물을 제외하면 땅값이 강동구 둔촌동보다 송파구 가락동의 입지 가치가 더 높다는 뜻이 된다. 일반적으로 사람들은 자신이 매수하거나 청약에 당첨된 지역과 아파트 단지에 과도한 사랑에 빠져 입지를 무시하고 자신의 아파트를 선택한다. 물론 자신이 살고 있는 집과 지역에 대한 애정을 가지는 것은 좋지만 이 애정과는 별개로 투자 가치 평가와 의사결정에 있어서는 보다 냉정한 시각으로 객관적인 판단이 필요하다.

희소한 입지에 투자하라

네이버 지도를 켜면 항공뷰라는 기능이 있는데, 2020년대의 항공뷰와 10여 년 전의 항공뷰를 동시에 볼 수 있기 때문에 특정 지역들의 변천사를 타임머신을 타고 미래와 과거를 오가는 것처럼 목도할 수 있다. 특히 인천의 청라 신도시나 하남의 미사 신도시, 동탄 신도시와 같은 곳들을 과거와 현재를 비교해서 보면 허허벌판이었던 곳이 금세 아파트가 꽉 들어찬 멋진 곳으로 탈바꿈하는 것을 간접적으로 볼 수 있다. 현재 디에이치 클래스트로 재건축되고 있는 대한민국의 핵심지 반포 124주구나 지금은 신축 밭으로 바뀐 개포주공 시절의 모습도 볼 수 있다. 현재 활발하게 분양하고 있는 검단이나 운정 신도시와 같은 지역 역시 과거 항공뷰를 보면 허허벌판인 곳들이 많다. 현재 아파트로 활발하게 재건축과 재개발이 진행 중인 성북구의 장위 뉴타운, 광명 뉴타운, 구성남 역시도 붉은색 구축 빌라촌에서 거대한 아파트 숲으로 변모하고 있는 곳들 중 하나이다. 낙후되거나 허허벌판이었던 곳들이 새로 개발되면 주거 환경과 인프라 등 모든 것이 개선되어 말 그대로 천지개벽을 이룬다고 볼 수 있다.

'이런 곳들은 투자적 관점에 있어서도 훌륭한 선택일까?'라는 관점으로 보면 나는 조금 생각이 다르다. 당연히 가장 입지가 좋은 곳은 반포주공이나 개포주공이 있던 곳들이고 그다음으로는 빌라촌에서 아파트 숲으로 바뀌는 장위, 광명, 구성남이 될 것이다. 물론 검단이나 운정 신도시 역시 논밭에서 새로운 신도시로 재탄생되면서 많은 기회들이 생겨나며 저렴한 분양가로 입주하여 단기간에 상당한 시세차액을 남길 수 있는 곳들도 존재한다. 하지만 기본적으로 서울처럼 더 이상 빈 땅을 개발하여 신도시나 미니 신도시를 지을 수 없는 희소한 입지에 투자하는 것이 좋다. 경기도 외곽이나 충청도 등 아직 개발할 지역들이 많은, 현재 개발 중인 곳들의 항공뷰를 보면 허허벌판에 아파트 단지들이 올라가고 있음과 동시에 주변에 빈 땅들이 많아 언제든지 논밭을 밀어 버리고 아파트를 지어 올리는 공급을 할 수 있기 때문에 희소성이 적어 내 아파트의 가격이 올라갈 수 있는 상방이 제한된다. 빈 땅에 무한대로 공급할 수 있는 지역이 어떻게 희소한 곳이 될 수 있으며, 큰 시세차액을 볼 수 있겠는가?

애초 쓸모 있는 땅들은 빌라든 상업적 건물이든 어떠한 형식으로도 이미 개발이 되어 있을 확률이 높고, 허허벌판이었던 곳들은 서울 강남과 같은 주요 입지에서 물리적 거리가 멀고 이용 가치가 상대적으로 낮은 지역이었을 확률이 높다. 이런 땅들은 개발을 하여도 아파트 가격에서 대부분을 차지하는 것은 건축비이며, 땅값이 차지하는 비중은 낮다. 그래서 LH나 각종 건설사에서 이런 방식으로 개발하는 아파트를 저렴한 가격에 분양할 수 있는 것이다. 실제로 나는 전국의 각종 지역에서 분양하는 아파트의 입주자 모집공고를 살펴보는데 전체 분양가에서 토지비와 건축비의 비율을 가장 유심히 살펴본다. 최근 분양한 김포의 모 신축 아파트의 분양가는 6억 원대로 서울의 아파트보다 훨씬 저렴하지만, 입주자 모집공고상의 토지비는 2억에 불과하고 나머지 4억 원 이상이 건축비로 사용되었다. 지방의 경우 토지비는 1억 원이 채 되지 않고 80% 이상이 건축비가 차지하는 경우도 허다하다. 광명 뉴타운이나 구성남 뉴타운, 장위 뉴타운 등에서 분양하는 단지의 입주자 모집공고를 보면 토지비가 건축비보다 조금 많은 수준이다. 둔촌주공은 토지비 비중이 과반 이상이었고 래미안 원베일리와 같은 천상계 입지들의 경우 분양가에서 토지비가 차지하는 비중은 분양가 상한제임에도 80%를 넘는다. 최근에 분양한 서대문구의 센트럴 ○○○○의 경우 저렴한 분양가로 주목을 받았지만 실상을 들여다보면 전체 분양가에서 토지비가 차지하는 비중은 3분의 1밖에 되지 않아 추천을 하지 않았다. 따라서 최대한 희소하고 땅값이 비싼 곳에 투자를 하는 것이 현명한 선택이라고 볼 수 있다.

주식 짤짤이 치지 마라

  수년간 월급을 쪼개 어렵게 만든 시드 머니 수천만 원으로 제대로 준비되지도 않은 채 천하제일 단타대회에 참여한다면 당신이 어렵사리 모은 시드 머니는 금세 녹아서 사라질 것이다. 주식은 오로지 S&P500 인덱스 펀드를 이용하여 사회 초년생부터 매달 일정한 금액을 적립식 매수를 하여 유의미한 시드 머니를 모으기 전까지 인플레이션을 헷지 할 목적으로 부동산을 사기 위한 밑거름으로만 이용해야 한다. 주식을 전업으로 삼는 여의도 증권가 직원들이나 회사를 그만두고 투자의 재능이 있어 전업투자자의 길로 들어간 사람이 아닌 평범한 내가 부족한 지식과 경험을 가지고 주식시장에 뛰어드는 것은 먹음직스러운 먹잇감에 불과하며, 절대로 시장을 이길 수 없을 것이다. 생각해 보라. 침대에 누워 MTS를 주물럭거리기만 해도 돈이 손쉽게 복사가 된다면 누구나 1주일에 5~6일 이상을 회사에 출근하여 40~50시간 이상 남을 위해 하기 싫은 일을 할 것이 아니라 전부 투자로 돈을 벌었어야 한다. 현실은 주식 투자로 수수료를 제하고 의미 있는 돈을 번 사람들은 극소수에 불과하다.

설령 운이 좋게 단기간에 2배 이상의 수익률을 거둔다 하여도 애초에 수천만 원밖에 되지 않는 적은 시드 머니로 얻은 절대수익은 수천만 원에 불과하며, 이 돈으로 결코 인생을 바꿀 부자가 될 수 없으며, 경제적 자유를 달성할 수 없다. 이렇게 번 돈은 결국 다시 투자로 잃게 될 것이며, 뛰어난 자기통제력을 보여 수익을 실현한다고 해도 갑자기 차를 바꾼다거나 해외여행을 다니는 등의 소비 활동을 조금만 하다 보면 한 줌의 재처럼 전부 사라져 없어지는 돈이다. 결국 한국에서 부자는 부동산이 만들어 준다. 대중들이 집값이 비정상적으로 비싸네 마네 해도 부동산으로 부자가 된 사람이 가장 많다는 팩트는 절대로 변하지 않는다. 따라서 인덱스 펀드로 적금처럼 모은 시드 머니를 기회가 왔을 때 부동산을 매수하는 자금으로 사용해야 한다. 크게 할인된 가격으로 레버리지를 이용해 좋은 부동산을 산다면 부동산 가격이 회복되고 상승장에 진입하는 순간 투자를 통해 벌어들이는 수익은 주식과는 비교도 할 수 없을 정도로 리스크가 적으며, 절대적인 수익 금액 역시 억대로 상당히 크다. 실거주를 하면서 오랜 기간 반강제적으로 보유하고 있기 때문에 지속가능성도 매우 높다.

따라서 리스크가 높고 지속가능성이 낮은 주식에 전문적으로 투자해 볼까 하는 생각은 일찌감치 접어 두고 하루빨리 부동산을 사기 위한 유의미한 시드 머니로 만드는 데 목적을 두는 것이 인생을 확실하게 바꿀 수 있는 방법이다. 리스크가 높은 수천만 원의 이익과 리스크가 낮은 수억 원의 이득은 그 결이 분명히 다르다. 나 역시 주식 투자를 사회 초년생부터 적금이 아닌 S&P500 인덱스 펀드를 사 모아 가는 방식으로 하였다. 최소 월급의 절반 이상을 꾸준히 투자하여 유의미한 시드 머니를 만드는 데 성공했고, 부동산 하락기라는 절체절명의 기회가 왔을 때 나는 과감하게 그간의 주식 투자의 수익을 실현하여 부동산 계약금에 밀어 넣었고 그 시드 머니는 몇 배의 시너지를 내서 인생을 바꿀 수 있는 자산을 형성하는 데 큰 기여를 했다.

사람들에게 1시간 동안 강의를 할 수 없으면 사지 마라

당신이 투자를 하겠다고 마음을 먹고 어떤 자산을 매수한다면 적어도 당신이 왜 그 자산을 사는지에 대해서 강당에 서서 PPT든 칠판이든 활용하여 사람들에게 1시간 동안 강의해서 설득할 수 없다면 당신의 투자는 100% 실패할 것이다. 특히 상승장이 시작되면 무지성으로 불나방처럼 달려드는 투기꾼들이 판을 친다. 이들이 왜 이 종목에 투자했는지 듣게 된다면 기가 찬다. "회사인데 뭐라도 하겠지.", "요즘 이 종목이 대세잖아요.", "회사 차장님이 추천해 줬어요.", "주변에서 이 종목으로 돈을 벌었다는 사람들이 많아서요.", "남자 친구가 사라고 해서."라는 식의 설명이다. 과연 이들은 시장에서 수익을 내고 장기적으로 살아남을 수 있을까? 유동성이 폭발하여 소위 개잡주까지 상승하는 마당에 그들이 선택한 종목들 역시 폭등하는 개잡주에 속하는 경우가 많았고 시간이 지나자 해당 종목들은 -80% 이상의 손실을 기록했다. 아무 생각 없이 추격매수를 했기 때문에 당연한 결과이다.

기본적으로 특정 자산을 매수한다면 해당 산업군에 대한 전반적인 이해와 경쟁사, 이 회사의 비즈니스 모델, 수익구조, 내부사정, 향후 전망, 밸류에이션 등의 기본적인 공부는 마치고 애널리스트의 분석 리포트나 전문가의 시각을 참고하여 남들은 보지 못하는 자신만의 인사이트를 추가하여 투자 시나리오를 써 내려가야 한다. 이 논리가 타당한지 자신만의 망상이 아닌지 객관적으로 제3자 입장에서도 투자 시나리오를 분석해 보고 실제로 가까운 지인에게 말해 보라. 또는 1시간 동안 집에서 혼자서 강의하듯이 육성으로 왜 투자하는지에 대해 설명을 해 보라. 강의 시간이 너무 짧거나 버벅대는 등의 모습이 나타난다면 당신은 해당 종목에 대해 투자할 만큼 빠삭하게 알고 있지 않은 것이니 그 종목을 절대로 매수하지 말아라.

입지는 시간과 돈이다

왜 강남 아파트가 비싼지 알고 있는가? 로또에 당첨이 되건 사업이 대박 나건 코인으로 한순간에 많은 돈을 벌었건 모든 사람들이 입을 모아 하는 말이 있다. "강남 아파트 사야지."라고. 실제로 가상화폐 거래소 업비트 역시 비트코인으로 돈을 벌어 2021년 무려 3,000억 원에 달하는 강남 부동산과 건물을 매입했다. 강남 아파트가 왜 비쌀까? 그냥 강남이라서? 그렇다면 강남은 왜 강남일까? 왜 갈아타기든 무엇이든 최종 종착지는 강남이나 반포 등의 아파트일까? 입지가 좋기 때문이다. 입지는 무엇일까? 입지는 바로 '시간과 돈'이다. 강남은 지정학적으로 주요 지역으로부터 중앙에 있어 어디든 빠르게 도달할 수 있다. 한강과 가까워 한강뷰가 보이는 것 또한 강점이지만 한강에 가깝다는 것은 올림픽대로와 강변북로를 빨리 탈 수 있다는 것이다. 반포 역시 고속버스터미널과 2호선, 3호선, 4호선, 7호선, 9호선, 신분당선, 경부고속도로가 지나가고 있다. 단순히 지하철 노선이 많은 것이 아니라 전부 알짜 노선이며 경부고속도로는 대한민국의 가장 중요한 대동맥 역할을 하는 핵심 고속도로이다.

또 강남은 3대 업무지구인 여의도, 광화문, 강남 중 하나로 일자리의 양이나 질에 있어서 압도적이기 때문에 직주근접이 매우 뛰어나다. 가톨릭대 서울성모병원, 삼성 서울병원 등 최상의 의료시설도 가까우며, 현대백화점, 신세계백화점, 가로수길, 강남상권 등 각종 인프라가 지천에 깔려 있다. 대한민국 넘버원의 학원가인 대치동 학원가 역시 가까우며 명문 학교들도 아파트 단지마다 있다. 이렇게 교육과 생활여건, 인프라 차원에서 본다면 강남과 반포는 명실상부 대한민국 최고의 입지이다. 이웃 주민들의 수준은 어떠한가? 대부분 전문직이거나 법조인, 기업 CEO, 사업가 등 나와 내 자녀들까지도 이 우수한 인적 인프라까지 인맥으로서 누릴 수 있다. 아까 말했듯 입지는 '시간과 돈'이다. 위에 서술한 모든 것은 결국 '시간과 돈'과 관련이 깊다. 강남과 반포뿐만 아니라 청주의 대장 아파트로 불리는 지웰시티 역시 아파트 단지 바로 옆에 백화점이 있으며, 길만 건너면 있는 중부고속도로와 LG화학, SK하이닉스라는 고소득 일자리가 있다.

동탄의 대장 아파트인 동탄역 롯데캐슬은 어떠한가? 아파트 바로 아래 롯데백화점이 있고, GTX와 STR 노선이 코앞이다. 모두 아파트 자체의 상품성이 뛰어나다는 공통점도 있지만, 핵심은 '시간과 돈'을 아껴 주는 입지라는 점이다. 이런 요소가 없이 하이엔드 브랜드로 지은 상품성이 좋은 아파트의 시세는 높지 않다는 것을 확인할 수 있다. 인천의 강남이라고 불리는 송도 역시 오션뷰라는 매우 강점인 요소가 있지만 결국 삼성 바이오로직스 등의 바이오라는 고급 일자리로 인해 시세가 높은 것이다. 판교 역시 마찬가지며, 대구의 수성구, 대전 둔산동 등 지방의 모든 대장 아파트들의 공통점 역시 '시간과 돈'을 아껴 준다. 부자들은 '시간'이 가장 소중한 요소이기 때문이다. 따라서 아파트 입지를 고를 때에는 다른 요소도 물론 중요하지만 '고급 일자리와의 직주근접, 교통 등 '시간과 돈'을 얼마나 아껴 주는 곳인가?'라는 시각으로 바라보는 것이 좋을 것이다.

미국 주식이 최강인 이유

미국은 축복받은 나라이다. 지정학적으로 왼쪽에는 태평양, 오른쪽에는 대서양을 끼고 있고 위아래는 친미 국가이자 군사적으로 위협을 줄 수 없는 캐나다와 멕시코로 막혀 있어 경쟁 강대국의 침략에 안전하며, 육지보다 100배는 효율적인 물을 이용한 물류를 자유자재로 이송할 수 있는 미국 동부를 중심으로 국토 전역에 수천 km에 달하는 미시시피강의 물줄기가 가로로, 세로로 뻗어 있어 대량의 물류를 효율적이고 저렴하게 이송할 수 있다. 텍사스에서 뿜어져 나오는 엄청난 양의 석유와 몇 년 전 셰일가스 혁명으로 에너지 독립을 완성하였다. 드넓은 국토는 옥수수와 밀과 같은 곡물을 비롯해 소와 같은 가축들을 키우는데, 비행기로 농약을 뿌릴 만큼 그야말로 미친 규모로 대량 생산이 가능해 식량 또한 독립적으로 공급할 수 있다. 대양을 넘나드는 다른 나라와의 교역도 13개의 만재 배수량 10만 톤 이상의 원자력 추진 항공모함 전단과 수십 척의 이지스 구축함, 바다 아래에 1만 톤이 넘는 핵탄두를 장착한 트라이던트 탄도미사일 수십 발을 탑재한 핵잠수함과 같은 전력은 세계 해군 전투력의 절반을 넘어서기 때문에 안전하게 바다로 물건을 실어나를 수 있다. 미국은 군사안보, 에너지안보, 식량안보에서 완벽한 나라이다. 미국은 그야말로 축복받은 땅이다.

인적 자원은 어떠한가? 전 세계 최고의 대학인 아이비리그인 하버드, 예일, 프린스턴 등 명문 대학교에서 매년 수만 명 이상의 최고급 인재가 쏟아져 나오며, 아메리칸 드림을 꿈꾸며 전 세계 최고의 수재가 미국으로 향하고 있다. 세계 최고의 공과대학인 MIT도 미국에 있으며, 세계 3위의 인도 공과대학을 졸업한 인재들이 미국 실리콘밸리를 채우며 미국에서 최고 기업으로 손꼽히는 마이크로소프트나 구글에서도 인도 출신 CEO 사티아 나델라와 선다 피차이가 경영을 맡고 있다. 사용하는 언어 역시 전 세계 공용어인 영어를 사용하여 남북한을 합하여 고작 7,500만 명이 사용하는 한국어와 SKY라고 불리는 한국의 명문대도 전 세계 100위권 밖의 대학인데 미국과 한국의 경쟁력은 차이가 날 수밖에 없다. AI의 딥러닝과 자연어처리 학습 등에도 가장 사용하는 사람이 많은 언어를 이용하며, 메타 플랫폼스의 페이스북과 X(구 트위터) 등의 기업도 모두 미국이고 인공지능 학습에 필요한 GPU를 생산하는 엔비디아와 전 세계 1위의 데이터센터를 제공하는 아마존 역시 미국 기업이기 때문에 향후 펼쳐질 AI 패권전쟁의 승자도 미국이 독식할 것으로 보인다.

지구 반대편에 떨어져 있는 한국인의 삶 속에서도 미국 기업들이 녹아져 있다. 우리가 사용하는 휴대폰도 애플이며 사용하는 이어폰 역시 애플의 에어팟 무선 이어폰일 것이다. 삼성전자의 갤럭시 휴대폰을 사용한다고 하더라도 그 운영체제는 구글이 만든 안드로이드이다. 출근길에 유튜브로 동영상을 시청하고 필요한 정보도 구글링을 통해 습득한다. 사용하는 컴퓨터의 CPU는 AMD 또는 인텔이며, GPU는 AMD의 라데온이나 엔비디아의 RTX 제품일 것이다. 디자이너라면 애플의 맥 컴퓨터를 사용하거나 어도비 프로그램을 사용할 것이다. 주로 사용하는 SNS 역시 페이스북이나 인스타그램이고 내가 다니는 회사의 신용평가 역시 피치, 무디스, S&P라는 미국 회사가 독점하고 있다. 국토를 지키는 방산 무기 역시 록히드 마틴, 제너럴 다이내믹스, 보잉과 같은 회사에서 만든 전차와 전투기들이 대한민국을 지킨다.

우리의 식탁에 오르는 식재료도 듀퐁이나 몬산토에서 유전자 조작된 종자로 길렀을 것이고 코로나 팬데믹 때 손꼽아 기다리던 백신 역시 미국 제약회사에서 만든 화이자였다. 이 밖에도 코스트코, 맥도날드, 스타벅스, 넷플릭스, 코카콜라 등 무수히 많은 미국 기업들이 우리의 삶을 풍족하게 채우고 있다. 지금 이 순간에도 미국 실리콘밸리는 우리의 삶을 바꿔 줄 혁신적인 유니콘 기업들이 탄생하고 있으며, 일부 일론 머스크와 같은 괴짜 기업인들은 화성을 인간의 식민지로 만들겠다고 선언하기까지 하였다. 기축통화 역시 달러이며 주식은 물론 부동산 투자를 하는 투자자들 역시 모두 미국 연준 의장인 파월의 입만 수년이 넘게 오매불망 바라보며 미국 금리 인하만을 기다렸다. 전 세계의 중심은 미국이며 미국에 의한, 미국을 위해 돌아간다고 해도 과언이 아니다. 그렇기 때문에 당분간 깨지지 않을 해자를 가진 초패권국 미국에 투자하는 것이 가장 현명한 선택일 것이다.

보험 절대 들지 마라

　많은 사람들이 과도한 보험료에 허덕이며 어렵게 번 월급의 상당 액수를 보험사에 매달 갖다 바치고 있는 안타까운 케이스들이 종종 있다. 내가 개인적으로 느낀 바로는 가난할수록 보험 가입에 집착하며, 월급 대비 과도한 보험료를 납부하고 있었다는 것이다. 각종 보험에 가입하여 보험사에 보험료를 상납하기 위해 살아간다고 해도 과언이 아닐 만큼 보험에 많이 가입한다는 것은 어쩌면 다가올지 모르는 막연한 불안감은 당장 해소해 줄지 몰라도 그 막대한 보험료로 인해 당신이 성장할 수 있는 소중한 기회를 빼앗기고 종잣돈이 될 수 있는 돈을 보험사에 갖다 바치고 있는 것이다. 가난한 그들이 과도하게 보험에 집착하는 것은 자기 스스로가 너무 게을러서 오늘 하루를 미래를 위해 열심히 살아가면서 내 인생을 스스로 바꿔 나가기보다 가장 쉬운 수단인 보험 가입을 통해 자신의 미래에 닥쳐올 불안을 타인에게 맡겨 버리는 수동성과 나태함을 동반한 정신승리가 아닐까? 당신의 미래가 어둡고 불안하다면 보험 따위에 의존하지 않고 오늘날의 행동부터 바꾸어야 할 것이 아닌가?

보험의 진실은 그 보험사들은 당신의 보험료를 가지고 강남 테헤란로의 삐까뻔쩍한 수천억 원짜리 사옥 빌딩을 구매하여 소유하고 있으며, 명문대 출신의 보험사 직원들에게는 각종 수당들을 포함한 억대의 연봉을 지급하고 있을 것이다. 보험의 구조에는 '손해율'이라는 것이 있는데 손해율이 높을수록 보험 가입자들이 낸 돈을 보험료로 돌려준다는 뜻이고 낮을수록 보험 가입자들에게 돈이 가는 것이 아니라 보험사들이 그만큼 폭리를 취한다는 것이다. 유일하게 실비보험만이 손해율이 100%가 넘어가는 적자 상품이며, 나머지 무수히 많은 보험들은 손해율이 50% 미만이므로 많게는 당신이 낸 보험료의 절반 이상이 보험사의 이익으로 돌아간다.

만약 20~30대라면 보험 가입은 실비보험 하나면 충분하다. 신체 건강한 젊은이가 왜 미래의 소중한 자원을 당장 필요하지도 않은 암 보험이나 죽어서 돈을 받는 종신보험, 손해율이 최악이면서도 큰일 날 위험을 보장해 준다는 말로 포장하여 불안감을 조성하여 마케팅하는 CI보험 등에 가입하여 코스피 상장 대기업에 매달 상납하고 있는 것인가? 그들은 당신이 낸 보험금으로 매년 성과금 파티를 하고 대주주들에게 막대한 액수의 배당을 한다. 당연히 만약이라는 것은 존재하고 만에 하나라도 큰일이 발생할 가능성은 당연히 있다. 일부 사람들은 보험 가입을 통해 큰 혜택을 본 사람들도 있겠지만 그럴 일말의 가능성을 위해 소중한 자원을 빼앗겨 시드 머니를 모을 기회를 날려 버리는 것보다 높은 확률로 신체 건강한 나에게 그런 일이 발생할 확률은 지극히 낮고 이 돈을 미래를 위해 사용하는 것이 확률적으로 좋은 선택이라는 판단을 해야 한다.

단순히 계산해도 손해율이 50%인 보험 상품에 가입했다면 향후 10년 간 납부한 2,000만 원의 보험금은 1,000만 원으로 돌아오고 1,000만 원은 그대로 손실이지만, 같은 돈을 S&P500에 투자했다면 주가는 약 2배가 올 라 4,000만 원이 되어 있을 것이며, 그 돈을 대학원 진학에 투자하여 연봉 을 높였다면 10년간 소득은 수천만 원 이상 더 벌었을 것이다. 그렇기 때 문에 내 계산으로는 젊은 날에 들어갈 보험료를 내 개인의 성장에 모조리 투자하여 재테크의 시드 머니로 만들거나 학비로 사용하여 몸값을 올리 는 데 쓰고 40대가 넘어 이미 부유해진 후 암이나 교통사고 등 큰일이 발 생했을 때 내 돈 1,000만 원을 내는 게 더 경제적으로 나은 선택이라는 것 이다.

보험사를 통해 연금이든 저축 상품을 든 사람들도 마찬가지이다. 보험 사에서 제공하는 저축 형태의 상품이든 연금이든 무엇이 되었든 수수료 가 높은 편이다. 연금저축 상품에도 연금저축펀드와 연금저축보험이 있 는데 연금저축'펀드'로 하여야 한다. 연금저축펀드와 연금저축보험은 얼 핏 보면 같은 상품으로 보이나 보험으로 가입할 경우 내가 불입하자마자 일정 부분을 수수료로 먼저 떼어 가고 이후 운영되는 내내 매년 높은 수 수료가 발생된다. 반면 연금저축펀드는 매수한 ETF의 수수료만큼만 내면 되는데, 수수료가 낮은 ETF를 선택하게 되면 연간 0.1% 미만의 운용 수 수료가 발생한다. 시장 수익률에서 단 1% 수익률이 낮아지더라도 30년이 지나면 원금이 30% 이상 적다는 점을 생각해 보았을 때 연금저축보험은 절대 들어서는 안 된다.

보험사에서 제공하는 저축상품 역시 높은 수수료와 장기적으로 낮은 수익률을 기록한다. 몇십 년 이후 얼마를 보장한다고 하지만 그 시점에 그 액수는 화폐가치 하락으로 인한 인플레이션을 고려하여 생각해 본다면 실질적인 이익은 적거나 없어서 보험사만 좋은 일을 하게 되는 것이다. 불필요한 보험에 가입하여 매달 수십만 원의 보험료로 허덕이고 있다면 미래 시점을 기준으로 판단하여 과감하게 보험을 정리하여 나의 발전에 쓰도록 하자. 연금저축으로 연금저축보험을 가입한 경우라도 얼마든지 연금저축펀드로 이전이 가능하기 때문에 꼭 이전하도록 하자.

연금저축펀드는 꼭 해라

투자의 귀재, 14살 때부터 투자의 세계로 뛰어들어 투자로 100조 원 이상의 자산을 일군 워런 버핏의 연평균 수익률은 19%다. 월가의 영웅이라고 불리는 피터 린치는 13년간 펀드매니저를 하면서 연평균 29%라는 엄청난 수익률을 거둔 전설적인 인물이다. 만약 당신도 연평균 26.5%의 수익률을 손쉽게 거둘 수 있다면 믿을 수 있겠는가? 당신이 연금저축펀드에 가입하여 S&P500 ETF를 매수하게 되면 S&P500의 수익률인 10%와 연금저축펀드의 세금공제 혜택 16.5%를 더하면 워런 버핏의 수익률을 넘으면서도 전설적인 투자자 피터 린치와 어깨를 나란히 할 수 있는 경이로운 수익률을 기록할 수 있다. 연금저축펀드의 16.5%의 세금 혜택이 주어지는 연 납입 금액은 600만 원이며, IRP를 한다면 연 300만 원 한도까지 16.5%의 세금 혜택이 또 주어진다. 따라서 연 900만 원을 연금저축펀드와 IRP에 납입한다면 배당 재투자를 고려한 S&P500 연평균 수익률 10%에 해당하는 90만 원과 세금 혜택 약 150만 원, 총 240만 원에 달하는 수익을 거둘 수 있다.

만약 연금저축펀드와 IRP를 모두 고려하고 있다면 IRP보다는 연금저축펀드의 납입 금액을 우선적으로 채우고 다음 IRP를 하는 것이 혜택 면에서 더 유리하다. 연금저축은 연금으로 수령할 때도 혜택이 매우 좋은데, 직접 증권에 투자하게 되면 수익금에 대해 상당 부분을 세금으로 내야 한다. 특히 해외 주식의 경우 연 250만 원을 초과하는 범위부터 22%에 달하는 금액을 세금으로 내기 때문에 1억 원의 차액을 남겨도 2,200만 원을 세금으로 내야 하며, 매 분기 들어오는 배당금 역시 배당소득세 15.4%를 내야 하지만 연금저축펀드의 경우 수령 시 세금을 3.3%밖에 내지 않는다. 연금저축의 경우 20~30대 가입률이 매우 낮고 납입을 하더라도 한도까지 채우는 경우는 더더욱 없기 때문에 20~30대에 연금저축에 가입하여 연 600만 원 또는 900만 원까지 매년 납입을 지속하는 것 자체가 비슷한 연령 대비 미래 준비에 있어서 매우 앞서 나가고 있다는 것이다.

매수해야 할 상품의 경우 증권사에서 제공하는 각종 펀드들은 구성 시스템이 매우 복잡하여 일반인들은 제대로 이해할 수 없으며, 높은 수수료를 매년 지불해야 하기 때문에 복리의 측면에서 매우 불리하다. 따라서 연금저축이나 IRP를 진행한다면 ETF 상품을 매수해야 한다. 가령 KODEX S&P500 상품을 예시로 들면 수수료가 거의 0%에 가까울 만큼 매우 낮기 때문에 추천한다. IRP의 경우 위험자산 70%와 안전자산 30%의 비중으로 매수해야 하는데, 위험자산은 앞서 말한 KODEX S&P500 상품과 같은 주식 ETF이며 안전자산은 현금, 채권, TDF 등의 상품들을 말한다. 20~30대라면 앞으로 수십 년간 복리의 마법을 톡톡히 누릴 수 있는 연령대이므로 안전자산 30% 비중 역시 최대한 장기적으로 높은 수익률을 낼 수 있는 상품으로 선택해야 한다. TDF의 경우 연령이 어리면 주식과 같은 위험자산 비중이 높고 연령이 높아질수록 주식과 같은 위험자산의 비중은 낮추고 채권과 같은 안전자산의 비중을 높여 주는 포트폴리오로 자동으로 리밸런싱되는 상품이다. 증권사별로 다양한 TDF 상품들이 존재하며, 최대한 S&P500이나 나스닥 비중이 높고 운용 수수료가 낮으며, TDF 상품 뒤에 2050 또는 2055 등의 숫자가 높은 것을 선택해야 주식 비중이 높다. 2050과 같은 숫자들은 목표하는 은퇴 시기를 의미하며, 숫자가 높은 상품일수록 TDF 포트폴리오에서 수익률이 높은 주식 비중이 높다.

연금저축의 여러 가지 혜택들이 많지만 가장 큰 강점은 목돈을 깨지 않고 꾸준히 가져갈 수 있다는 것이다. 같은 S&P500 상품이라고 하더라도 증권 계좌를 개설해서 직접 투자하게 되면 시장의 노이즈와 심리적인 탐욕, 불안, FOMO 등으로 인해 샀다 팔았다를 반복하고 마켓 타이밍을 맞추겠다고 차트를 분석하다 우를 범하여 계좌가 녹아내리기 시작한다. 단기적으로 손실을 보면 만회하기 위해 초조해지고 더 위험한 투자인 레버리지나 내가 잘 모르는 개별 종목 등에 손을 대는 경우가 많아 90% 이상은 손실을 본다. 하지만 연금저축펀드에 납입을 한 금액은 수십 년 뒤 노후 자금으로 사용될 것이기 때문에 조바심이 나지 않으며, 장기적으로 보유하기 때문에 수익을 볼 확률이 높다. 실제 통계에서도 미성년자 자녀를 위해 개설한 증권 계좌의 수익률이 가장 높지 않은가? 연금저축 또한 장기적으로 바라보기 때문에 비슷한 원리이다. 일단 수익률을 기록하게 되면 심리적으로 안정이 되기 때문에 더더욱 안정적으로 자산을 굴려 나갈 수 있다는 점이다. 그렇기 때문에 사회 초년생이라면 취업 직후 은행 예

적금이 아닌 연금저축펀드와 IRP 계좌를 개설하여 S&P500과 같은 ETF를 매달 일정 금액 매수하기를 바란다.

FED(미국연방준비은행)의 진실

FED라고 불리는 미국연방준비은행은 미국 정부의 소유도 아니며, 준비금도 없으며, 은행도 아닌 철저하게 특정 이익 집단이 사적으로 만든 민간기관이다. 한국의 한국은행의 경우 정부 소속으로 금리를 조절하거나 국채를 발행하는 등의 업무를 수행하지만 미연준은 로스차일드 가문과 록펠러라는 세계를 주무를 수 있는 거대 자본을 소유한 개인이 설립하여 미국의 금리를 컨트롤하며 세계의 기축통화인 달러의 발행권을 가지고 있다. 민간단체에서 미국이라는 전 세계 패권을 쥐고 있는 나라의 금리와 달러를 통제하고 있다는 말이다.

그림자 정부, 일루미나티와 관련된 음모론에서 꼭 등장하는 가문들이 있다. 바로 로스차일드 가문과 록펠러, JP모건이다. 흔히 우리가 알고 있는 1963년 존 F. 케네디 대통령의 암살 사건 역시 그 흑막에는 케네디가 미연준의 화폐 발행권을 미국의 재무부에 넘기려고 했기 때문에 죽였다는 음모론이 있다. 세계 패권국의 달러, 미국의 수출품은 달러이고 그 대가로 화폐 발행을 통해 화폐주조차액을 얻고, 전 세계에서 물건을 공짜로 수입하여 소비해 살아가고 있을 만큼 달러의 발행권은 지구상에서 가장 큰 이권일 것이다.

　FED의 초기 주주는 총 20만 주로 록펠러와 쿤롭의 뉴욕내셔널시티은행이 30,000주, 폴와버그의 뉴욕내셔널상업은행 2만 1,000주, JP모건의 퍼스트내셔널은행 15,000주, 로스차일드의 하노버은행 12,000주, 체이스은행 6,000주, 케미컬은행 6,000주로 총 24,000주를 소유하고 있으며, 이후 은행의 연준 지분은 초기 53%에서 조정되어 현재는 70%대에 이른다고 추정되고 있다. 케네디 말고도 앤드루 잭슨 대통령 역시 "내가 은행을 죽였어."라는 유언을 남겼는데 중앙은행 시스템을 거부했고 암살시도가 있었다. 에이브러햄 링컨 역시 중앙은행 시스템을 거부하고 FED를 거치지 않는 미국 재무부에서 발행하는 그린백을 확대하려다가 1865년 4월 15일에 암살되었다. 로스차일드 가문의 추정 자산이 5경을 넘는다는 음모론이 있고, 이들이 뒤에서 미국 정부와 세계를 주무른다는 음모론이 있을 만큼 이들 가문의 영향력은 막대하다.

부자가 되고 싶다면 차 절대 사지 마라

요즘 많은 젊은이들이 천정부지로 오르는 집값을 보고 체념하며 해외여행을 떠나거나 소득에 비해 지나치게 비싼 외제차를 구매해 타고 다니는 경우가 점점 늘어나고 있다. 빌라촌에 주차된 외제차를 볼 때마다 아주 가관이다. 내가 부자가 될 수 없다고, 집을 사지 못한다고 미리 예견하여 현재를 즐긴다는 나름 합리적인 계산을 통해서 행동을 했겠지만 오히려 그런 행동들이 진짜 내가 미래에 부자가 될 수 없게 만든다. 사회 초년생일 경우 복리의 효과가 극대화되는 중요한 시기로, 한푼 두푼 절약하여 부자가 되어 있을 미래의 나에게 매일 작은 선물을 보내 주고 싶다면 35살 이전에는 절대로 차를 사면 안 된다. 만약 연봉 3,000만 원을 받는 같은 사회 초년생이라고 가정했을 때 A는 2,500만 원 준중형 자동차를 500만 원 선수금을 넣고 나머지 2,000만 원을 60개월 할부로 구매할 경우 5년간 매월 40만 원의 자동차 할부금을 내고 기름값 월 20만 원, 보험료 월 10만 원, 수선비 월 10만 원으로 총 한 달에 80만 원에 가까운 금액을 소비하게 된다.

여기서 끝일까? 차를 사게 되면 주말만 되면 어디든 쏘다니며 헛돈을 뿌리고 다닐 것이다. 만약 구매한 자동차가 국산 준중형 새 차가 아니라 독3사 엔트리 모델 중고차라면 여기저기 뽐내며 친구들에게 출세한 척 있지도 않은 품위를 지키느라 돈을 더 쓰며 SNS에 자신의 차를 자랑하고 다니는 지랄 염병을 떨고 다닐 확률이 매우 높다. 기껏해야 사회 초년생의 실수령액은 200만 원대 초중반일 것인데, 기본적인 비용을 제외하고 모조리 차에다 낭비하여 저축은 꿈에도 못 꾸는 신세로 전락하게 된다. 젊을 때는 대중교통을 이용하고 가까운 거리는 걸어 다니고, 저렴한 공공 자전거 대여 시스템을 적극 활용하여 자동차에 나가는 돈마저 미래를 위해 악착같이 모아야 한다. 중소기업에 다니는 사회 초년생뿐만 아니라 급여가 어느 정도 높은 중견기업이나 대기업에 다니는 친구들도 대리 정도가 되면 하나같이 독3사 자동차나 국산차 중에서도 그랜저나 제네시스급의 자동차를 눈여겨본다. 급여나 직장의 수준이 어느 정도 있기 때문에 차를 보는 눈도 높아진 것이다.

자본주의에서 중요한 것은 내 급여와 급여를 받아 열심히 모은 적금과 같은 현금성자산이 아니다. 실물 자산의 크기가 절대적으로 중요하다. 따라서 내가 급여가 높다고 해도 수천만 원에 달하는 고급 자동차를 구매하는 것은 경제적 자살 행위다. 또 내 수중에 1~2억이 있다고 하더라도 그 돈은 재테크를 위한 소중한 시드 머니가 되어 훗날 10억 이상의 순자산을 만들어 줄 소중한 돈이기 때문에 여기에 상당 부분 자동차를 구매하는 행위 역시 어리석은 짓이다. 꼭 차를 사면서 나는 이러이러한 이유가 있어서 차를 사야 한다는 궤변을 늘어놓기 바쁜데, 전부 자기합리화에 불과하다. 어떠한 경우에 있어서도 35살 전까지는 내 집 마련과 결혼 자금으로 돈을 사용하고, 자동차는 절대로 사지 말고 대한민국 국민만이 누릴 수 있는 혜택인 매우 저렴하면서도 잘 갖추어진 환승 시스템으로 어디든 편하게 이동할 수 있는 대중교통을 적극적으로 이용해라. 차가 없으면 이성을 만나기 어렵다고? 차 때문에 당신이 좋을 이성의 수준이라면 안 봐도 뻔한데 뭣 하러 그런 이성을 만나나? 그런 이성과 결혼을 한다고 해도 앞으로의 미래가 긍정적인 방향으로 흘러가지도 않을 것이다. 사람 볼 줄 아는 이성이라면 오히려 현재의 욕망을 절제하며 미래를 착실하게 준비하는 사람으로 비추어져 나와 비슷한 사람과 엮이게 되어 미래를 긍정적으로 개척해 나갈 이성일 확률이 높을 것이다.

신혼부부의 경우에도 마찬가지로 경기도 외곽의 신축 전세를 살면서 외제차나 외제차에 준하는 국산 고급 차량을 구매하는 경우를 너무도 많이 봤다. 신혼부부의 경우 아이를 출산하게 되기 전까지 악착같이 돈을 모으는 시기가 바로 부부의 향후 평생의 재정 상태를 결정짓는 가장 골든 타임이다. 이 시점에 비싼 차를 구매하는 행동을 하는 이들이 상당히 많다. 그런 차를 살 돈이면 서울 수도권에 신혼 부부가 살기에는 부족함 없는 20평대 아파트 청약 계약금으로도 충분히 활용할 수 있는 돈이다. 신혼부부의 경우 신혼특공으로 청약에 도전할 경우 확률도 매우 높아 이 시기를 잘 활용해야 한다. 그렇기 때문에 30살 전후로 결혼한다고 가정하면 신혼부부 인정 기간인 7년 내 내 집 마련을 할 수 있는 절호의 기회이므로 최소한 35살까지는 부부가 합심하여 차는 사지 말고 시드 머니를 악착같이 모아 내 집 마련을 하라는 것이다.

결혼한 지 10년의 세월이 흘러 차 살 돈으로 청약에 도전하여 내 집 마련을 한 부부와 고급 승용차를 구매한 부부의 경제적 수준은 엄청나게 크게 차이 날 것이다. 청약으로 아파트를 마련한 부부의 경우 차를 사는 대신 7억짜리 아파트의 계약금으로 7,000만 원을 납부하고 내 집 마련을 통해 10년이 지나 아파트 가격이 14억으로 2배가 뛰어 40대 초반의 나이에 상당한 부를 축적하게 되었지만, 차를 산 부부는 아직도 전세를 전전하며 찻값은 물론 기름값과 각종 유지비, 차를 타고 흥청망청 소비를 해 수중에 모은 돈이 없을 것이다. 설상가상으로 아이까지 있다면 이들의 운명은 앞으로 힘들 것으로 보인다. 부자가 되고 싶다면 빌라촌에서 2중, 3중으로 독3사 외제차를 주차하지 말고 자가 아파트 단지 주차장에 저렴하게 산 오래된 국산 중고차를 주차해라. 부자가 되고 싶다면 그 동네에서 가장 후진 자동차를 타라.

후진 자동차가 부끄럽다고? 그것은 당신이 소비와 물건 따위에 좌지우지될 만큼 매우 처참한 수준의 낮은 자존감과 지능을 보유하고 있는 사람이라는 증거이며, 차로 당신을 판단할 만큼 주변 인간들이 후졌을 가능성이 매우 높다. 자동차 따위에 불과한 물건을 타는 걸 참는 희생을 할 만큼 비전과 미래에 대한 확신이 없으며, 몇 년 이내 목표를 이루겠다는 의지력과 깡이 부족하다는 것이니 후진 건 자동차가 아니라 당신의 마음가짐이다. 부자가 되고 싶다면 그 아파트 단지에서 당신이 제일 후진 자동차를 타는 사람이 되어라. 만약 내가 살고 있는 단지나 동네에서 내가 제일 좋은 차를 타고 있는 사람이라면 크게 반성을 하고 당장 차를 내다팔고 대중교통을 이용하며 지금부터라도 남들보다 더 악착같이 시드 머니를 모아 미래의 나에게 선물해야 할 것이다.

지정학적 지식과 국제정세를 보는 눈을 키워라

미국과 유럽, 일본과 한국 등 선진국의 정부는 모두 이성적인 판단을 하고 정치와 외교 역시 깨끗하고 균형 있게 하고 있다는 생각을 가질 수도 있을 것 같다. 우리가 은행에 대해 무한한 신뢰를 가지는 것과 마찬가지 준거력으로 선진국의 정부를 이성적 집단이라고 여기며 신뢰할 것이다. 하지만 미국을 포함하여 모든 선진국부터 후진국은 깨끗한 이면에 더럽고 냉정한 생존 경쟁만이 있을 뿐이다. 개개인과 마찬가지로 국가와 그 정부도 지구상에 존재하는 희소한 자원을 두고 조금 더 얻기 위해 무한한 경쟁을 펼치고 있으며, 각 국가별로 처한 지정학적 특성과 보유한 자원이 다르기 때문에 저마다 가장 유리한 이기적인 전략을 펼칠 뿐이다.

미국이 세계 최강대국이 된 것도 지정학적 요인이 가장 크다고 볼 수 있다. 한반도에서 비극적인 6.25 전쟁이 일어난 것도 지정학적 요인이 가장 크다. 중국이, 일본이 우리의 바다를 자꾸 탐내는 것 역시 지정학적 특징이 가장 크다. 삼성전자와 대한민국이 성장하게 된 배경도 국제정세가 가장 큰 요인이며, 2024년 대한민국의 경제상황이 좋지 않은 것도 국제정세의 요인이 가장 크다. 많은 사람들이 한 국가가 흥하고 망하는 것을 대통령이나 국회의원 등이 펼치는 각종 정책과 국내의 정치로 인해 좌지우지한다고 생각하겠지만, 대한민국 대통령은 거대한 국제정세의 판 위에서 우리나라에 직접적으로 영향을 미칠 수 있는 부분은 적고 대부분 지정학적 특성이나 국제정세를 고려한 국가 간의 전략적 외교 활동에 의해 결정이 난다.

미국에 대해서는 앞서 설명한 것처럼 2개의 대양이 보호해 주고, 남북으로는 대적할 국가가 없으며, 미시시피강을 통한 효율적인 유통, 동식물을 대량으로 길러 식량 공급에 적합한 드넓은 초원, 공업 발전에 필수적인 5대호, 텍사스 유전 및 셰일가스, 국토가 가로로 직사각형 형태라 일정한 기온 등 외부 세력과 맞서 에너지를 빼앗기지 않고 급격한 성장에만 집중하기에 가장 유리한 위치에 있다. 중국이 자꾸 항공모함을 만들고 인공 섬을 만들고 대한민국의 서해를 빼앗으려 하고 대만을 공격하고자 하는 야욕 역시 중국이라는 나라가 스스로 생존하기 위한 선택이다. 국가는 유기체와도 같아서 더 이상 팽창할 수 없으면 죽는다. 중국의 북쪽은 거대한 사막이 가로막고 있으며, 남서쪽은 수천 km에 달하는 히말라야 등의 거대한 산맥이 가로막고 있으며, 남동쪽은 동남아의 정글 지형이 가로막고 있기 때문에 중국이 진출할 수 있는 유일한 루트가 남중국해이며, 이 남중국해로 나오는 것을 방해하고 있는 것이 바로 한반도와 대만이라는 불침항공모함이다. 중국 역시 한국과 마찬가지로 석유를 대부분 수입에 의존하고 있으며, 말레이시아 바로 아래 있는 좁고 긴 말라카 해협을 통하기 때문에 여기만 봉쇄한다면 중국은 끝이 난다. 미국을 중심으로 한 쿼드라는 해군 연합과 중국을 에워싸고 있는 미군 주둔지는 중국을 견제하기 위함이며, 중국의 남중국해 진출을 위한 군사적인 움직임과 일대일로 굴기 등은 모두 중국 입장에서 생존하기 위한 전략이다.

1950년 발생한 6.25 전쟁 역시 북한과 남한 둘만의 전쟁이 아닌, 자유 진영과 공산 진영에서 벌어진 대리전이었으며, 그 장소가 한반도였을 뿐이다. 지정학적으로 북쪽에는 공산당이, 남쪽에는 자유 진영이 있었기 때문이다. 한반도가 적화통일이 된다면 일본까지 적화통일 확률이 높기 때문에 미국이 참전하여 결국 북한과 남한으로 분리되었다. 분리 역시 고도의 지정학적인 비밀이 숨어져 있다. 남한의 주도로 한반도가 통일되면 자유 진영과 대한민국은 중국과 러시아라는 공산 강대국을 마주 보게 되고, 공산 진영 역시 이는 부담스럽기 때문에 북한이 자유 진영과 공산 진영 간의 완충지대로서 분리된 것이다. 오히려 한반도가 자유 진영에 의해 통일이 되고 대한민국이 한반도를 전부 통치했다면 중국이나 러시아 등의 공산 세력과의 제2차 한국전쟁이 발발했을지도 모른다.

대한민국의 가장 황금기라고 부를 수 있는 1980년대의 3저 호황은 어떠한가? 우리나라가 개발도상국에서 선진국으로 넘어가는 고도성장 시기에 있었으며, 국민들이 엄청난 활약을 했기 때문에 우리나라가 1980년대에 고도성장을 이룩할 수 있는 이유도 있었지만, 더 큰 요인은 국제정세에 있다고 봐야 한다. 1980년대 일본의 경제는 가히 대단하다고 말할 수 있을 정도로 엄청난 대호황을 누리고 있었고, 미국을 비롯한 전 세계에

소니, 히타치, 도요타 등의 일본 제품을 불티나게 팔아 대며 일본 주식 시가총액은 전 세계 주식시장의 40%를 차지할 만큼 미국을 위협하는 G2로 성장하였다. 일장기처럼 그 당시 일본은 하늘의 태양이었다. 일본에 위협을 느낀 미국은 1985년 플라자 합의를 통해 엔화의 가치를 절상시켰고, 그때부터 일본의 수출 경쟁력은 꼬꾸라지며 40년간의 긴 몰락이 시작되었다. 플라자 합의의 반대급부로 반사이익을 얻은 것이 바로 대한민국과 삼성전자였다. 35년 전 6.25 전쟁으로 일본 열도가 연합군의 거대한 병참기지가 되어 막대한 돈을 벌어들이던 것은 한반도와 가장 가까운 자유 진영이었다는 지정학적 이유였듯 지정학과 국제정세야말로 개개인의 인생에도 어쩌면 가장 큰 영향을 미치는 요소지만 우리는 이런 것들에 대해서 무지할 정도로 아무것도 모르고 있는 게 아닌가 싶다.

2020년대 대한민국의 경제가 날이 갈수록 나빠지는 것 역시 우리나라가 선진국 반열에 올라 저성장 시대로 들어왔기 때문인 요인도 있지만 가장 요인은 미중무역전쟁이라고 생각된다. 우리나라는 80%가 수출로 먹고살기 때문에 나라 내부 경제 상황보다 미국과 유럽의 경제, 중국의 경제 상황이 우리나라 수출 실적을 좌지우지한다. 수출 실적이 좋으면 기업과 가계가 막대한 돈을 벌어들이고 소비하여 곧바로 내수진작으로 이루어지기 때문에 수출이 잘되어야 한다. 하지만 미중무역전쟁으로 인해 대한민국 전체 수출액의 20~30%에 달하는 대중국 무역 활동이 어려움에 봉착했고, 특히 반도체 전쟁 및 칩스4 동맹 등으로 인해 한국 수출 1등 공신인 반도체 수출이 어려워지면서 더더욱 경제적인 타격이 있다. 그렇다면 미국은 중국과의 무역전쟁을 할까? 이 역시 국제정세이다. 인류의 역사를 들춰 보면 2등 국가는 1등 국가의 국력에 40%가 넘으면 여지없이 1등 국가의 패권에 도전했다. 대부분의 확률로 패권에 도전하는 2인자가 패배하는 역사를 지녔지만 어찌 되었건 패권국 입장에서 2등 국가의 무서운 성장세는 그 자체로 위협이 되기 때문에 더 큰 위협이 되기 전에 싹을 잘라 버려야 한다. G2로 성장한 일본을 플라자 합의로 한 방에 보내 버렸듯 중국 역시 커지기 전에 밟아 버리기 위해 미국이 나선 것이다.

2000년대 초중반에 중국은 미국 GDP의 40%를 넘겼지만, 2008년 서브프라임 모기지 사태로 인해 미국이 무역전쟁을 할 수 있는 펀더멘털이 안 되었음과 동시에 과거 중국이라는 나라를 너무 과소평가했기 때문에 중국을 꺾어 놓을 황금기를 놓쳐 대대적인 중국 견제 시기가 2010~2020년대로 미뤄졌을 뿐이다. 덩샤오핑은 자신을 드러내지 않고 때를 기다린다는 의미의 '도광양회'를 신신당부했지만 시진핑은 국가가 어느 정도 성장하자 여지없이 이빨을 드러냈다. 패권 도전은 어쩌면 필연적이다. 우리나라는 자유 진영의 미국과 동맹국인데 무작정 미국의 편을 들 수 없는 것 역시 중국은 대한민국과 가장 가까운 나라이며, 수출로 먹고사는 나라의 수출액의 상당 부분이 대중국 무역으로 발생하기 때문이다. 그렇기 때문에 중국의 심기를 건드리면서 대놓고 친미를 할 수 없는 패권국 사이에서 아슬아슬한 줄타기를 할 수밖에 없는 것 역시 지정학적인 이유와 국제정세 때문이다.

러시아 우크라이나 전쟁 역시 지정학적 이유로 필연적으로 발생할 수밖에 없다. 그 이유를 러시아 우크라이나 전쟁이 발발하기 10년도 더 전에 피터 차이한이라는 지정학 전문가가 예견한 바 있다. 러시아는 젊은 인구의 급격한 감소로 종말이 예측됨과 동시에 계속 동진해 오는 나토 연합과의 국경이 너무 가까우며 산맥과 같은 자연적 방패가 없어 수도인 모스크바까지 빠르게 점령당할 수 있기 때문에 완충지대가 필요하다. 우크라이나 방향으로 갈수록 지리적 방벽이 생겨 방어해야 할 지역이 3,000마일에서 600마일 이하로 줄어들기 때문에 더 적은 규모의 군대로도 방어가 가능한 것이다. 또 러시아는 바다와 접하는 면적은 넓으나 매서운 추위로 인해 얼지 않는 부동항이 없기 때문에 우크라이나를 점령해야 흑해를 통해 대양으로 나갈 수 있는 교두보를 확보할 수 있다. 러시아의 여러 내부 상황을 유지했을 때 근 미래에 몰락할 수밖에 없기 때문에 살아남고자 우크라이나를 침공했다는 것이다. 우크라이나를 침공하기 전 크림반도 합병이 있었던 이유 역시 마찬가지 이유이며, 우크라이나 전쟁 전의 사전작업에 불과한 것이었다. 따라서 우리는 푸틴이라는 미친 독재자의 전쟁범죄가 아닌, 더 넓은 시각으로 국가의 생존이라는 측면에서 바라볼 필요가 있다.

미국과 사우디아라비아가 최근 사이가 틀어진 것 역시 국제정세 이유다. 1971년 미국은 브레튼우즈 체제, 즉 금본위제를 폐지하는 닉슨 쇼크가 발생했고 더 이상 달러라는 화폐를 보증해 줄 수 있는 수단이 사라졌기 때문에 패권 및 기축통화 유지에 큰 영향을 미칠 수 있었다. 당시 외교의 신이라고 불린 헨리 키신저가 미국이 사우디아라비아를 보호해 주고 그 대가로 석유를 달러로만 거래할 수 있게 하는 페트로 달러 시스템을 구축하였다. 국가 운영과 경제성장에 필수적인 에너지 자원인 석유를 달러 화폐와 패깅을 한 것이다. 이후 셰일혁명과 더욱더 강해진 미국의 패권과 달러의 기축통화로 인해 사우디아라비아가 필요 없어졌고 미국이 사우디아라비아와 약속했던 것들을 지켜 주지 않자 사우디아라비아 역시 미국을 손절하며 석유를 달러 외 중국의 위안화와도 거래하겠다는 협약을 맺는 등의 국제정세의 판이 개별 국가의 처한 상황이 달라지며 새롭게 재편되고 있다.

이 과정에서 사우디아라비아는 미국의 역린인 달러 패권에 도전한 것과 마찬가지이므로 앞으로 양 국가 간에서 어떤 일이 벌어질지는 모르겠다. 또 미국이 아프가니스탄에서 미군을 철수하면서 마지막으로 중동에 손을 떼게 되는데 셰일혁명으로 인해 완벽한 에너지 독립을 구축한 미국 입장에서는 자국 군인들을 사지로 몰아넣으며 8,000조 원이라는 천문학적인 돈을 퍼부어 가며 에너지 패권을 유지하기 위해 이라크 전쟁과 같은 일들을 치를 필요가 없어졌기 때문일 뿐이다. 우리나라 역시 미국과 현재 우방국 상태를 유지하고 있지만 순진무구하게 미국을 무한히 신뢰하고 의존해서는 안 되며, 남에게 의존하지 않고 스스로 지킬 수 있는 강력한 자주 국방력을 필두로 국가 간 경쟁에서 살아남기 위한 자체적인 경쟁력을 갖추고 있는 것이 필수적이다.

결국 모든 국가 역시 개인과 마찬가지로 자신이 생존하고 유리한 방향으로 행동할 수밖에 없으며, 선진국이라고 해서 모두 이성적이지 않고 각자 각국의 이기심을 가장 많이 채울 수 있는 방향으로 서로 협력하고 뺏고 뺏긴다. 외교야말로 국가의 존망을 가르는 가장 중요한 요소이다. 국가와 정부 역시도 한 개인이 뭉친 집단에 불과하고 합리성과 이성만 존재하는 것이 아니라 야생에 가까울 정도로 잔인하고 차가우며 비합리적이고 비이성적인 일들이 비일비재하다. 따라서 역사, 전쟁사, 국제정세, 정치, 외교, 지정학 등 인문학 지식을 갖추면 갖출수록 세상을 바라보는 시야가 넓어지며, 세상에서 일어나는 복잡한 일들의 이치를 이해할 수 있게 된다.

선승구전(先勝求戰)하라

《손자병법》에 '선승구전(先勝求戰)'이라는 말이 나온다. '전쟁은 싸워서 이기러 들어가는 것이 아니다. 먼저 이길 수 있는 상황을 만들어 놓고 그 승리를 확인하러 들어가는 것이다.'라는 뜻이다. 우수한 장수는 먼저 이겨 놓고 싸움은 그저 확인하는 것일 뿐이며, 무능한 장수는 전투가 벌어지면 그때서부터 이번 전투에서 이길 궁리를 한다. 선승구전이라는 말은 수 세기 전 전쟁과 전투에서만 사용되는 개념이 아니라 21세기 자본주의를 살아가는 나에게도 적극적으로 활용할 수 있는 개념이다.

선승구전(先勝求戰)하기 위해서는 어떤 인생의 전략을 펼쳐야 하는가? 전략이라는 말도 전쟁에서 이기기 위한 군사적 활동으로서 먼저 탄생한 용어이다. 전략을 세우라는 말을 듣는다면 전략이라는 말 때문에 어렵게 생각하거나 복잡하게 생각하기 마련이다. 하지만 전략이라는 말은 매우 단순하다. 전략은 '무엇을 포기할지'에 대한 의사결정이다. 한 개인이든 국가든 기업이든 리소스가 제한되어 있고 현 상황 속에서 최대한 합리적인 의사결정을 이끌어 내야만 한다. 이것을 '제한된 합리성'이라고 한다. 내 인생에서 차지하는 무수히 많은 잡다하고 쓰잘데없는 요소들을 모조리 제거하고, 의미 없는 아집도 겸허하게 내려놓을 줄 알아야 한다. 나에게 있어서 가장 중요하고 가장 큰 파급력을 가져다줄 요소 몇 가지만 추려 그 일에 집중하는 것이 바로 인생의 전략이며 선승구전할 수 있는 방법이다.

그렇다면 선승구전할 수 있는 인생의 전략은 어떻게 세워야 하는가? 가장 중요한 것은 바로 메타인지이다. 내가 처한 환경과 상황, 나의 강점과 약점, 경쟁력, 특기, 흥미와 같은 요소들을 1인칭 시점이 아닌, 감정이나 스스로에 대한 고정된 인식을 버리고 최대한 객관적인 3인칭 시점으로 냉정하게 판단해야 한다. 전쟁, 기업의 성장, 국가의 존망, 개인의 성공 역시 메타인지를 높이고 자신이 보유한 자원을 우선적으로 명확히 파악하는 것에서부터 출발한다. 내 강점과 약점을 제대로 모른 채 세상에 뛰어들게 되면 맨몸으로 목숨이 걸린 전쟁터에 뛰어드는 것과 같다. 그렇기 때문에 필패하는 것이다. '나'라는 사람도 한 기업이나 한 국가와 마찬가지로 나만의 고유한 경쟁우위를 발굴해 내고, 이 경쟁우위를 더욱더 차별화시켜 진입장벽을 세워 결코 무너뜨릴 수 없는 성의 해자로 만들어야 한다. 오늘부터 당신은 당신이라는 기업을 운영하는 오너가 된다면 그 기업을 어떤 전략을 바탕으로 어떻게 운영할 것인가? 당신을 당신이 투자하는 기업으로서, 또는 당신이 멘토로 가르치는 학생으로서의 관점으로 바라본다면, 어떻게 분석하여 가장 효과적인 인생의 로드맵을 그려 줄 것인가?

당신의 강점은 무엇인가? 무엇을 할 때 물아일체와 같은 몰입의 경험을 하고 하기 싫은 일이 아닌 놀이로서, 즐거움으로 인식하고 당신의 모든 에너지, 시간, 열정을 쏟아붓는가? 당신의 약점이나 불리한 부분은 무엇인가? 절대로 당신의 약점에 매몰되지 말아라. 몇 가지 약점 때문에 주눅이 들고 자신감이 없고 스스로에 대한 평가절하를 하지 마라. 단점 없는 사람은 그 누구도 없으며, 강단에 서서 당당하게 마이크를 쥐고 있는 당신의 위대한 멘토 역시 자신의 강점만을 갈고닦아 성공을 쟁취했기 때문에 단점이 장점에 가려져서 보이지 않는 것일 뿐이다. 인간성에 문제가 있었던 스티브 잡스를 떠올려 보면 쉽게 이해가 된다. 완벽해 보이는 사람조차 약점과 단점은 있고 약점에만 매몰되어 개선하려고 노력하는 것보다 자신의 명확한 강점을 더 뾰족하게 만드는 것이 훨씬 더 유리하다. 단점에만 집중하게 되면 정작 성과를 낼 수 있는 부분에서의 성장이 일어날 수 없으며, 더디고 효과 없는 단점만 무한히 개선하려고 하는 쳇바퀴만 무의미하게 돌 뿐이다. 자신의 강점을 더욱더 뾰족하게 만들어라. 베일 듯이 날카로운 검의 날처럼 만들고 강철도 뚫을 수 있을 만큼 단단하고 뾰족한 송곳으로 세상을 파고들어라.

스스로에 대한 성찰은 한계가 있을 수밖에 없다. 자기 자신에 대한 생각은 여러 방어기제나 나의 인식, 자아 때문에 정확하게 이루어질 수 없기 때문이다. 요즘 유행하는 MBTI 검사나 에니어그램, BIG5, 갤럽 Strengths Finder, TCI 검사 등을 해 보는 것도 좋을 것이며, 속마음을 터놓을 수 있는 친한 친구나 가족들에게서 냉정하게 자기 자신에 대한 이야기를 있는 그대로 경청하고 모조리 메모하여 계속 곱씹어 생각해 봐야 한다. 만약 어렵게 자신에 대해 솔직하게 말해 주는 상대에게 불편한 이야기를 듣고 화를 내거나 받아들이지 않는 자세를 보인다면 앞으로 그들은 당신 앞에서 영원히 솔직한 말을 하지 않을 것이고 듣기 좋은 말, 당신이 듣고 싶어 하는 말만 할 것이기 때문에 듣는 태도가 가장 중요하다. 또는 심리 상담이나 심리 상담소에서 하는 각종 심리 검사를 전문적으로 받아 보는 것도 상당한 도움이 된다. 먼저 나를 알아야 하고 나의 강점과 감정들을 있는 그대로 인정하고 받아들이고 여기서 앞으로 나아가야 할 방향성과 전략, 문제 해결 방법을 고민해야 한다.

자신의 내면을 깊이 들여다보고 안 좋은 기억, 단점, 방어기제를 생각하는 것은 고통스럽고 불편하고 피하고 싶다. 본능적으로 당신의 자아가 다치지 않기 위해서 정신은 자동적으로 연막탄을 터트려 당신의 눈과 귀를 멀게 하고 끊임없이 훼방을 놓을 것이다. 인생에 있어서 가장 거대한 적은 헬조선이라고 불리는 2020년대 대한민국도, 승진경쟁을 벌이게 될 당신의 입사 동기도, 경쟁사도 아닌 당신 스스로이다. 당신이 얼마나 스스로에 대해 솔직하고 있는 그대로 받아들이냐가 앞으로의 남은 인생을 좌지우지할 것이며, 선승구전할 수 있는 전략을 만들기 위해 가장 먼저 선행되어야 할 부분이다. 스스로에 대한 자각을 잘 해낸다면 전략은 알아서 만들어진다. 전체 중에서 가장 크게 차지하는 부분이 자기 스스로에 대한 앎이다.

투자 역시 마찬가지이다. 비즈니스적 관점으로 투자 대상의 글로벌 경쟁력 등 각종 경쟁우위, 진입장벽, 해자, 독점력, 마진율, 지속가능성을 냉정하게 판단하고 승리할 수밖에 없는 기업을 고르는 것이다. 가격을 시장에 전가할 수 없고 경쟁사와의 단가 경쟁으로 가격을 계속 낮출 수밖에 없는 치킨게임 업종이나 아무나 진입할 수 있는 업종은 기피해야 한다. 정부에서 진입에 대한 규제를 하거나 결코 따라갈 수 없는 독보적인 기술적 해자를 가진 기업에 투자해야 한다. 시대라는 거대한 메가 트렌드 속에서 파도를 탈 수 있는 기업에 투자해야 한다. 예를 들어 지난 수년간 1,000% 이상 상승한 엔비디아의 경우 AI 패권 전쟁이라는 거대한 메가 트렌드 속에서 AI 연산 작업을 위해 수조 원 이상 설비에 투자하는 하이퍼스케일러들에게 어떠한 경쟁도 하지 않은 채 중간에서 GPU를 거의 독점적으로 납품하여 엄청나게 높은 매출액과 순이익을 기록하고 있다. 전 지구가 인터넷으로 연결된 현재, 페이스북, 인스타그램, 왓츠앱 등 전 세계 수십억 명 이상이 사용하는 SNS를 독점하고 있는 메타, 전 세계 90% 이상의 신용평가를 독점하고 있는 무디스, S&P, 피치 등 위의 요소를 갖춘 기업들에 투자해야 한다. 각종 경쟁력과 독점력이 깨질 경우 과감하게 다른 기업에 투자해야 한다.

위 개념은 부동산에서도 적용할 수 있다. 규제나 진입장벽이 덜해 마음만 먹으면 1년 내에도 무한정 지어 올릴 수 있는 빌라나 오피스텔에 투자하겠는가? 각종 규제로 인해 그 과정이 어렵고 이해관계가 복잡하여 공급에 오랜 기간이 걸리고 선호하는 사람들이 많은 아파트에 투자하겠는가? 인구 감소라는 메가 트렌드를 피할 수 없는 현실 속에서 계속해서 인구가 감소하고 생산과 소비를 할 젊은 인구가 매년 빠져나가는 지방 소도시에 투자하겠는가? 아니면 나라의 모든 자본과 일자리가 몰리고 누구나 살고 싶은 수도권의 핵심지에 투자하겠는가? 강남이나 판교, 용산의 집값이 비싼 이유가 바로 기업에 투자해야 할 때 바라봐야 하는 경쟁력, 독점력, 지속가능성 등과 마찬가지로 부동산적 경쟁우위가 다른 지역보다 월등히 높기 때문이다. 직장을 고를 때 역시 마찬가지로 당신이 향후 창업을 할 목적이 아니라면 진입장벽이 낮으며, 독점력이 없어 누구나 쉽게 접근할 수 있는 치킨게임 업종에 도전하는 것보다는 반대인 업종과 기업을 골라 입사를 하는 것이 유리하다. 그런 기업에 들어가게 되면 내가 일을 해서 돈을 버는 것이 아니라 시스템과 구조가 돈을 벌어다 준다.

직장 근처에 살아라

대부분 직장인들이 출퇴근 시간에 많은 시간을 허비하고 있다. 왕복 1~2시간은 기본적으로 소요가 되며, 경기도 외곽에서 서울로 출퇴근을 하는 경우 왕복으로 3~4시간을 길바닥에서 허비를 한다. 서울 내에서도 출퇴근으로 평균 2시간이 걸린다고 가정했을 때 1주일에 10시간에 달하는 시간을 허비하고, 한 달이면 40시간이며 1년이면 무려 500시간에 달하는 시간을 오직 출근과 퇴근을 하기 위해서 허비한다. 이 500시간은 대학원 2년간 정규 교육과정 시간과 동일하다. 하루 24시간 중 모든 시간을 활용할 수 없고 수면 시간과 출근 준비 시간, 출퇴근 시간, 업무 시간, 식사 시간 등을 제외하면 하루에 온전히 나만을 위해 활용할 수 있는 시간은 2~3시간 남짓에 불과하다.

고단하고 내 소중한 시간을 잡아먹는 출퇴근을 누가 자발적으로 하고 싶어서 하겠는가? 좋은 일자리는 특정 지역에 몰려 있으며, 그 지역의 임대료는 비싸고 업무지구와 거리가 있는 본가에서 부모님과 월세를 내지 않고 종잣돈을 조금이라도 더 모으며 살기 위해 힘들어도 참으며 희생을 하는 것이 아닌가? 월급이 아직 적은 사회 초년생 기준으로 단순히 계산 했을 때 한 달에 40시간만 내가 희생하면 비싼 월세와 공과금, 생활비 등을 아낄 수 있으니 내 시간당 급여보다 높은 1시간에 2만 원을 아끼는 것이라는 결과가 나올 것이다. 본가에서 왕복 1시간 내외로 출퇴근하는 경우에는 본가에서 사는 게 여러모로 좋을 수 있으나 왕복 2시간이 넘어가면 오히려 나와 직장 근처에 월세나 전세 임차로 사는 것이 좋을 수 있다.

시간을 팔아서 비용을 아끼는 것에서 벗어나서 나의 한정적인 시간과 에너지라는 리소스적인 측면에서 바라볼 필요가 있다. 매일 아침마다 지옥철이나 만원 버스를 타면서 출퇴근으로 흘려보내는 시간과 스트레스, 육체적 고통으로 인해 전반적인 삶의 질이 감소하며, 이미 지친 채로 출근을 할 경우 업무의 퍼포먼스 역시 감소하게 되고 나도 모르게 예민하게 된다. 퇴근 후 녹초가 되어 집에 들어오면 아무것도 하기 싫고 하루가 아깝다고 느껴지기 때문에 남은 3시간을 생산적인 활동을 하기보다는 소파에 누워 예능방송을 보거나 스마트폰을 만지다가 늦게 자기 때문에 수면시간 역시 부족해져 다음 날 반은 살아 있지 않은 상태로 또 하루를 치열하게 보내야 한다. 출퇴근 시간을 잘 활용하면 된다고? 나는 대중교통을 타면서 책을 읽거나 하는 자기개발을 하는 사람을 나를 제외하고 거의 본 적이 없다. 십중팔구는 드라마를 보거나 쇼츠 영상, SNS, 친구와의 카톡, 쇼핑, 음악감상 등을 하며 의미 없는 시간을 보낸다. 이런저런 합리화를 하고 힘들기 때문에 마음먹은 대로 하기 쉽지 않은 게 바로 인간이기 때문이다.

만약 출퇴근 시간이 왕복 30분으로 단축되면 어떻게 될까? 같은 시간에 일어나도 아침에 운동을 하거나 독서를 하고 출근을 할 수 있으며, 업무의 퍼포먼스 역시 높아진다. 고단한 대중교통을 이용하지 않았기 때문에 부정적인 감정이나 스트레스 역시 감소한다. 퇴근 후에도 에너지가 넘치고 나만의 시간이 많이 남아 있기 때문에 학원을 다닌다든지 조금 더 미래를 위한 생산적인 활동에 시간을 쓸 수 있기 때문에 단순히 출퇴근 시간 2시간을 팔아서 월세를 세이브한다는 관점으로 바라보기보다는 투자적 관점으로 당장 월세가 부담스럽더라도 직장을 운동 삼아 걸어 다닐 수 있는 정도의 거리에 자취방을 마련하고, 시간을 더 효율적으로 활용하여 장기적으로 더 높은 연봉 상승률과 커리어, 만족감, 개인의 성장 등을 이룰 수 있다.

월급이 적은 중소기업의 초년생이라면 첫 직장은 월세가 비싸고 거리가 먼 강남과 같은 주요 업무지구가 아닌 본가와 가깝거나 구로디지털단지와 같은 주변 임대료가 저렴한 곳을 의도적으로 선택하는 것도 방법이다. 주요 업무지구에 위치한 직장의 조건이나 회사의 수준을 조금 포기하더라도 저렴한 월세를 내면서 직장 근처에 살고 초기 몇 년 동안은 시간을 악착같이 활용하여 경력을 쌓음과 동시에 자기개발을 통해 더 좋은 조건의 직장으로 이직을 할 수 있다. 월급 20~30만 원을 더 받기 위해 긴 출퇴근을 감수하는 선택도 물론 합리적인 선택이겠지만, 방금 제시한 방법 또한 장기적인 관점에서 시간만 충분히 잘 활용한다면 오히려 더 높은 성과를 낼 수 있을 것이다. 이 전략을 예시로 짜 본다면 취업 후 직장인들을 위한 대학원에 들어가기로 계획하고, 합격한 대학원의 근처에 위치한 직장과 자취방을 잡는다면 1타 3피의 효과를 볼 수 있을 것이다.

신용관리와 노후준비는 20대부터 해야 한다

우리 집은 IMF의 직격탄을 맞고 사업이 망하면서 은행에서 빌린 돈을 갚지 못해 신용불량자가 되었다. 신용불량자가 되면 카드 발급이 불가능해지며 대출도 받지 못한다. 채권추심 대상이 되어 통장이 압류되기 때문에 통장으로 월급을 받는 직업을 선택할 수 없고, 현금으로만 받는 막노동과 같은 한정된 일을 해야 한다. 카드가 없기 때문에 할부 거래가 아예 불가능하여 당장 필요한 물건을 구매하는 것 역시 대부분 어렵기 때문에 생활에 매우 불편하다. 은행 거래 역시 카드나 계좌에서 실시간으로 지급하는 것이 불가능해 항상 은행에 가서 무통장입금으로 진행하였다. 나는 자본주의에서 신용이 얼마나 근간이 되고 기본적인 것인지, 신용이 없다면 어떤 삶을 살아가야 하는지 어릴 때부터 뼈저리게 느꼈다. 나는 결코 신용불량자가 되고 싶지 않았기 때문에 20대 초반부터 KCB에서 제공하는 신용관리 서비스인 올크레딧과 NICE신용평가의 나이스지키미라는 유료 서비스를 이용하여 사회 초년생에게 부여되는 등급인 5~6등급에서 1등급으로 올려 최대 1,000점 만점의 신용점수를 기록할 만큼 신용관리에 철저하게 신경을 썼다. 신용점수와 급여를 기반으로 동일 연령과 비교해서 평균 대출금액이 10배 이상에 달할 만큼 우량 자산을 구매하는 데 레버리지를 활용할 수 있었고, 뱅크샐러드와 같은 핀테크 서비스에서 제공하는 통계상 동일 연령 및 성별에서 순자산이 상위 1% 안에 들어가는 데 신용관리가 큰 기여를 했다.

지금 우리가 살아가고 있는 사회 시스템이 자본주의 시스템이라는 것을 부정할 사람은 아무도 없을 것이다. 자본주의란 무엇인가? 자본주의는 그야말로 신용으로 돌아가는 '신용사회'이다. 미래에 성장할 가능성과 그 성장으로 인해 현재보다 더 큰 과실을 얻을 수 있다고 판단하여 미래의 자원을 현재로 끌어와 대출과 투자를 통해 더 빠른 사회의 성장과 더 많은 부를 창조한다. 신용은 자본의 창조와 자본의 팽창이다. 신용은 기업에만 있어서 중요한 것이 아니라 개인도 마찬가지로 신용이 삶에 있어서 굉장히 중요하다. 개개인별로 여러 가지 요소를 통해 얼마나 돈을 빌려서 성실하게 상환할 수 있는지를 판단하는 신용점수가 있다. 개인의 신용은 NICE평가정보와 코리아크레딧뷰로(KCB)에서 개개인별로 소득, 신용카드 사용이력, 현재 대출 상황, 연체이력, 통신비 내역과 같은 각종 비금융 정보 등 다양한 요소를 통해 점수를 내며, 은행 역시 은행별로 신용평가 시스템이 있어 은행에 돈을 빌리러 갈 경우 NICE와 KCB에서 낸 점수와 은행 내부 신용평가 시스템을 거쳐 돈을 빌려줄지 말지를 판단하고 최종적으로 실행이 된다.

신용관리가 중요하다는 것은 누구나 알지만 젊어서 관리하는 사람들은 극소수이다. 마치 신체를 건강하게 하기 위해 20대부터 꾸준한 운동을 하는 것과 같다. 실제로 개인신용평가사에서 제공하는 신용관리 서비스를 이용하는 20대 고객이 차지하는 비중은 매우 적고 대부분 신용점수가 낮아 대출을 받기 어려운 저신용 40~50대 고객이 주를 이룬다. 미리 일찍부터 관리하기보다 경제활동을 꾸준히 하고 대출이 필요한 시기에 닥쳐서 급급하게 내 대출 조건에 들기 위해 다양한 신용관리 서비스를 이용해 보지만, 평생 동안의 금융 이력을 바탕으로 신용점수가 정해지기 때문에 단기간 이런저런 노력을 해 보지만 그간 누적된 정보들로 인해 좋은 결과는 얻지 못한다. 보통 20대의 경우에는 대학생활을 하거나 이제 막 사회에 발을 딛고 나온 초년생들이기 때문에 신용관리와 같은 것들은 눈에 잘 들어오지 않을 것이다. 하지만 자본주의라는 이 땅을 살아가고 내가 부자가 되고 싶다면 레버리지가 필요한 순간이 필연적으로 다가오고 이때 나의 신용이 내 발목을 잡고 만다. 평생 집을 사지 않을 것이니까 대출이 필요 없다고? 대출은 주택구매뿐만 아니라 생각보다 다양한 순간에 필요하며, 절대절명의 급한 순간에 조금의 돈도 빌리지 못해 인생이 비극으로 변해 버린 사람들도 알게 모르게 굉장히 많다.

한번 신용불량자가 되면 은행에서 돈을 빌릴 수 있을 만큼 신용이 회복되려면 최소 10년 이상의 시간이 필요하고 난이도도 훨씬 높다. 어쩌면 평생 은행에서 돈을 빌리지 못하고 흔하디흔한 신용카드조차 발급받지 못할 수 있다. 할부 거래가 가능하지 않아 물건을 오로지 현금으로 주고 사야 하는 것이다. 오히려 아무런 기록이 없는 씬파일러(Thin Filer) 사회초년생부터 적절하게 신용관리를 꾸준히 하는 것이 신용이 나빠졌을 때

회복하려고 갖은 노력을 다하는 것보다 훨씬 수월한 일이다. 건강과 마찬가지인 것이다. 따라서 첫 회사에 취업한 순간부터 신용카드를 발급하여 한도를 최대한 높여 나가며 한도의 10~20%가량을 꾸준히 연체 없이 사용해야 한다. 신용카드를 쓰는 것 자체가 1개월짜리 단기 대출이며, 5~7년 이상의 신용카드 사용 이력이 누적되는 것이 중요하다. 통신요금과 같은 비금융정보도 영향을 미치기 때문에 요금 미납도 해서는 안 되며, 카드 리볼빙이나 대출 연체는 매우 치명적이다. 신용관리를 위해 토스나 카카오페이에서 제공하는 무료 신용 서비스를 이용하거나 NICE, KCB에서 제공하는 유료 신용관리 서비스에 돈이 아깝더라도 연간 1~2만 원이 아닌 미래의 1~2억을 바라보며 일찍부터 투자해야 한다.

투자적 관점으로 봤을 때도 20대부터 신용관리를 철저하게 하지 않으면, 미래에 신용 상태가 좋지 않아서 내가 사고 싶은 집의 대출 한도가 필요한 만큼 나오지 않거나 거절되고 2금융권에서 비싼 이자를 내고 돈을 빌려야 한다. 충분한 레버리지를 내지 못하고 더 비싼 이자를 물어야 하는 것은 장기적으로 내 자산의 규모와 수익률을 굉장히 제한하는 일이다. 잦은 카드 연체나 통신비용 연체로 인해 요즘 젊은 신용불량자들이 많다고 한다. 안타깝게도 이들은 미래에 필요할 때 돈을 빌리지 못할 것이다. 같은 5억 원짜리 집을 사기 위해 신용관리를 잘해 온 사람은 소득에 따라서 대출 한도가 집값의 80%까지 나오기 때문에 1억 원의 적은 시드 머니로도 투자가 가능하지만, 신용점수가 낮거나 신용불량자들은 대출이 나오지 않아 5억 원을 모조리 현금으로 마련해야 한다. 시드 머니를 모으기 위해 몇 곱절이나 어려울 것이며, 모으는 기간 동안 집값은 더 올라 버려

주택 마련을 영영 못 할 수도 있다. 신용관리와 관련된 서비스를 이용하고 관련된 정보를 취득하여 KCB와 NICE에서 각 950점 이상의 점수를 꾸준히 유지하는 것이 좋다. 대출이 필요한 언제든지 1금융권에서 불이익을 받지 않고 투자가 가능하기 때문이다.

노후준비도 마찬가지이다. 설문조사에 따르면 노후준비를 시작하는 시기는 40대 중반이 절반이며, 나머지 절반은 별다른 노후준비를 하고 있지 않다고 응답하였다. 노후준비가 잘되어 있다고 대답한 사람은 7%에 그쳤으며, 53%의 사람이 국민연금에 노후를 의존하고 있다. 현재 평균적인 국민연금 수령액을 보면 매달 필요한 생활비에 비해 턱없이 적은 돈을 수령하고 있다. OECD에서 노인 빈곤율이 가장 높은 것이 대한민국의 현실이다. 많은 사람들이 노후가 중요하다는 것을 알고 필연적으로 자신에게 다가올 미래임을 알지만서도 당장 오늘 하루를 사는 것이 팍팍하고 여유가 없어 계속 뒤로 미뤄지고 노후준비를 해야 하는 시기가 왔음에도 별다른 준비를 하지 않고 그대로 은퇴를 맞이한다. 비극이 시작되는 것이다.

따라서 노후준비는 20대부터 해야 한다. 취업, 회사생활, 연애 등 놀기 바쁘고 쓰기 바쁘고 노후라는 것은 나에게는 다가오지 않을 머나먼 미래로 느껴질지 모르겠지만 40~50대에 가서 노후준비를 하는 것보다 20대 때부터 경각심을 가지고 인생을 긴 시계열로서 미리 계획을 세우고 준비하는 것이 돈과 시간, 에너지가 훨씬 적게 들면서도 시드 머니가 시간이라는 것을 먹고 자라 연금을 수령하게 될 시기가 온다면 돈이 엄청나게 불어나 여유로운 노후생활을 보낼 수 있다. 만약 내가 25세에 처음 취업한 초년생이라면 한 달에 50만 원으로 연금저축계좌에 S&P500 ETF를 꾸준히 매수하기만 해도 65세가 되어 연금을 수령할 나이가 되면 나의 자산은 28억 원으로 불어나 있다. 원금은 2억 4,000만 원에 불과하지만 그 수익금이 무려 25억 6,000만 원에 달한다. 그 돈은 또 굴려져 66세가 되면 31억 원에 달할 것이며 또 내년에는 34억 원으로 불어나 있을 것이다.

이렇게 불어난 돈으로 적절하게 수령하여 생활비는 물론 병원비, 간병비, 손주들 용돈, 여행이나 취미생활 등을 하며 풍족한 노후생활을 보낼 수 있는 것이다. 만약 50세에 월 200만 원씩 15년간 연금 계좌에 납입할 경우 65세에 얼마가 되어 있을까? 8억 원이다. 물론 이 돈이 결코 적은 돈은 아니지만 40년 뒤의 화폐가치를 고려했을 때 현재 가치보다 월등히 낮은 구매력을 가지기 때문에 풍요로운 노후생활을 보장받을 수 없다. 15년이라는 기간도 결코 짧은 시간이 아니지만 전체 자산은 20대 때부터 소액씩 긴 시간 투자한 사람과는 굉장히 상이한 결과를 얻는다. 원금에서도 상당한 차이가 발생한다. 20대부터 소액씩 준비해 온 사람의 원금은 2억 4,000만 원이지만, 50대부터 월 200만 원을 납입한 사람의 원금은 3억 6,000만 원이고 수익금은 4억 4,000만 원으로 수익률 또한 일찍 준비한 사람보다 훨씬 낮다. 낮은 금액에서 생활비를 인출해서 나머지 돈으로 굴려야 하기 때문에 복리 효과도 감소할 수밖에 없다. 그렇기 때문에 일찍부터 장기적인 계획을 세우고 준비하는 것이 오히려 돈이 적게 들면서도 시간을 먹고 자란 원금이 복리의 마법을 발휘해 엄청난 수익금으로 나에게 돌아오는 것이다.

몸담은 업종과 직무가 중요하다

평범한 직장인으로서 월급만을 가지고 부자가 되기 어려운 요즘 누구나 재테크를 통해 부자가 되고 싶거나 언젠가는 더 큰 돈을 벌기 위해 개인사업을 하고 싶다는 생각을 할 것이다. 그렇기 때문에 돈이 되는 정보가 있고, 돈이 흐르고, 트렌드가 흐르는 곳, 비즈니스를 배울 수 있는 업종과 직무를 선택하는 것이 부자가 되는 데 있어서 매우 중요하다. 물론 어느 분야를 막론하고 자신이 몸담은 직무에서 실력이 있다면 사업화를 하는 것도 가능하겠지만 나의 경우에는 경영학과를 나와 커리어 초기 광고대행사에서 마케팅의 전반적인 부분을 배우며 여러 업종에 있는 클라이언트들의 광고를 관리해 주는 역할을 맡았다. 향후 자체적으로 기업 내부에서 마케팅 활동을 하는 인하우스 마케터로 여러 차례 이직을 하며 온라인 쇼핑몰을 운영하는 회사와 프랜차이즈 가맹 본사, 금융업 및 부동산 업계에서 많은 경험을 할 수 있었다. 모두 돈이 되는 정보가 있고, 돈이 흐르고, 트렌드가 흐르는 곳, 비즈니스를 배울 수 있는 업종과 직무였다. 따라서 개인이 충분히 진출해 사업을 할 수 있는 온·오프라인 비즈니스에서 특히 중요한 마케팅 업무 경험이 있다는 점이 평생에 걸쳐 베네핏을 줄 것으로 보인다.

재테크와 연관되어서는 2020년 코로나 팬데믹으로 인해 주가가 박살이 나고 있던 시기에 여의도에 있는 증권가의 금융사 중 하나로 이직하였다. 코로나가 오기 전부터 주식 투자에 대해 관심이 많아 공부와 투자를 하고 있었지만 코로나가 가져다준 위기는 엄청난 기회로 포착되어 곧바로 이직을 통해 금융 산업에 속해 다양한 정보와 공부를 업무 시간에도 할 수 있었다. 다른 직종이었다면 하루 종일 일에 얽매여 주식 투자에 대한 공부를 할 시간이 별로 없었겠지만 그런 선택과 결단이 업무 시간에도 짬짬이 공부를 할 수 있게 만들었고 그동안 모은 돈과 매달 받는 월급을 생활비를 제외하고 전부 주식에 투자하여 매우 높은 수익률을 거둘 수 있었다. 2022년 국내 주식과 미국 주식 등이 반등을 거쳐 전고점을 넘는 상황 속에서 미국발 금리인상으로 인해 한국 부동산이 갑자기 폭락을 하기 시작했다. 나는 여기서도 또 한 번 기회를 포착하였고 바로 부동산 업계로 발빠르게 이직을 하였다. 역시 업무 시간에도 '시장조사'라는 명목 아래 부동산 공부를 할 수 있었고, 부동산 시장이 가장 심하게 얼어붙었던 2022년 12월 바닥에서 그동안 주식 투자로 번 돈으로 매입한 부동산이 2년이 지난 현재 부동산 시장이 상급지 위주로 전고점을 돌파하면서 엄청난 수익을 안겨 줬다. 짧은 시기에 연달아 찾아온 기회에 적극적으로 반응하여 잠자는 시간을 제외한 눈을 뜨고 있는 모든 시간을 할애하여 폭락한 자산에 대한 공부를 말 그대로 미친 듯이 하였고, 대중과는 반대되는 용기 있는 결단을 통해 경제적 자유를 단기간에 이룰 수 있었다.

사실 개인이 직장 외에서 다르게 할 수 있는 것이라고는 재테크와 부업 형태의 개인사업이 전부이기 때문에 무조건 이와 관련된 직장에서 관련된 업무를 해야 한다. 만약 내가 의류 쇼핑몰을 창업하고 싶다면 무조건 의류 쇼핑몰을 운영하는 회사에서 MD 또는 마케팅 등의 직무로 커리어를 쌓아 가야 하며, 재테크를 하고 싶다면 스펙이 부족하여 증권사나 은행사에 들어갈 수 없더라도 투자와 관련된 중소기업을 다니거나 부동산에 관심이 많다면 부동산과 관련된 어디라도 들어가는 것이 좋다. 해당 산업과 직무가 얼마나 내가 하고자 하는 투자 활동이나 향후 계획 중인 사업 활동에 관련이 있느냐에 따라서 접근할 수 있는 정보의 깊이도 다르며, 남는 시간에 일을 하는 척하면서 개인 공부를 할 수 있다. 아무리 해당 업종에 종사하더라도 관련성이 부족한 업무를 하는 사람이 근무 시간에 해당 내용을 본다면 딴짓을 하고 있는 것이라고 보일 수 있기 때문이다. 하지만 관련성이 높은 직무라면, 남는 시간에 동료들과 잡담을 하거나 몰래 인터넷 쇼핑을 하는 것이 아니라 업계에 대해 지속적으로 자기개발을 하는 훌륭한 직원으로 보이면서 자신이 원하는 스킬을 배울 수 있다. 약간의 연봉을 포기하더라도 이런 산업이나 분야에 몸담을 경우 향후에 내가 벌어들일 수 있는 돈의 크기가 몇 제곱으로 커지기 때문에 투자의 일환으로 생각해야 한다.

개인적으로 추천하고 싶은 직무는 마케팅이다. 나는 다른 직무를 경험해 본 적이 없고 오로지 퍼포먼스 마케팅 업무 경험밖에 없지만 그럼에도 이 직무를 추천하고 싶다. 결국 투자를 하거나 사업을 할 때에도 마케팅을 빼놓을 수 없으며, 마케팅 활동이 없으면 기업은 매출을 낼 수 없다. 마케팅의 본질은 Value Delivery이다. Value를 창조하는 곳들은 무수히 많지만 이것을 효과적으로 고객에게 잘 전달하는 것이 21세기 산업의 공통된 본질이다. 마케팅 전략을 기획하는 단계에서도 다양한 경쟁사와 경쟁 우위 분석을 통해 시장에서 우위를 점할 수 있는 방법을 모색하게 되며, 고객을 분석하는 과정에서도 시장의 트렌드와 심리 등 비즈니스, 세일링, 인문학, 경쟁사 등을 다루어 향후 사업체를 차리거나 투자를 위해 기업 분석을 할 때에도 상당한 이점을 가진다.

이미 투자를 하기 전부터 투자자와 유사한 눈과 인사이트를 가지게 되며, 매달 집행하는 광고 예산과 이에 따른 매출액은 일종의 투자 활동과 마찬가지라고 볼 수 있기 때문에 큰 광고비를 집행하는 경우에 경력이 쌓일수록 돈에 대한 감각이 무뎌지기 때문에 감정을 담지 않고 이성적인 판단이 가능해 재테크를 함에 있어 심리적으로 덜 흔들릴 수 있었다. 하지만 해당 직무는 내 업무 성과와 실력이 매일매일 숫자로 나타나기 때문에 성과에 대해 핑계를 대거나 뭉개 버릴 수 없다. 회사 내에서도 큰 비용을 지출하는 부서이기도 하면서 매출을 만들어 내야 하기 때문에 성과를 낼 실력은 당연히 갖추어야 하며, 매출에 대한 스트레스와 압박을 굉장히 많이 받는 직무이기 때문에 쉬운 직업은 아니다. 추가적으로 추천하고 싶은 직무는 영업, 전략기획, 사업기획, PM(Product Manager) 또는 PO(Product Owner), 재무회계, BM(Brand Manager) · MD, 상품기획 · 제품개발, 애널리스트, 투자기획 등 비즈니스와 마케팅, 서비스 운영, 투자와 관련된 직무들이다.

교육에 대하여

　서울대에 진학한 학생들의 대부분은 소득이 높은 집안의 자제라는 통계는 누구나 익히 알고 있을 것이다. 학벌 역시 집안의 재력에 의해 좌지우지되는 현대에서는 자녀 세대에도 앞 세대가 이룬 부의 수준에 따라 승자승 패자패, 양극화가 벌어지는 것이 현실이다. 실제로 내가 만나 본 사람들 역시 학벌과 집안의 재력이 거의 정비례했다는 사실을 알게 되었다. 간혹 개천에서 용 나는 케이스도 있긴 하겠지만 절대적으로 학벌과 집안의 경제력은 정비례한다. 서울 상위권 대학 출신들은 대부분 집안이 좋으며, 반대로 고졸이거나 전문대, 소위 지잡대 학생들은 집안이 좋지 않은 경우가 많았고, 집안이 부유하지 않은 것을 넘어 심하게 가난한 경우도 상당히 많이 봤다. 경제력의 차이가 자녀들의 학벌의 차이를 만들었고, 이 학벌의 차이는 또다시 자식의 한평생을 좌지우지한다. 더 나아가 저학력 자녀의 자녀까지도 이 굴레의 연속성을 벗어나기 힘든 것이 잔인하고도 냉정한 현실이다.

그렇다면 가난을 벗어나기 위해 가장 중요한 것은 무엇일까? 역설적이게도 '교육'이다. 한 연구 결과에 따르면 가난한 사람들을 수십 년간 추적 관찰 하였는데, 가난을 탈출한 사람들에게서 보였던 유일한 팩터가 바로 교육이었다는 것이다. 가난한 사람들은 교육의 기회가 적지만 또 교육을 제대로 받은 가난한 사람들은 무조건 가난을 탈출했다는 사실이다. 이미 10대 청소년기가 지났거나 20대 대학 생활을 해 보지 못했거나 상위권 대학을 졸업하지 못했거나 다시 태어날 수도 없는데, 어떻게 교육의 기회를 다시 잡을 수 있을까? 교육이라는 것은 결국 배움이며, 좋은 대학을 가는 것도 포함이 되지만 독서나 직무 교육도 포함되는 굉장히 광범위한 개념이다. 집안이 가난하여 대학에 진학하지 못하였다면 방송통신대학교나 야간대학교를 무조건 가야 한다. 전문대밖에 나오지 못했다면 편입을 해서 4년제에서 학사 학위를 받거나 방송통신대학교, 사이버대학교 등에서도 2년을 직장과 병행하면서 학사 학위를 취득할 수 있다. 변변치 못한 4년제 대학을 나왔다면 직장과 병행할 수 있는 최대한 좋은 대학원에 진학을 하라고 말해 주고 싶다.

나 역시 인생을 밑바닥에서 올라올 수 있게 만든 가장 큰 요인은 '교육'이었다고 생각한다. 고졸들에게 방통대를 가라고 말하면 하나같이 부정적이고 방어적인 자세를 취하는데, 대학은 단순하게 학위를 받는 개념이 아니다. 세상을 바라보는 관점이나 생각, 자신감, 실제 노동시장에서의 달라지는 가치, 기회 등 모든 것이 달라진다. 3차원의 입체적 존재들은 2차원의 선을 이해할 수 있지만, 2차원의 선은 절대로 3차원의 입체적 존재를 이해하지 못한다. 그렇기 때문에 2차원 세상에 살고 있는 고졸들은 대학 진학에 대한 가치를 절대로 알지 못하는 것이다. 내가 고졸이었던 시절에는 잡 포털 사이트에서 지원할 수 있는 회사는 30%가 채 되지 않았다. 대부분 4년제 대졸자나 최소한 전문대졸의 학력을 요구했기 때문이다. 고졸 신분으로써 지원할 수 있는 회사는 사무보조나 단순노동, 서비스, 생산 등의 진입장벽이 낮고 저임금 노동 시장이었다. 설령 고졸 신분으로 취업에 성공했다고 하더라도 그 회사를 다니는 대부분의 직원들이 좋은 교육을 받지 못하였으므로 아비투스가 좋지 않아 계속해서 당신을 물들게 할 것이며, 안주하게 만들 것이다. 저학력은 단순히 '연봉 차이'가 아니다. 삶의 모든 환경을 좌지우지한다.

고졸 신분으로 다녔던 회사는 사무실에서 담배를 피우거나 늙은 돌싱 사장이 젊은 여직원들을 어떻게 해 보려고 애를 쓰고, 회식 자리에서 나를 나이트 클럽으로 데려가고 거기서 불법적인 약물을 사용하기도 하였다. 사무실에서 욕설이 난무하고 열받으면 소리를 지르며 키보드를 내려치는 직원, 허구한 날 둘러 모여 줄담배를 피우며 여자 이야기, 자신이 젊었을 때 패싸움을 했던 이야기, 도박 이야기를 하는 등 상식적이지 않은 상황들이 매일매일 벌어졌다. 나 역시 내 수준이 그렇기 때문에 이직을 해 봤자 그런 회사들만 다닐 수밖에 없었지만 그런 환경에 절대로 익숙해지기 싫었다. 내 수준에 너무 화가 나서 이러한 환경을 바꾸고자 방송통신대학교 경영학과에 진학하여 열악한 중소기업에서의 직장 생활과 학업 생활을 병행하였다. 그런 환경에서는 학교를 다니는 것을 밝히면 어필이 되어 열심히 산다고 응원을 해 주는 것이 아니라 나를 죽일 듯한 눈빛으로 쳐다보며 한순간 적이 되었고, 상사들은 각종 핑계로 몰아세우며 학교를 포기하게 만들고 세뇌를 하였다. 마치 매트릭스 시스템이 작동하여 〈매트릭스〉 영화처럼 온 세상이 스미스 요원이 되어 나를 끌어내리려는 느낌을 받았다. 끝내 나는 4년제 학사 학위와 여러 개의 직무 자격증을 취득하고 쌓아 온 직무 경험과 성공 사례를 바탕으로 여의도에 있는 금융 중견기업으로 이직할 수 있었다. 양복을 멋지게 입고 여의도 증권가를 거닐며 고학벌의 젠틀한 직원들과 함께 일할 때 나는 '살았다'라는 안도감을 느꼈다. 불과 얼마 전까지만 해도 말도 안 되는 수준의 직원들과 환경에서 일을 했기 때문이다.

명문대도 아닌, 방통대 학사 학위가 하나 생겼을 뿐인데 온 세상이 달라졌다. 이 성공 경험이 나에게 자신감과 희망을 주었고, 경험할 수 있는 세계관이 완전히 달라지며 여기서 더 욕심을 내 서울 최상위권 대학원 경영학과에 진학하여 퇴근 이후 새벽 1시까지 강의를 들으며 석사 학위까지 취득하였고, 나는 곧바로 대한민국 굴지의 4대 대기업 중 하나의 계열사로 이직할 수 있었다. 그간 커리어 관리를 잘했던 덕분도 있지만 가장 중요한 것은 '교육의 힘'이었다고 생각한다. 나는 불과 몇 년 만에 사무실에서 담배 피우고 욕설이 난무하던 중소기업에서 굴지의 기업으로 들어가 대기업 사원증을 목에 거는 꿈만 같은 일이 벌어진 것이다. 따라서 교육의 기회는 내가 언제든 의지가 있고 마음만 먹으면 열려 있다. 대학교와 대학원을 얼마든지 직장 생활을 하면서 다닐 수 있고, 패스트캠퍼스, 클래스101과 같은 직무교육 프로그램, 크몽 등에서 직무 노하우 자료를 판매하고 각종 자격증도 얼마든지 딸 수 있다. 책 역시 밀리의 서재나 윌라 오디오북을 이용하면 저렴한 비용으로 얼마든지 무제한으로 읽을 수 있다.

유튜브에 검색하면 돈을 내지 않고도 관련된 교육 영상이나 자신의 노하우를 공짜로 알려 주는 채널들이 널리고 널렸다.

직장 생활을 하면서 4년 또는 6년간 학업을 병행하는 것은 정말 어렵다. 방송통신대학교에 대해 얕보는 인식이 있지만 통계적으로 졸업을 하는 비중은 10%도 안 된다. 들어가기는 쉽지만 졸업하기는 어렵다는 것이다. 대학원 역시 내 학사 학위에 비해서도 상당히 높은 곳에 진학할 수 있고, 학사보다 훨씬 경쟁 강도가 낮고 수능점수를 보는 것도 아니라 들어가기도 수월하다. 그렇기 때문에 주변에서 "대학원 개나 소나 가는 거 아니야? 돈만 주면 가는 거 아니야?"라는 말을 심심치 않게 하는 사람들이 상당히 많다. 진실은 그들은 그것을 해 보지 않았다는 것이다. 내가 직접 그런 비아냥을 무시하면서 전부 다 해 본 사람으로서 자신 있게 말하는 것이기에 남들이 말하는 것보다 훨씬 파급력이 상당하다. 그렇지 않았다면 욕설이 난무하는 중소기업에서 어떻게 중견기업과 대기업으로 이직을 할 수 있었겠는가? 만약 방송통신대학이든 대학원이든 진학하기로 마음먹었다면 당부하고 싶은 두 가지는 첫 번째로 '포기하면 병신이다. 죽을지언정 무조건 끝까지 해라.'이며, 두 번째는 '절대로 주변 사람들에게 말하지 마라.'이다. 내가 학교를 다니면서 유일하게 했던 실수는 열심히 산다고 나를 좋게 봐 줄 거라 착각하여 사람들에게 떠벌리고 다녔다는 것이다. 그 반응들은 마치 단체로 짜기라도 한 것처럼 아무도 반겨 주지 않았으며, 죽일 듯이 노려보는 눈빛과 다녀 봐야 소용없다, 상사들은 업무에 지장을 주니 다니지 말라는 식의 말 등이었다. 세상은 당신이 발전하는 것을 반기지 않는다. 왜냐하면 내가 중소기업에서 중견기업으로 이직한다고 퇴사 사실을 밝혔을 때 그곳에 남겨진 사람들의 시기 질투와 엄청난 박탈감을 느낀 표정을 생생하게 봤기 때문이다. 그들은 본능적으로 이를 알며 원치 않는 것이다.

  나는 현재도 25년 방통대 경제학과에 지원하여 2번째 학사 취득을 도전하려 하고 있으며, 직장 생활을 하는 대부분의 기간 동안 학업을 병행하는 것이며 그 기간은 8년이다. 나는 앞으로 평생 죽을 때까지 직장 생활과 병행할 수 있는 학교에 진학하여 철학, 법학, 심리학, 교육학 등 최소 10개의 학사 학위를 취득할 것이며, 경영학 박사 학위도 취득하여 방송통신대학교의 교수로도 활동을 해 보는 것이 목표 중 하나이다. 한국의 대부분 사람들이 취업을 위한 암기식 교육을 20년간 받지만 취업 이후에는 좀처럼 학습을 하지 않는다. 취업 이후에도 평생학습의 개념으로 개인의 목표나 호기심이 있던 분야를 공부하는 것이 인생의 풍요를 가져다주는 중요한 요인이며, 내 정신이 녹슬지 않고 계속해서 발전해 나갈 수 있는 요소라고 생각된다. 취업 이후에는 대부분 사람들에게 번 돈을 쓰고 노는 게 공부를 하는 것보다 쉬운 일이다. 항상 쉬운 길보다는 어려운 길을 택하는 것이 내 가치와 삶의 가치를 올리는 데 좋다고 생각된다.

FREEDOM
MONEY

ⓒ 압청대삼반, 2025

초판 1쇄 발행 2025년 4월 29일

지은이	압청대삼반
펴낸이	이기봉
편집	좋은땅 편집팀
펴낸곳	도서출판 좋은땅
주소	서울특별시 마포구 양화로12길 26 지월드빌딩 (서교동 395-7)
전화	02)374-8616~7
팩스	02)374-8614
이메일	gworldbook@naver.com
홈페이지	www.g-world.co.kr

ISBN 979-11-388-4228-0 (03320)

- 가격은 뒤표지에 있습니다.
- 이 책은 저작권법에 의하여 보호를 받는 저작물이므로 무단 전재와 복제를 금합니다.
- 파본은 구입하신 서점에서 교환해 드립니다.